U0941502

广东省地理信息产业技术路线图

胡月明　郭玉彬　胡胜华 等　编著

科学出版社

北京

内 容 简 介

本书介绍了广东省地理信息产业技术现状，分析了广东省地理信息产业的市场需求、产业目标、技术壁垒、研发需求及相互之间的关系等，绘制了广东省地理信息产业技术路线图，对广东省地理信息产业技术发展趋势提出预测和建议。

本书可供从事地理信息技术的相关部门、企事业单位、科研机构与高校等管理人员、技术人员及师生，以及其他行业的科技管理和工程技术人员参阅。

图书在版编目（CIP）数据

广东省地理信息产业技术路线图 / 胡月明等编著. —北京：科学出版社，2021.11

ISBN 978-7-03-070238-8

Ⅰ. ①广… Ⅱ. ①胡… Ⅲ. ①地理信息系统—产业发展—研究—广东 Ⅳ. ①F426.67

中国版本图书馆 CIP 数据核字（2021）第 215568 号

责任编辑：郭勇斌 彭婧煜 杨路诗 / 责任校对：杜子昂
责任印制：张 伟 / 封面设计：众轩企划

科学出版社 出版
北京东黄城根北街 16 号
邮政编码：100717
http://www.sciencep.com
涿州市般润文化传播有限公司 印刷
科学出版社发行 各地新华书店经销

*

2021 年 11 月第 一 版 开本：720 × 1000 1/16
2021 年 11 月第一次印刷 印张：16
字数：286 000

定价：118.00 元

（如有印装质量问题，我社负责调换）

本书编委会

主　编：胡月明　郭玉彬　胡胜华

副主编：邬　伦　蒋文彪　潘瑜春　肖　武

编　委（按姓氏拼音排序）：

柏　勇　方兆宝　龚　勋　郭宝宇　郭泰圣

郭文华　焦道振　李长辉　林　鸿　刘　瑜

彭进双　齐　强　谭军辉　王　璐　肖　顺

谢森辉　谢　夏　徐　鹏　张禾裕　张宏利

张沁芳　周凯伦

前　言

技术路线图是一种重要的战略决策技术和方法，广东省科学技术厅在全国率先开展产业技术路线图的编制工作，成立了“产业技术路线图工作领导小组”，针对战略性新兴产业、传统产业、创新平台、专业镇、特色产业基地、创新中心等研究制定产业技术路线图，厘清了产业发展过程中的关键技术和共性技术。

“广东省地理信息产业技术路线图编制”项目是由广东省科学技术厅立项，并由广东测绘地理信息产业技术创新联盟牵头，组织华南农业大学、广东友元国土信息工程有限公司、广州城市信息研究所有限公司、广州市红鹏直升机遥感科技有限公司和广州市城市规划勘测设计研究院等联盟单位共同承担的。该项目依据《国务院办公厅关于促进地理信息产业发展的意见》（国办发〔2014〕2 号）、《国家地理信息产业发展规划（2014—2020 年）》、《广东省人民政府办公厅关于促进地理信息产业发展的实施意见》等文件开展工作。

《广东省地理信息产业技术路线图》一书是基于该项目成果编写而成的。作者通过实地考察、调查问卷和会议座谈等多种方式，对广东省地理信息产业技术现状进行调研，多方征求意见，广泛收集资料，就广东省地理信息产业的政策链、产业链、创新链、资金链等关系进行梳理，再组织专家座谈、召开专题会议研讨，分析和论证广东省地理信息产业的市场需求、产业目标、技术壁垒、研发需求及相互之间的关系等，确定优先发展顺序，列出整个产业的技术路线，编制“广东省地理信息产业技术路线图”，并对广东省地理信息产业技术发展趋势提出预测和建议。

本书第一章由胡胜华、郭玉彬执笔；第二章由郭玉彬、胡胜华、胡月明、焦道振、周凯伦、郭泰圣、邬伦、蒋文彪、王璐执笔；第三章由胡胜华、郭玉彬、郭泰圣、肖武执笔；第四章由郭玉彬、胡胜华、胡月明、肖武、柏勇、徐鹏、肖顺、李长辉、谭军辉、张沁芳、齐强、潘瑜春、郭文华等执笔；第五章由胡胜华、郭玉彬、方兆宝、林鸿、徐鹏、谭军辉、郭宝宇、周凯伦、龚勋、彭进双、张宏利执笔；第六章由胡胜华、郭玉彬、谢森辉执笔；第七章由郭玉彬、胡胜华、胡月明、刘瑜、谢夏、张禾裕等执笔。感谢广东测绘地理信息产业技术创新联盟秘书处的杨丽萍、李菊红等工作人员的辅助！感谢华南农业大学的吴思奥、李瑶、周哲帆等学生协助调查问卷的发放、收集和整理等工作！

本书的编撰得到了广东测绘地理信息产业技术创新联盟多家单位的大力支

持，在此一并表示感谢！本书的完稿正值“十四五”开局之年，我们希望以创新发展、协调发展、绿色发展、开放发展和共享发展的理念，为地理信息产业发展尽微薄之力。

囿于编写团队水平和技术能力，本书难免存在一些疏漏之处，请读者批评指正。

作　者

2020 年 8 月

目　　录

前言
第一章　“广东省地理信息产业技术路线图”编制概述……1
第一节　编制目标及原则……2
一、编制目标……2
二、编制原则……3
第二节　编制流程及方法……3
一、编制流程……3
二、编制方法……4
第二章　地理信息产业概述……8
第一节　地理信息产业特征……8
一、地理信息产业定义……8
二、地理信息产业分类……9
三、地理信息产业特性……10
四、地理信息产业商业模式……12
五、地理信息产业生命周期……13
第二节　地理信息产业链界定……15
一、产业链……15
二、地理信息产业链……17
三、地理信息产业集群……19
第三节　地理信息产业运行环境……20
一、地理信息产业社会环境……20
二、地理信息产业经济环境……33
三、地理信息产业技术环境……39
第三章　中国地理信息产业现状与发展……48
第一节　中国地理信息产业现状……48
一、中国地理信息产业总体状况……48
二、中国地理信息产业赋能社会众多领域……53
三、中国地理信息产业市场规模……56
第二节　地理信息产业发展概况……62

一、国外地理信息产业发展概况 …… 62
二、我国地理信息产业发展概况 …… 65
第四章　广东省地理信息产业现状 …… 70
第一节　广东省地理信息产业现状调研 …… 70
一、调研目的 …… 70
二、调研方法及内容 …… 70
三、调研对象 …… 71
第二节　广东省地理信息产业现状调研结果统计 …… 75
一、调研对象基本情况 …… 75
二、调研产业现状 …… 78
第三节　广东省地理信息产业现状概述 …… 91
一、产业规模 …… 91
二、存在的不足 …… 105
第五章　广东省地理信息产业的“四链” …… 107
第一节　广东省地理信息产业的政策链 …… 107
一、政策扶持 …… 107
二、政策风险 …… 109
三、资源产权 …… 111
第二节　广东省地理信息产业的产业链 …… 112
一、产业链上游 …… 113
二、产业链中游 …… 117
三、产业链下游 …… 119
第三节　广东省地理信息产业的创新链 …… 121
一、技术优势方面 …… 121
二、获得专利方面 …… 129
三、技术创新及科技成果转化方面 …… 132
第四节　广东省地理信息产业的资金链 …… 134
一、财政资金投入 …… 134
二、民间资本运作 …… 136
三、存在的问题 …… 138
第五节　广东省地理信息产业“四链”融合应用服务案例 …… 140
一、激光雷达（LiDAR）研究与应用 …… 140
二、高端装备研制 …… 143
三、地理信息技术在数字城市建设中的应用 …… 148
四、“绿水青山一张图”与示范应用 …… 163

五、地理信息技术在国土空间规划与管理中的应用 …… 165
六、地理信息系统在公安部门的应用 …… 170
第六章　广东省地理信息产业技术路线分析与路线图绘制 …… 176
第一节　广东省地理信息产业数据获取技术路线分析与路线图绘制 …… 176
一、市场需求分析 …… 176
二、产业目标分析 …… 177
三、市场需求与产业目标关联分析 …… 179
四、技术壁垒分析 …… 179
五、产业目标与技术壁垒关联分析 …… 180
六、资金壁垒及政策壁垒分析 …… 181
七、研发需求与实施计划 …… 182
八、绘制广东省地理信息产业数据获取技术路线图 …… 182
第二节　广东省地理信息产业高端装备研制技术路线分析与路线图绘制 …… 184
一、市场需求分析 …… 184
二、产业目标分析 …… 185
三、市场需求与产业目标关联分析 …… 186
四、技术壁垒分析 …… 187
五、产业目标与技术壁垒关联分析 …… 188
六、资金壁垒及政策壁垒分析 …… 190
七、研发需求与实施计划 …… 190
八、绘制广东省地理信息产业高端装备研制技术路线图 …… 191
第三节　广东省地理信息产业数据处理技术路线分析与路线图绘制 …… 193
一、市场需求分析 …… 193
二、产业目标分析 …… 194
三、市场需求与产业目标关联分析 …… 196
四、技术壁垒分析 …… 197
五、产业目标与技术壁垒关联分析 …… 198
六、资金壁垒及政策壁垒分析 …… 200
七、研发需求与实施计划 …… 200
八、绘制广东省地理信息产业数据处理技术路线图 …… 201
第四节　广东省地理信息产业软件研发技术路线分析与路线图绘制 …… 203
一、市场需求分析 …… 203
二、产业目标分析 …… 204
三、市场需求与产业目标关联分析 …… 205
四、技术壁垒分析 …… 206

五、产业目标与技术壁垒关联分析 …… 209
六、资金壁垒及政策壁垒分析 …… 210
七、研发需求与实施计划 …… 210
八、绘制广东省地理信息产业软件研发技术路线图 …… 211
第五节 广东省地理信息产业应用服务技术路线分析与路线图绘制 …… 213
一、市场需求分析 …… 213
二、产业目标分析 …… 215
三、市场需求与产业目标关联分析 …… 217
四、技术壁垒分析 …… 217
五、产业目标与技术壁垒关联分析 …… 219
六、资金壁垒及政策壁垒分析 …… 220
七、研发需求与实施计划 …… 220
八、绘制广东省地理信息产业应用服务技术路线图 …… 221
第六节 “广东省地理信息产业技术路线图”绘制 …… 221
一、地理信息产业链与应用链的相关性 …… 221
二、广东省地理信息产业技术路线规划 …… 223
第七章 广东省地理信息产业发展趋势与建议 …… 225
第一节 广东省地理信息产业战略目标 …… 225
第二节 广东省地理信息产业 SWOT 分析与发展对策 …… 227
第三节 地理信息产业的进入壁垒与退出机制 …… 230
第四节 广东省地理信息产业的机遇与挑战 …… 232
一、广东省地理信息产业的机遇 …… 232
二、广东省地理信息产业的挑战 …… 236
第五节 广东省地理信息产业发展建议 …… 237
一、广东省地理信息产业定位 …… 237
二、广东省地理信息产业技术创新体系建设 …… 238
参考文献 …… 242

第一章 “广东省地理信息产业技术路线图”编制概述

产业技术路线图是20世纪中后期逐步兴起的一种从单个产业内部诞生的技术预测和技术规划方法。它一般由政府、产业研究机构、具有权威的产业协会、大型企业制定并发布，是对于产业整体技术发展趋势的预测，基本代表了产业发展（技术、市场等）的方向，主要用于引导产业技术发展，为产业抓住市场发展机会指明方向，供全产业参考借鉴[1]。产业技术路线图不但能使产业内的企业共同认清所处的经济社会环境、识别新机会、发展新能力、把握技术发展潮流、确定优先发展顺序，而且能够促进产业内各企业整合资源、组成战略联盟、发挥优势、开展合作、共同致力于共性关键技术的突破、提高产业的发展水平。

2007年以来，广东省在全国范围内率先启动产业技术路线图的编制工作。通过后续规模化、密集式推出的40多个产业技术路线图及对产业转型升级的科学决策，广东省产业技术路线图的编制工作赢得了各类媒体的一致好评，也得到了地方政府、产业界和企业界的积极响应、广泛参与和高度评价，产生了巨大示范效应。近年来，广东省产业技术路线图的编制工作在强化创新网络建设、提升产学研协同创新能力、厘清传统产业转型升级方向、支撑政府科技管理及促进产业技术路线方法的推广应用等方面取得了显著成效。

地理信息产业是以现代测绘和信息技术为基础，以地理信息开发利用为核心，以地理信息获取、处理、应用、服务为主要内容的新型服务业和战略性新兴产业，具有科技含量高、环境污染少、市场前景好、吸纳就业能力强等特点[1]。地理信息产业是广东省信息产业的重要组成部分，近年来，在相关政策的扶持下，广东省地理信息公共服务“一网一平台”初步建成，为促进广东省地理信息产业的发展打下良好基础；着力构建的省、市、县（区）、镇（乡）、村五级公共地图服务体系，将更好地推动地理信息资源共享，提高地理信息公共服务水平。适时把握广东省信息化建设给地理信息产业发展带来的机遇，结合地理信息产业科技发展趋势及其对经济、社会和环境的影响，确定具有战略意义的地理信息产业研究领域，遴选能够对经济、社会带来最大化贡献的关键技术和通用技术，科学合理地制定符合社会发展需求和未来发展长远目标的地理信息产业科技发展战略，已经成为夯实广东省地理信息产业发展基础和提升地理信息产业竞争力的保障。

绘制“广东省地理信息产业技术路线图”首先从广东省地理信息产业的现状调研入手，通过多方面调研，采用德尔菲法、头脑风暴法、SWOT[①]分析法、情景分析法和文献计量分析法等，对市场需求、产业目标、技术壁垒、研发需求、资金壁垒及政策壁垒等进行多角度的关联分析及论证，阐述了广东省地理信息产业技术现状、存在的问题、机遇、挑战和发展趋势；在此基础上，分别绘制“广东省地理信息产业数据获取技术路线图”“广东省地理信息产业高端装备研制技术路线图”“广东省地理信息产业数据处理技术路线图”“广东省地理信息产业软件研发技术路线图”“广东省地理信息产业应用服务技术路线图”，最后，绘制“广东省地理信息产业技术路线图”。

第一节　编制目标及原则

一、编制目标

编制“广东省地理信息产业技术路线图”的目的就是让从事地理信息产业的单位认清本产业所处的经济环境和社会环境，识别新机会，发展新能力，把握技术发展潮流，确定优先发展顺序，促进地理信息产业内各单位整合资源、组成战略联盟、发挥优势、开展合作、共同致力于共性关键技术的突破，提高广东省地理信息产业的自主创新能力和技术发展水平；梳理广东省地理信息产业的市场需求、产业目标、技术壁垒、关键技术和研发需求；明确广东省地理信息产业发展方向；厘清广东省地理信息产业的产业链、创新链、资金链和政策链的相互关系；整合政产学研用资源及技术投入；对广东省地理信息产业技术发展趋势提出预测和建议。

“广东省地理信息产业技术路线图”的编制在强化广东省地理信息产业技术创新网络建设、提升政产学研用协同创新能力、支撑政府科技管理及明确广东省地理信息产业技术发展路线等方面具有重要意义。其编制目标包括以下 4 个方面。

1）勾勒出广东省地理信息产业发展蓝图

编制“广东省地理信息产业技术路线图”，识别产业所需的、可实现的发展要素和关键技术，识别当前和目标之间的技术差距，并确定产业技术发展优先顺序，为广东省地理信息产业发展提出战略目标，明确产业的技术愿景、实施途径和支撑体系。

① SWOT 是英文 strengths、weaknesses、opportunities 和 threats 的缩写，即 S 表示优势，W 表示劣势，O 表示机会，T 表示威胁。

2）为制定产业科技发展规划提供参考

“广东省地理信息产业技术路线图”直接反映了广东省地理信息产业技术的发展路线和技术对产业的影响，因此，可以作为制定广东省地理信息产业科技发展规划的参考指南。同时，“广东省地理信息产业技术路线图”还可以为产业技术投资、决策提供参考依据，通过政策倾斜引导技术向最具潜力的产业领域投入，避免风险高、收益低的技术投资。

3）促进地理信息产业与相关产业建立合作机制

“广东省地理信息产业技术路线图”的编制强调多主体的参与，包括主管部门、产业协会、地理信息产业从业单位、研发机构、高校等，将地理信息产业与相关部门紧密联系在一起，相互沟通信息、共享产业战略，通过战略实施，建立合作机制，组建政产学研用战略联盟，致力于解决共同的技术问题。

4）更好地识别和满足未来市场需求

“广东省地理信息产业技术路线图”以“市场拉动”为动因，以技术创新满足未来市场对企业的需求，将有助于产业利益相关者共同认清产业所处的经济环境和社会环境，识别由此产生的市场驱动因素，识别满足市场需求所需掌握的技术，明确技术应用并获得进入市场的机会。

二、编制原则

编制“广东省地理信息产业技术路线图”应符合国家及广东省政府的相关产业政策，参考国家及广东省地理信息产业发展规划等。

编制人员对地理信息产业相关企业、政府管理部门、高校及科研院所等单位进行充分调研，对调研结果进行真实客观的统计，采用科学有效的方法分析及论证，在调研、统计和分析广东省地理信息产业现状和发展、优势与差距、机遇与挑战等基础上完成“广东省地理信息产业技术路线图”的编制。

以严谨的态度，综合利用多种有效方法开展工作，包括邀请专家、学者及业界精英座谈，开展问卷调查。反复研讨及论证，使编制的“广东省地理信息产业技术路线图”信息真实、客观、实用性强，对广东省地理信息产业持续创新发展有指导意义。

第二节 编制流程及方法

一、编制流程

“广东省地理信息产业技术路线图”的编制以广东省地理信息产业的发展现

状、环境特点与市场需求为基础，确定其区域产业技术路线图的技术路径，即按照产业现状调研→市场需求梳理→产业目标分析→技术壁垒分析→研发需求凝练→路线图绘制→预测发展趋势七个环节逐一分析，编制“广东省地理信息产业技术路线图”，凝练地理信息产业的技术远景、途径和技术支撑体系，提出地理信息产业未来的发展方向、目标和重点，实现地理信息产业发展的战略选择。

编制“广东省地理信息产业技术路线图”的工作流程包括收集资料、广泛征求意见（如发放调查问卷、召开座谈会议、反馈与更新信息等）、市场需求调查、资料分析和评价、制定编制方案、绘制专题技术路线图和总体技术路线图等步骤，具体工作流程如图 1.1 所示。

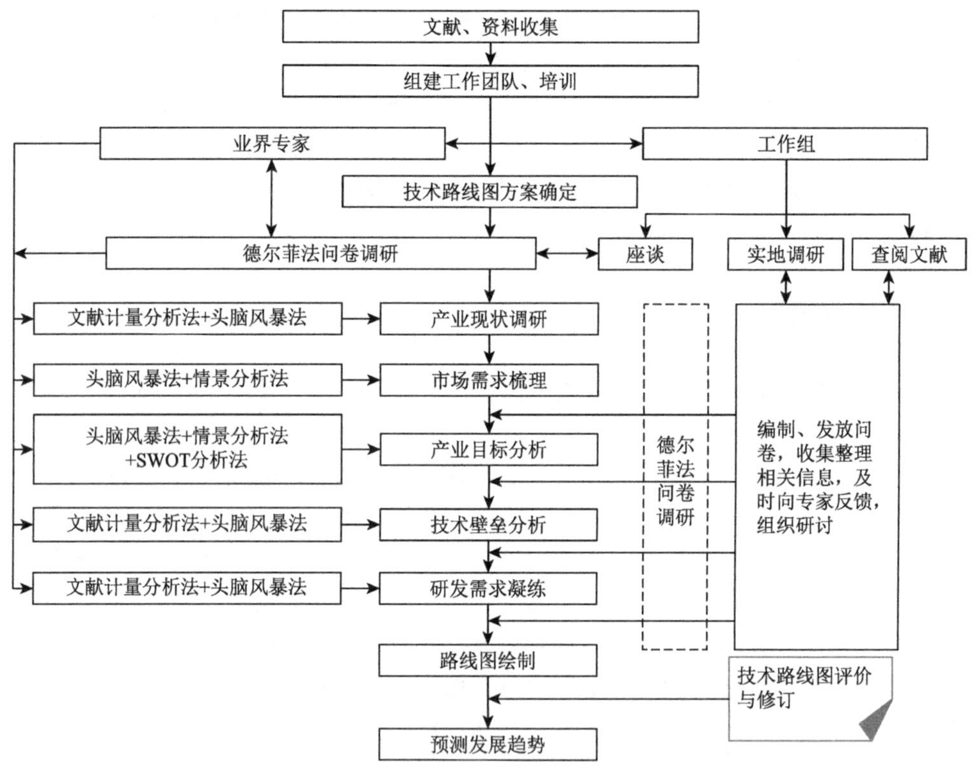

图 1.1 “广东省地理信息产业技术路线图”编制流程

二、编制方法

“广东省地理信息产业技术路线图”的编制主要参考了相关产业技术路线图的绘制原理与方法，如《产业技术路线图原理与制定》[2]《产业技术路线图：广东科技管理创新实践》[3]《产业技术路线图：探索战略性新兴产业培育路径》[4]《广东省卫星导航产业技术路线图》[5]《广东省增材制造（3D 打印）产业技术路线图》[6]等，还参考了中国地理信息产业协会、中投顾问产业研究中心等机构发布的年度报告中与中国地理信息产业相关的部分；地理信息产业的运行环境相关内容参考了国家统计局及自然资源部等政府部门公开发布的信息；广东省地理信息产业的相关数据参考了广东省统计局、广东省科学技术厅、广东省自然资源厅及广东省教育厅等政府部门公开发布的信息。

“广东省地理信息产业技术路线图”在编制过程中使用的研究方法主要包括德尔菲法、头脑风暴法、SWOT 分析法、情景分析法和文献计量分析法等，以下简单介绍这几种方法。

1. 德尔菲法

德尔菲法是一种很重要的专家调查法。首先对团队成员进行初步调查，对调查结果进行分析，整理评价结果、平均评价、共识等内容，形成第二份调查问卷；然后要求团队成员对其他调研对象的观点、共识进行评价，对第二次调查结果再次进行整理分析、凝练，形成第三份调查问卷；最后要求团队成员就此修改自己的观点、评价，最终整合所有评价、共识、遗留问题，形成调查结果。

德尔菲法的特点是匿名、反馈和统计，其优点主要有以下几点。

（1）调研对象能够在不受干扰的情况下，独立、充分地表明自己的意见，避免出现声音最大或地位最高的人控制群体意志的现象。

（2）预测值是根据调研对象的意见综合分析、梳理后形成的，它能够发挥集体的智慧，不会忽视重要观点。

（3）德尔菲法简单直接，没有复杂的数学模型与计算，时间短、成本低。

德尔菲法对一组调研对象多次发放问卷，并进行反馈，因此，容易使调研对象的意见趋于一致且有效。德尔菲法适用于预见未来各种技术的发展概率，为政府制定规划服务。德尔菲法最初应用于科技领域，然后逐渐被应用于多个领域的预测、评价、决策、管理沟通和规划工作中，如人口预测、经营和需求决策等。在产业技术路线图的编制过程中，这种方法适用于获取市场需求、产业目标等方面的调研与总结。

2. 头脑风暴法

头脑风暴法又被称为智力激励法、脑力激荡法、自由思考法等，是由美国创造学家亚历克斯·奥斯本（Alex Osborn）提出的一种激发创造性思维的方法。它是一个横向思维的过程，主要通过找到创新和异想天开的方案来解决问题。

头脑风暴会议通常有三大阶段：在准备阶段做好确认议题、进行场地、人员等会议准备工作；在头脑风暴阶段宣布主题，与会者自由发挥并畅所欲言，记录整理；在选择评价阶段对所有会议产生的创意灵感进行整理，形成体系。

头脑风暴法适合群体决策，通过会议进行组织实施，要求会议具有自由愉快、畅所欲言的气氛，所有参会者可自由提出想法，并以此相互启发、相互激励，引起联想并产生共振和连锁反应，从而可以激发更多的创意及灵感。在产业技术路线图编制过程中适用于获取关键技术集合。

3. SWOT 分析法

使用 SWOT 分析法首先要正确识别出企业的优势、劣势、机会与威胁因素，然后利用 SWOT 矩阵进行分析，通过调查将与研究对象密切相关的各种主要内部环境的优势、劣势和外部环境的机会、威胁等列举出来，并依照矩阵形式排列，然后用系统分析的思想，把各种因素相互匹配起来，加以分析，从中得出一系列相应的结论，而结论通常带有一定的决策性。

SWOT 矩阵如表 1.1 所示，将企业的优势、劣势、机会及威胁进行组合，形成 SO、ST、WO、WT 战略，方便进行甄别和选择，确定企业目前应该采取的具体战略。

表 1.1　SWOT 矩阵

<table>
<tr><td colspan="2" rowspan="2"></td><td colspan="2">内部环境</td></tr>
<tr><td>优势（S）</td><td>劣势（W）</td></tr>
<tr><td rowspan="2">外部环境</td><td>机会（O）</td><td>SO 战略
机会、优势组合
（增长性战略）</td><td>WO 战略
机会、劣势组合
（扭转型战略）</td></tr>
<tr><td>威胁（T）</td><td>ST 战略
威胁、优势组合
（多种经营战略）</td><td>WT 战略
威胁、劣势组合
（防御型战略）</td></tr>
</table>

SWOT 分析法自形成以来，广泛应用于战略研究与竞争分析，成为战略管理和竞争情报的重要分析工具。在制定产业技术路线图时，运用这种方法，对产业所处的情景进行全面、系统、准确的研究，从而根据研究结果制定相应的发展战略、计划及对策等。

4. 情景分析法

情景分析法又称前景描述法，其假设前提是未来状态不是唯一确定的，具有随机性。因此，该方法需要依据要素变化的可能性对预测对象的变化进行梳理，形成多种预测路径。它是一种直观的定性预测方法。

5. 文献计量分析法

文献计量分析法是以科技文献的各种外部特征作为研究对象，采用数学与统计学方法来描述、评价和预测科学技术现状与发展趋势，并输出量化信息的定量分析方法。文献计量分析法侧重于分析文献外部形式特征的“量”，从定量的角度分析文献规律，间接反映内容的相关度。它通过对文献形成方面的某种外部特征进行统计分析，如统计特定产业、行业或领域在一定时间范围内发表的各类文献数量、所引用的引文总数及引文载体类型等，探寻产业、行业或领域在生产、流通和应用等方面的规律。

6. 表现形式

产业技术路线图可通过多种形式表现，Phaal 等[7]通过研究多个路线图案例，总结出路线图的表现形式主要包括多层型路线图、表格型路线图、图解型路线图、流程型路线图和文本型路线图等。

第二章　地理信息产业概述

第一节　地理信息产业特征

一、地理信息产业定义

地理信息是指与地球空间位置有关的信息，其应用几乎涉及人类社会的各个方面。自20世纪60年代，地理信息系统概念产生以来，地理信息产业作为新兴战略产业在全球蓬勃兴起，20世纪90年代，随着计算机技术和信息技术的发展，地理信息产业日新月异，快速发展。进入21世纪以后，随着资源、环境、能源和可持续发展问题等全球性问题的日益突出，地理信息技术得到广泛应用，成为资源调查评价、环境监测与治理、能源开发与分配和推动可持续发展的重要技术手段，得到学术界、政府、企业和大众消费群体的广泛重视。随着互联网、物联网、移动互联网、云计算、人工智能和区块链等新技术的发展，地理信息产业正在向着社会化、大众化和智能化深入发展，成为21世纪最活跃的新兴产业之一。

地理信息是地理数据所蕴含和表达的地理含义，是与地理环境要素有关的物质的数量、质量、性质、分布特征、联系和规律的数字、文字、图像和图形等的总称。随着现代科学技术的发展，特别是借助近代数学、空间科学和计算机科学，人们能够迅速地获取地理空间的几何信息、物理信息和人文信息，适时适地识别、转换、存储、传输、显示信息，并应用这些信息为各行各业和大众服务。

地理信息产业从广义上讲，包括测绘地理信息硬件的制造，即以测绘和地理信息系统、遥感、导航定位等技术为基础，以地理信息开发利用为核心，从事地理信息获取、处理、应用的经济活动，以及与这些活动有关联的单位集合（包括政府、企业、事业单位、社会团体及产业活动单位）。测绘是地理信息产业的基础。测绘以计算机技术、光电技术、网络通信技术、空间科学、信息科学为基础，以全球导航卫星系统（global navigation satellite system，GNSS）、遥感（remote sensing，RS）和地理信息系统（geographic information system，GIS）为技术核心，根据地面已有的特征点和界线，通过测量手段获得反映地面现状的图形和位置信息，供国民经济建设各领域、各部门使用。

地理信息产业横跨国民经济第二产业和第三产业，并且以第三产业为主，也就是说，地理信息产业的核心是生产性服务业。

二、地理信息产业分类

2017年，国家测绘地理信息局发布的《地理信息产业统计分类（2017）》[8]明确了地理信息产业的范围、分类原则及结构编码，提出了地理信息产业的详细统计分类，以及有关问题的说明。新修订的《国民经济行业分类》（GB/T 4754—2017）直接涉及测绘地理信息的分类有："导航、测绘、气象及海洋专用仪器制造（4023）""地理遥感信息服务（6571）""遥感测绘服务（7441）""其他测绘地理信息服务（7449）"。

从地理信息产业发展来看，将地理信息产业划分为地理信息服务、地理信息硬件制造与软件开发、地理信息相关服务3个大类，细分为遥感测绘服务、地图服务、导航定位服务、地理信息系统服务、其他地理信息服务、地理信息硬件制造、地理信息软件开发、地理信息组织服务、地理信息科学研究和技术服务、地理信息人力资源开发、地理信息产品批发和零售11个中类。在此基础上，根据产业发展特点，进一步细分为20个小类，其代码与《国民经济行业分类》（GB/T 4754—2017）代码相对应。

在国民经济的多个行业中，地理信息产业规模较小，占比不大、且分散，不便于统计数据提取和操作。根据抓大放小的原则，国家统计局暂未将与地理信息产业活动相关的测绘仪器修理、知识产权服务、资本投资服务、设备租赁、房产物业管理、单位后勤管理服务、会议及展览服务、国际组织、科技推广等列入《地理信息产业统计分类（2017）》中。但是，为实现全口径管理，各地在地理信息产业单位名录库建设、统计调查等工作中，可以自行纳入地理信息产业的范畴，并归入《地理信息产业统计分类（2017）》中的相关类别。

地理信息服务可分为：遥感测绘服务、地图服务、导航定位服务、地理信息系统服务和其他地理信息服务（包括地理国情监测服务），其中，遥感测绘服务主要是利用地面、航空、航天平台上的各类传感器对地球或其他星体进行地形图或其他专题图绘制的技术，服务于政府、企业和大众；地图服务及导航定位服务主要面向政府、企业和公众；地理信息系统服务主要面向专业部门；地理国情监测服务主要面向政府和研究机构。

遥感测绘服务专注于专题信息，遥感技术是测绘地理信息数据获取及应用的主要手段之一，卫星遥感及空间信息服务业是卫星产业及地理信息产业的融合，其本质是围绕遥感传感器的数据获取及应用而展开的产业。例如，从数据来源角度看，卫星遥感及空间信息服务业属于卫星产业的整体范畴；从数据处理角度看，卫星遥感及空间信息服务业属于地理信息产业的整体范畴，因此，卫星遥感产业中的一部分并非完全属于地理信息产业。

三、地理信息产业特性

1. 战略性

信息已经成为现代社会的一大战略资源，信息产业是当今和未来社会发展中的最大战略产业。地理信息产业是信息产业的一个分支，发展地理信息产业对于国民经济建设和国防建设都具有战略意义。2004 年，中共中央办公厅、国务院办公厅进一步提出的《关于加强信息资源开发利用工作的若干意见》中特别指出“继续开展人口、企业、地理空间等基础信息共享试点工作”“增强地理空间等基础信息资源的自主保障能力”等，表明国家极其重视地理信息产业。在 2014 中国地理信息产业大会上，国家测绘地理信息局局长库热西·买合苏提表示，地理信息产业作为战略性新兴产业的地位已经确立，地理信息产业影响力不断扩大，贡献率快速提升，良好的宏观政策环境也为地理信息产业发展带来了重大机遇和强劲动力，地理信息产业进入了快速发展的黄金时期。

2. 技术性

地理信息产业作为信息产业的一个组成部分，广泛利用了当前信息产业中最前沿、最尖端的技术，如航空、航天及无人系统技术，空间数据处理技术，高速通信技术，虚拟现实与增强现实技术，大数据技术，物联网技术，移动互联网技术，人工智能技术，等等多个专业学科技术。地理信息产业的资源主要是知识、技术和思维，地理信息的研发工作所占的比例高，对高素质技术和管理人员的依赖性大，是知识、技术密集型的产业。

3. 高渗透性

地理信息产业具有高渗透性，这种渗透性一方面表现为地理信息产业与多个产业相互融合，广泛渗透到国民经济的第二产业和第三产业中，成为改造传统产业、推动经济结构调整和产品结构更新的重要基础和支撑；另一方面，地理信息技术与其他产业的多项科学技术相融合，进一步促进和其他要素的有机结合，催生出新的产品和新的技术，综合发挥将科学技术转化为生产力的作用。地理信息技术的应用范围很广，如政府管理决策、企业生产运营、大众日常生活等，充分地渗透于经济生活的各个方面。

4. 广泛性

地理信息产业的广泛性在于地理信息的发展与信息技术的不断更新换代紧密

相连。地理信息产业对于高新技术的依赖性较强，例如，一项关键技术的突破，会给整个产业产值的增加甚至产业结构的调整带来翻天覆地的变化。同时，地理信息技术的提升也会带来产品的更新，地理信息产业只有不断进行软硬件的研发和数据的更新，才能推动自身的发展。计算机从问世到现在进行了 4 次更新换代，地理信息技术也随之跨越式地发展；航空、航天遥感数据分辨率的提高，直接影响了地理信息获取的方式和数据产品质量。

地理信息技术和产品的应用具有广泛性，从传统的测绘领域到农业、林业、水利、电力、环境监测和保护、城乡规划与管理、灾害动态监测与防治、资源调查与开发、交通运输、商业金融等诸多领域均有应用，并为政府职能的转变提供宏观控制的现代化工具。随着第五代移动通信技术（简称 5G）、人工智能等技术的发展，社会大众对地理信息的需求不断被催生出来，如网约车、外卖、电商等，应用潜力巨大。

5. 现势性

地理信息产业所提供的地理空间信息要尽可能地反映当前最新的实际情况，即高时效性，用户对地理信息的现势性要求是实时、准确，在社会快速发展的新形势下，地形、地貌、地物的变化十分频繁，为保证地理信息的现势性，真实反映人文与自然要素的实际变化，从业人员必须在已制作完成的数字图或印刷图上，按照相关技术要求，对变化了的地理要素进行及时的、快速的更新。更新周期越短，地理信息的现势性就越强。

例如，国土资源及不动产登记，数字城市及智慧城市建设，交通、电力、水利等工程的设计与施工等都需要现势性强的地理信息。地理信息软件、硬件及数据等的更新周期因需求而定，一般情况下，软硬件可每年升级或改造一次，现势性较强的社会经济数据每季度更新一次；用于施工的地形图或数据一般需要实测；导航电子地图信息有的按半年更新，有的按月更新，有的甚至实时更新。

从业人员也需要适应新技术的发展，参与继续教育、学习深造和技术培训等，实现技术知识的不断更新，特别是与地理信息系统技术研发相关的知识，其更新和升级要求更高。

6. 复杂性

地理信息产业的复杂性是多方面的。因为地理学一直被认为是正在兴起的复杂性科学，运用复杂性理论和方法来处理地理问题可以提高地理学的科学性。地理信息技术就是要对其复杂的科学进展进行简单的表述，对地理系统复杂性进行适当概括。地理信息自身的信息量非常大，种类繁多，其空间数据结构复杂；地理信息的数据获取与数据处理技术研发难度也很大，运算、处理过程复杂；地理信息的应用面广，不同的用户有不同的需求，从业人员必须为用户做好定制服务，这就要求地理信息产业从业单位投入人力、物力和财力，支持技术研发，攻克复杂的技术难关。

7. 竞争性

从具备从业资质和规模来看，具有乙级资质的单位较多，且规模较小，分布较广；具有甲级资质的单位虽然数量不多，但规模较大，且主要集中在经济较发达的地区，占据了较大的市场份额，发展空间和潜力都很大。

例如，2019 年地理信息产业产值达到 6476 亿元，占我国国内生产总值（gross domestic product，GDP）的 0.65%。截至 2020 年 6 月，从业单位数量超过 12.7 万家，其中，测绘资质单位超过 2.16 万家。主营业务为地理信息的上市企业超过 50 家，新三板挂牌的地理信息企业有 160 多家。

截至 2019 年年底，测绘资质单位从业人员达 50.3 万人，较 2018 年同比增长 3.8%。截至 2020 年 6 月，地理信息产业从业人员达 310 万人。近 10 年，我国地理信息产业复合增长率超过 20%。

中小企业面临资金、设备、技术、人才和业务的压力，有的小企业市场竞争能力弱，无法直接在招投标中拿到市场业务，只能依靠与大企业协作，承接一些劳动强度大、技术含量低、价格低的任务。地理信息产业处于激烈竞争的状态，有资质的事业单位和大企业稳居市场主体地位，规模一般或规模小的企业在激烈的市场竞争中优胜劣汰。

8. 风险性

虽然中国地理信息产业已经进入了一个快速发展的黄金时期，但并不能排除在某个阶段，受经济增长大幅放缓或国家产业政策调整的影响，地理信息服务需求量出现增长速度放缓甚至阶段性下滑的可能性，从而导致从事地理信息服务的企业的发展速度和发展质量受到不利影响。所以，地理信息产业的发展如果没有技术、资金和专业人员储备，产业发展就具有一定的风险性。

四、地理信息产业商业模式

商业模式是企业与企业之间、企业的部门之间，乃至企业与顾客之间、与渠道之间都存在的各种各样的交易关系和连结方式。

商业模式设计关乎企业的成败，地理信息企业可以按照发现和验证市场机会、系统思考、提炼产品概念、产品定义、财务分析和提供组织保障这六个步骤来设计适合自身发展的商业模式。例如，采取“地理信息+”的商业模式，根据地理信息产业特征，不断开拓市场；根据市场调研的结果及寻找到的产品创新机会，研发、改进“地理信息+”的新技术，推出新产品，创造经济价值；根据自身实力与行业竞争状况，摸索一套适合自身发展的商业模式。企业依靠地理信息技术创新和开拓市场，才能推动地理信息产业的持续发展。

五、地理信息产业生命周期

1. 产业的发展演变过程

通常来说，每个产业都要经历一个由成长到衰退的发展演变过程，这个过程被称为产业生命周期。产业生命周期通常可分为四个阶段，即初创阶段（也叫幼稚期）、成长阶段、成熟阶段和衰退阶段，如表 2.1 所示[9]。

表 2.1 产业生命周期

	初创阶段	成长阶段	成熟阶段	衰退阶段
市场需求	较小	快速增长	缓慢增长或停滞	缩小
竞争对手	较少	有所增加	较多	减少
用户	较少	有所增加	较多	减少
现金流量	较小	较大	大	较小
风险及收益	高风险、低收益	高风险、高收益	低风险、中收益	高风险、低收益

1）初创阶段

在初创阶段前期，新产业刚刚诞生或初建不久，只有为数不多的公司投资于这个新兴的产业。这一阶段产业的创立投资和产品开发费用较高，而产品市场尚未健全，因此，这些公司在财务上难以盈利，面临很大的投资风险。在初创阶段后期，随着产业生产技术的提高、生产成本的降低和市场需求的扩大，新产业便逐步由高风险、低收益的初创阶段转向高风险、高收益的成长阶段。

2）成长阶段

在成长阶段前期，新产业的产品逐渐被顾客接纳，新产业也随之繁荣起来。由于市场前景良好，投资于新产业的企业大量增加，出现了不同企业产品相互竞争的局面，这一阶段也被称为投资机会时期。企业开始通过提高生产技术、研发新产品等方法来获取竞争优势。这一阶段企业的利润虽然增长很快，但所面临的竞争风险也非常大，破产率与合并率相当高。在成长阶段后期，在市场竞争优胜劣汰规律的作用下，企业的数量在大幅度下降之后便开始稳定下来，整个产业开始进入成熟阶段。

3）成熟阶段

产业的成熟阶段是一个相对较长的时间段。这一阶段在竞争中生存下来的少数大企业垄断了整个产业的市场，每家企业都占有一定比例的市场份额，产业增长速度降到一个更加适度的水平。企业之间的竞争手段逐渐从价格手段转向各种非价格手段，如提高质量、改善产品性能和加强售后维修服务等。产业的利润由于一定程度的垄断达到稳定的水平，而风险却较低，其原因是市场已被原有大企业按比例分割，新企业难以进入市场。

4）衰退阶段

衰退阶段出现在较长的成熟阶段之后。由于新产品和大量替代品的出现，原产业的市场需求开始逐渐减少，产品的销售量也开始下降，某些企业开始向其他更有利可图的产业转移资金。因而，原产业出现了从业企业数量减少、利润下降的萧条景象。至此，整个产业便进入生命周期的最后阶段。在衰退阶段，企业的数量逐步减少，市场逐渐萎缩，利润率停滞或不断下降。当正常利润无法维持或现有投资折旧完毕后，整个产业便逐渐解体。

2. 地理信息产业的成长阶段

中国的地理信息产业初创于 20 世纪 90 年代末，经过 20 多年的发展，已经初具规模。地理信息资源和产品日渐丰富，技术的集成与应用已成为主流，服务呈现多种业态，企业竞争力增强，市场环境也不断完善。近年来，国家相关部门已从国家战略的高度研究制定了扶持和推动地理信息产业发展的具体政策措施，为推动地理信息产业发展营造良好的环境，使地理信息产业年均增速超过 20%，呈现生机蓬勃的良好发展局面。

根据产业生命周期理论，目前，中国地理信息产业已经进入第二阶段——成长阶段，如图 2.1 所示。在国际地理信息产业迅速发展、全球地理信息产业市场竞争加剧的背景下，现阶段中国地理信息产业规模逐渐扩大、企业竞争力逐渐加强、核心关键技术研发投入加大、研究成果和产品逐渐增多。

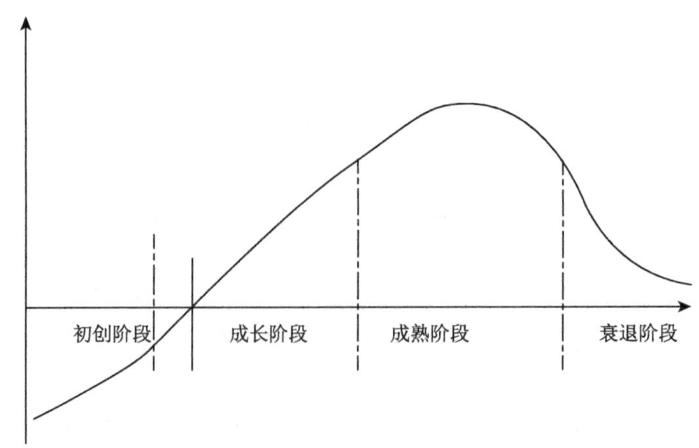

图 2.1　中国地理信息产业在产业生命周期中所处位置（图中实竖线处）

改革开放后，随着各行各业市场化改革步伐的明显加快，地理信息产业的市场化改革也逐渐步入成长阶段。2005 年，国家测绘地理信息局明确提出“地理信息产业”这一概念[10]，至 2014 年基本确立了地理信息产业战略性新兴产业的地位。随着国家经济建设持续快速发展，各行各业对地理信息服务的需求不断增加；经济社会信息化水平的快速提升，推动地理信息产业逐步形成并日渐繁荣；同时，各级地理信息行政主管部门严格依法行政，强化市场监管，加大对测绘资质单位的规范管理力度，促使地理信息产业规模不断扩大，并步入健康发展快车道。依据中国地理信息协会历年发布的产业报告及自然资源部测绘资质管理信息系统数据，近五年来每年国家甲级测绘资质单位的增加率在 10%左右，乙级测绘资质单位的增加率大于 10%。

以前，欧美国家利用其在卫星导航定位、高分辨率卫星遥感数据获取、数码摄像机、高端测量仪器、大型地理信息系统等方面的技术优势，在互联网影像服务等国际市场领域占据重要位置。目前，中国地理信息产业已经打破了这些被动局面，国产的高分辨率卫星遥感数据获取、数码摄像机、高端测量仪器、大型地理信息系统等设备和技术相继问世，占领市场。中国的北斗卫星导航系统完成组网，并为全球提供服务。

与此同时，中国地理信息企业规模普遍偏小，市场集中度低，年产值达到 10 亿元人民币以上的地理信息企业很少，在市场竞争中处于弱势地位。因此，需从市场需求和产业发展的角度出发，确定地理信息产业的发展方向，明确产业发展的关键技术，编制切实可行的产业技术路线，集中力量突破一批支撑产业发展的关键共性核心技术，加快推进产业重点领域创新发展和科研成果的产业转化，建立应用与产业合作共赢的商业发展模式。

第二节　地理信息产业链界定

一、产业链

产业链是产业经济学中的一个概念，是各个产业部门之间基于一定的技术经济关联，依据特定的逻辑关系和时空布局关系客观形成的链条式关联关系形态[11]。产业链主要是基于各个地区客观存在的区域差异，着眼发挥区域优势，借助区域市场协调地区间专业化分工和多维性需求的矛盾，以产业合作作为实现形式和内容的区域合作载体。产业链是一个包含价值链、企业链、供需链和空间链四个维度的概念，这四个维度在相互对接的均衡过程中形成了产业链。这种“对接机制”是产业链形成的内模式，作为一种客观规律，它像一只“无形之手”调控着产业链的形成。产业链的本质是一个具有某种内在联系的企业群结构，它是一个相对宏观的概念，存在二维属性，即结构属性和价值属性。其中存在着大量上下游关系和相互价值的交换，上游环节向下游环节输送产品或服务，下游环节向上游环节反馈信息。

中南大学商学院教授吴金明在其论文《产业链形成机制研究——“4+4+4”模型》[12]中给出产业链形成原因，产业链发展程度如图 2.2 所示，产业链的形成首先是由社会分工引起的，在交易机制的作用下不断引起产业链组织的深化。在图 2.2 中，*C*1、*C*2、*C*3 表示社会分工程度，*C*3＞*C*2＞*C*1 表示社会分工程度不断加深；*A*1、*A*2、*A*3 表示市场交易程度，*A*3＞*A*2＞*A*1 表示市场交易程度不断加深；*B*1、*B*2、*B*3 表示产业链发展程度，*B*3＞*B*2＞*B*1 表示产业链不断延伸和产业链形式的日益复杂化。三个坐标相交的原点 *O*，表示既无社会分工，也无市场交易，更无产业链产生的初始状态。从 *C*1 开始，而不是从坐标原点开始，意味着社会分工是市场交易的起点，也是产业链产生的起点。社会分工 *C*1 的存在促进了市场交易程度 *A*1 的产生，在 *A*1 的作用下，需要 *B*1 的产业链发展程度与它对接，*B*1 的产生又促进了社会分工的进一步发展，于是，社会分工就从 *C*1 演化到 *C*2。相应地，在 *C*2 的作用下，市场交易程度从 *A*1 发展到 *A*2，*A*2 又促进了产业链发展

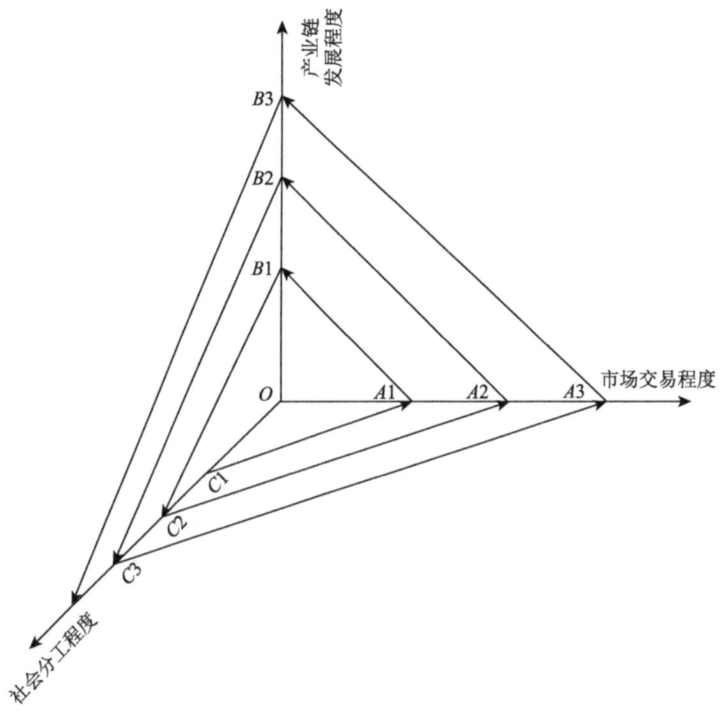

图 2.2　产业链发展程度示意图

程度从 *B*1 发展到 *B*2。接着，按照同样的原理，*B*2 促使 *C*2 发展到 *C*3，*C*3 又促使 *A*2 发展到 *A*3，*A*3 又促使产业链从 *B*2 发展到 *B*3……如此周而复始，使产业链不断形成发展。

产业链形成的动因在于产业价值的实现和创造，产业链是产业价值实现和增值的根本途径。任何产品只有通过最终消费才能实现其价值，否则，所有中间产品的生产就不能实现。同时，产业链也体现了产业价值的分割。随着产业链的发展，产业价值由在不同部门间的分割转变为在不同产业链节点上的分割，产业链发展也是为了使产业价值最大化，它的本质是体现“1+1＞2”的价值增值效应。这种增值往往来自产业链的乘数效应，它是指产业链中的某一个节点的效益发生变化，导致产业链中的其他关联产业相应地发生倍增效应。产业链价值创造的内在要求是：生产效率≥内部企业生产效率之和（协作乘数效应）；同时，交易成本≤内部企业间的交易成本之和（分工的网络效应）。企业间的关系也能够创造价值，价值链创造的价值取决于该链中企业间的投资。不同企业间的关系将影响它们的投资，进而影响被创造的价值。鼓励企业相互加强关系和持续维持关系，在关系持续的情况下进行有意义的投资，也可以创造出价值[12]。

二、地理信息产业链

地理信息产业链由与地理信息产业相关的数据获取、高端装备研制、数据处理、软件研发、应用服务等环节构成。地理信息产业链是在地理信息开发利用全过程中形成的链网式产业组织形式，地理信息产业活动从装备研制、数据资源建设、大量数据处理、软件技术研发到各种工程应用、产品销售、技术咨询和信息服务等，形成了完整的地理信息产业链。地理信息产业链结构见图 2.3。

1）地理信息产业链上游

地理信息产业链上游是数据获取和与地理信息产业相关的高端装备研制。

数据获取包括使用从传统测量到现代测绘的方法获取地理地形数据，使用航天、航空、无人系统获取遥感数据，使用卫星遥感、测绘、车载测量等装备采集导航和位置数据，使用车载及手持设备以众包方式采集地理信息与业务数据。地理信息数据源包括地图数据、遥感数据、文本数据、统计数据、实测数据、多媒体数据和已有系统的数据等。

地理信息专题数据，由各部门、各行业在业务中获取专业数据，并将其与地理信息基础数据相融合后生成。

属性数据一般为字符串和数字，可采用键盘输入，它的获取主要通过资料的收集。

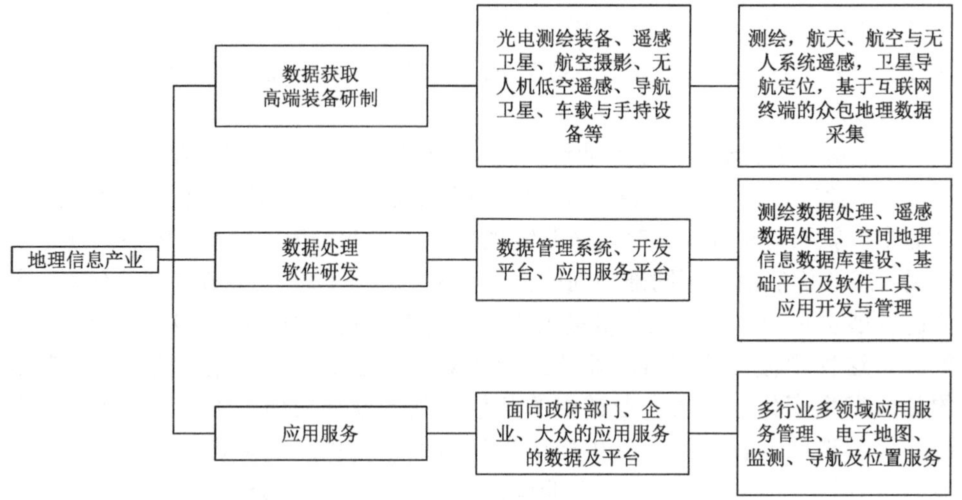

图 2.3　地理信息产业链结构图

与地理信息产业相关的高端装备主要包括光电测绘仪器、导航设备、卫星与低空遥感设备、地面设备、手持设备等。例如，地图数据可以通过实地测绘或地图数字化获取；对于大比例尺的城市地理信息系统而言，野外数据采集的方式有平板测量、全站仪测量、GNSS 测量；地图数字化可采用数字化仪的手扶跟踪数字化或地图扫描数字化等。

2）地理信息产业链中游

地理信息产业链中游是数据处理与软件研发。

地理信息数据处理是在计算机硬、软件系统支持下，将获取的地理数据进行储存、管理、运算、分析、显示和描述等。目前，地理信息数据处理可分为测绘数据处理、遥感数据处理、空间地理信息数据库建设等。地理信息数据处理也可分为数据加工、数据产品制作及数据管理。

软件研发主要包括基础地理信息软件研发和应用系统研发两大类。基础地理信息软件综合运用并行计算、数据索引与快速更新、数据挖掘、可视化等技术，为地理信息应用系统提供开发与运行支撑环境。目前，国内的基础地理信息平台主要有超图软件（SuperMap）、中地数码（MapGIS）等，国外有 ArcGIS、MapInfo、WebGIS、ArcView 等。

应用系统研发主要在基础地理信息软件支持下，面向具体应用的软件系统进行自主开发或二次开发，如土地市场动态监测与监管系统、全国旱情遥感监测系统、建设用地再开发数字化监管平台等。

3）地理信息产业链下游

地理信息产业链下游是地理信息应用服务。

地理信息应用服务种类繁多，涉及面广，如地理信息应用工程集成、软件销售和运营、咨询和培训。

地理信息应用服务主要包括面向政府部门、面向企业及面向大众的应用服务。面向政府部门与企业的服务主要是在多个行业、多个领域建立地理信息应用平台、服务平台及管理平台等；面向大众的主要是导航及位置服务、其他的地理信息增值服务等。

三、地理信息产业集群

产业集群是指集中于一定区域内特定产业的众多具有竞争与合作关系的不同规模等级的企业、专业化供应商、服务供应商、金融机构、相关产业的厂商及其他相关机构、组织等行为主体，通过纵横交错的网络关系紧密联系在一起的空间集聚体，代表着介于市场和等级制之间的一种新的空间经济组织形式。产业集群超越了产业范围，形成特定地理范围内多个产业相互融合、众多类型机构相互联结的共生体，构成这一区域特色的竞争优势。产业集群发展状况已经成为考察一个经济体，或其中某个区域和地区发展水平的重要指标。

地理信息产业的专业化分工决定了地理信息产业适宜采取产业链的形式组织生产，地理信息的需求变化快、不确定因素多决定了地理信息产业采取集群式发展，而地理信息产业的高渗透性和广泛性决定了地理信息产业采取融合发展策略。因此，产业链、产业集群和产业融合是中国地理信息产业发展模式，也是必然趋势。地理信息产业链式发展、集群发展和融合发展具有极其密切的关系。

地理信息产业集群式发展是指以“地理信息+”为基础，与其相关产业相互渗透、相互融合形成的产业技术发展模式。从产业融合上讲，地理信息产业以遥感、测绘、芯片、计算机软件、移动互联网等为基础，同时借助物联网、大数据、云计算、人工智能等技术的飞速发展，成为更多相关产业的基石。从技术融合上讲，可融合的有：地理信息+现代测绘技术、地理信息+遥感技术、地理信息+导航技术、地理信息+计算机技术、地理信息+人工智能技术、地理信息+5G技术、地理信息+网络技术、地理信息+云计算、地理信息+物联网、地理信息+区块链等。从应用融合上讲，可融合的有：地理信息+自然资源、地理信息+智慧农业、地理信息+智慧林业、地理信息+智慧水利、地理信息+智慧交通运输、地理信息+智慧配送、地理信息+文化娱乐产业等。通过产业融合、技术融合及应用融合，促进地理信息产业集群式发展。

地理信息产业集群是基于产业链上纵向分工协作、横向有效竞争的企业在一定区域内形成的产业组织形式。借助产业链和产业集群的发展模式，地理信息产业具备了与其他产业融合发展的能力。地理信息产业融合发展不仅发生在产业链的各企业之间，而且发生在集群企业各集群主体之间，甚至发生在产业链与产业链之间、产业集群与产业集群之间，当然也发生在地理信息产业与其他产业之间。

地理信息产业与其他产业的融合发展，又会形成新的地理信息产业链和产业集群，从而形成一个发展的良性循环。

第三节　地理信息产业运行环境

地理信息产业的发展依赖于其运行环境的好坏，产业运行环境包括政治环境、经济环境、社会环境和技术环境等。其中，社会环境包括社会的政治、法律、人口与生态、教育等环境因素。地理环境是社会存在与发展的必要条件，既是人类赖以生存的场所，又能够为人类提供生活资料和生产建设资源。地理环境的优劣直接影响社会的发展，地理信息又通过多种技术手段真实地、客观地反映人类生存的地理环境。

一、地理信息产业社会环境

1. *政治环境*

1）产业管理

地理信息产业属国家战略性新兴产业，目前由自然资源部负责管理。自然资源部负责与地理信息相关的业务包括：负责测绘资质资格与信用管理；组织实施全球地理信息资源建设等重大项目；拟定国家地理信息安全保密政策并监督实施；负责地理信息成果管理和测量标志保护，审核国家重要地理信息数据；负责地图管理，审查向社会公开的地图，监督互联网地图服务，开展国家版图意识宣传教育，协同拟定界线标准样图；提供地理信息应急保障，指导监督地理信息公共服务；等等。

与地理信息业务相关的社团组织有中国地理信息产业协会、中国测绘学会、中国卫星导航定位协会、中国遥感应用协会等。

中国地理信息产业协会（China Association for Geospatial Information Society，CAGIS）简称“中国 GIS 协会”，是由中国地理信息产业产、学、研、用单位和个人自愿组成的全国性、行业性社会团体，是具有法人资格的非营利性社会组织。中国 GIS 协会接受中国共产党的领导，接受中央和国家机关工作委员会、民政部、自然资源部等相关部门的指导和监管。

中国测绘学会（Chinese Society for Geodesy Photogrammetry and Cartography，CSGPC）于 1956 年 7 月开始筹建，1959 年 2 月 19 日正式成立，是在中华人民共和国民政部依法登记的法人社团组织，是由全国测绘科技工作者、有关测绘单位及相关学术团体自愿组成的具有独立法人资格和社会公益性质的全国性、行业性、学术性、科普性社会团体。

中国卫星导航定位协会（GNSS and LBS Association of China，GLAC）成立于 1995 年，原名为中国全球定位系统技术应用协会，于 2012 年正式更名为中国卫星导航定位协会，简称“中位协”。中位协是我国卫星导航与位置服务领域的全国性行业协会，是经民政部批准的非营利性社团组织，是中国科学技术协会团体会员。

中国遥感应用协会（China Association of Remote Sensing Application，CARSA），原名全国地方遥感应用协会，由山西省、湖南省、陕西省遥感中心和江苏省遥感学会（现江苏省遥感与地理信息系统学会）发起，在国家计委、国防科工委、航空航天部和各省（自治区、直辖市）计委、遥感中心的支持下，于 1992 年 8 月 26 日在山西省五台山成立。2002 年 12 月 28 日，民政部根据国防科工委的报告批准全国地方遥感应用协会更名为中国遥感应用协会。该协会的宗旨是团结全国遥感信息技术队伍，规范遥感信息技术市场，促进全国遥感信息技术的应用与发展。

2）产业相关政策

地理信息产业是国家重点支持、优先发展的高新技术产业。近年来，国家行业主管部门对地理信息产业的发展十分重视，国务院、国家发改委等部门陆续出台了一系列政策文件，大力支持产业发展。国务院印发了《国务院关于加快培育和发展战略性新兴产业的决定》（国发〔2010〕32 号）、《国务院办公厅关于促进地理信息产业发展的意见》（国办发〔2014〕2 号）、《国家发展改革委 国家测绘地信局关于印发国家地理信息产业发展规划（2014—2020 年）的通知》（发改地区〔2014〕1654 号）、《国务院关于印发促进大数据发展行动纲要的通知》（国发〔2015〕50 号）等相关政策文件，制定、修订了《中华人民共和国测绘法》等多部相关法律，从优化政策环境、夯实基础条件、促进自主创新、加强人才培养、强化服务管理、拓展对外合作、开展统计分析等方面，提出了保障产业有序健康发展的政策措施；明确了坚持需求牵动、市场主导，政府调控、规范管理，科技引领、创新驱动，重点突破、整体推进的原则。做大做强地理信息产业规模，就是要增强自主创新能力，提高服务管理水平，完善政策法规体系，优化地理信息产业结构，合理布局、有序竞争，推动中国地理信息产业的发展。逐步完善地理信息产业的发展政策，加大财税、金融等扶持力度，推动产业快速发展。详见表 2.2。

表 2.2　地理信息产业相关政策文件

名称	发文机构	发布年份	背景或主要内容
《国务院关于加强测绘工作的意见》	国务院	2007	促进地理信息产业发展；统筹规划地理信息产业优先发展领域；培育具有自主创新能力的地理信息骨干企业，尽快掌握产业核心技术，形成一批具有自主知识产权的先进技术装备，增强我国地理信息产业的整体实力和国际竞争力；引导社会资金投入，推动地理信息的社会化利用，提高测绘对经济增长的贡献率。通过政府采购和项目带动等方式，引导和鼓励企业开展地理信息开发利用和增值服务
《关于促进卫星应用产业发展的若干意见》	国防科工委、国家发改委	2007	提出要“加强卫星遥感数据在重要行业和地区发展中的应用。加快应用技术研发和应用系统建设，促进遥感技术在国土资源、农业、林业、水利、气象、海洋、环境、减灾、测绘、交通、教育等领域和区域开发、城乡管理及重大工程中的应用，实施应用示范工程，培育遥感服务企业，拓展卫星遥感应用服务产业链”

续表

名称	发文机构	发布年份	背景或主要内容
《国家测绘局关于为国家扩大内需促进经济增长做好测绘保障服务的若干意见》	国家测绘局	2008	提出要"加快推进我国西部 1∶50000 地形图空白区测绘，带动西部地区测绘发展""尽快启动实施国家现代测绘基准体系基础设施建设、高分辨率立体测图卫星、海岛（礁）测绘等国家重大测绘项目，加快省级相关项目的立项和实施，尽早发挥项目效益"
《当前优先发展的高技术产业化重点领域指南（2011 年度）》	国家发改委等	2011	将软件及应用系统、民用雷达、民用飞机、卫星通信应用系统、卫星导航应用服务系统、卫星遥感应用系统、信息技术服务、数字内容服务等作为当前优先发展的高技术产业化重点领域
《产业结构调整指导目录（2011 年本）》	国家发改委	2011	将城市基础空间信息数据生产及关键技术开发、全球定位系统及地理信息系统的研发与应用、测绘专业科技服务、地理领域信息资源开发服务等列入"鼓励类"产业门类
《国务院办公厅关于促进地理信息产业发展的意见》	国务院办公厅	2014	提出"通过政策推动，逐步形成地理信息获取、处理、应用为主的成熟产业链，形成若干个实力雄厚、具有国际竞争力的大型企业和龙头企业，培育一批充满活力的中小型企业。用 5 至 10 年时间，使我国地理信息获取能力明显提升，科技创新能力持续增强，市场监管有效、竞争有序，产品更加丰富、应用更加广泛，产业国际竞争力显著提高"
《国家地理信息产业发展规划（2014—2020 年）》	国家发改委、国家测绘地理信息局	2014	规定发展目标"到 2020 年，政策法规体系基本建立，结构优化、布局合理、特色鲜明、竞争有序的产业发展格局初步形成。科技创新能力显著增强，核心关键技术研发应用取得重大突破，形成一批具有较强国际竞争力的龙头企业和较好成长性的创新型中小企业，拥有一批具有国际影响力的自主知名品牌。产业保持年均 20%以上的增长速度，2020 年总产值超过 8000 亿元，成为国民经济发展新的增长点"
《关于加强测绘地理信息科技创新的意见》	国家测绘地理信息局	2015	提出"到 2020 年，在测绘地理信息科技体制改革的关键环节取得突破性成果，基本形成适应创新驱动发展要求的制度环境和体制机制，自主创新能力显著增强，技术创新的市场导向机制更加健全，人才、资本、技术、知识自由流动，企业、科研院所、高校协同创新，军民融合深度发展，科技创新资源配置更加优化，创新效率显著提升，率先建成符合创新型国家要求的测绘地理信息科技创新体系。到 2030 年，测绘地理信息科技创新整体实力进入世界前列"
《国务院关于全国基础测绘中长期规划纲要（2015—2030 年）的批复》	国务院	2015	确定了 2015—2030 年全国基础测绘发展的中长期主要任务。到 2020 年的中期任务，一是现代化测绘基准和卫星测绘应用体系建设；二是基础地理信息资源建设与更新；三是基础设施建设；四是地理信息公共服务；五是测绘地理信息科技创新和标准化建设。到 2030 年的长期任务，主要是推进测绘基准体系现代化改造，加快对覆盖我国海洋国土乃至全球的基础地理信息资源获取，持续推进基础测绘创新，建立卫星测绘应用链条和业务运行体系，提升基础测绘公共服务能力等
《国家重点支持的高新技术领域》	科技部等	2016	将软件、地理信息系统、卫星通信应用系统等列入国家重点支持的高新技术领域。自此以后这些技术领域一直属于国家重点支持的高新技术领域
《测绘地理信息事业"十三五"规划》	国家发改委、国家测绘地理信息局	2016	测绘地理信息事业是国民经济和社会发展的重要组成部分，是全面小康社会建设的重要基础。"十三五"时期是测绘地理信息事业全面发展的关键时期。为贯彻落实《中华人民共和国国民经济和社会发展第十三个五年规划纲要》及《全国基础测绘中长期规划纲要（2015—2030 年）》有关要求，推动测绘地理信息事业加快发展，不断拓展覆盖领域和空间，全面提升服务保障能力，特制定《测绘地理信息事业"十三五"规划》，对新时期全国测绘地理信息事业发展作出总体部署。本规划所指的测绘地理信息事业，包括基础测绘、地理国情监测、应急测绘、航空航天遥感测绘、全球地理信息资源开发等公益性事业和以地理信息资源开发利用为核心的地理信息产业

续表

名称	发文机构	发布年份	背景或主要内容
《卫星测绘“十三五”发展规划》	国家测绘地理信息局	2016	卫星测绘是基于各类测绘卫星获取地理信息和提供地理信息服务的重要手段，卫星测绘能力和应用水平是国家对地观测能力的直接反映。加强卫星测绘能力建设，提升卫星测绘应用水平，对于抢占对地观测制高点、满足经济社会发展对地理信息技术和应用的迫切需求、推进测绘地理信息事业改革创新发展具有重要意义。编制指导思想：全面贯彻党的十八大和十八届三中、四中、五中、六中全会精神，以习近平总书记系列重要讲话精神为指导，深入贯彻落实“四个全面”战略布局和创新、协调、绿色、开放、共享的发展理念，紧密围绕“加强基础测绘，监测地理国情，强化公共服务，壮大地信产业，维护国家安全，建设测绘强国”的事业发展战略，主动适应经济发展新常态，坚持自主创新、跨越发展，大力推进测绘卫星体系建设，加强卫星测绘应用和服务，健全卫星测绘应用工作体制机制，推动测绘地理信息事业改革创新发展
《中华人民共和国国民经济和社会发展第十三个五年规划纲要》	国家发改委	2016	明确提出要支持战略性新兴产业发展，支持新一代信息技术产业发展壮大；把大数据作为基础性战略资源，全面实施促进大数据发展行动，加快推动数据资源共享开放和开发应用，助力产业转型升级和社会治理创新；提升测绘地理信息服务保障能力，开展地理国情常态化监测，推进全球地理信息资源开发
《国务院关于印发“十三五”国家信息化规划的通知》	国务院	2016	与地理信息相关的重大任务和重点工程：发展智慧农业，推进智能传感器、卫星导航、遥感、空间地理信息等技术应用，增强对农业生产环境的精准监测能力；加强金融、能源、水利、电力、通信、交通、地理信息等领域关键信息基础设施核心技术装备威胁感知和持续防御能力建设，增强网络安全防御能力和威慑能力；推进测绘地理信息领域信息化建设，强化全国卫星导航定位基准站统筹建设和管理，建设地理信息公共服务平台
《测绘地理信息科技发展“十三五”规划》	国家测绘地理信息局	2016	根据《中共中央 国务院关于深化体制机制改革加快实施创新驱动发展战略的若干意见》、《中华人民共和国国民经济和社会发展第十三个五年规划纲要》和《测绘地理信息事业“十三五”规划》，为深入贯彻实施国家创新驱动发展战略，切实提高测绘地理信息科技创新能力和水平，增强科技创新对事业改革创新发展的支撑和引领作用，制定本规划。规划编制的指导思想：全面贯彻党的十八大和十八届三中、四中、五中全会精神，深入贯彻习近平总书记系列重要讲话精神，按照“四个全面”战略布局总要求和加快实施创新驱动发展战略总部署，深入贯彻创新、协调、绿色、开放、共享发展理念，紧密围绕“加强基础测绘、监测地理国情、强化公共服务、壮大地信产业、维护国家安全、建设测绘强国”发展战略，落实《测绘地理信息事业“十三五”规划》，以支撑“五大业务”为抓手，以创新为动力，以需求为牵引，以问题为导向，以项目为纽带，着力健全创新体制机制，提升科技自主创新能力，培养创新型科技人才队伍，攻克一批核心关键技术难题，全面推进信息化测绘体系技术能力建设
《中华人民共和国测绘法》(2017年修订)	全国人大常委会	2017	重点有以下几个方面：①卫星导航定位基准站管理，维护国家地理信息安全和对个人信息的保护；②促进测绘成果社会化应用，激发地理信息产业活力；③强化国家版图意识宣传教育，完善地图、互联网地图服务监管；④建立地理国情监测和应急测绘保障制度，提升测绘地理信息服务水平；⑤“放管服”协同推进，加快转变政府职能

续表

名称	发文机构	发布年份	背景或主要内容
党的十九大报告	第十八届中央委员会	2017	改革生态环境监管体制。加强对生态文明建设的总体设计和组织领导，设立国有自然资源资产管理和自然生态监管机构，完善生态环境管理制度，统一行使全民所有自然资源资产所有者职责，统一行使所有国土空间用途管制和生态保护修复职责，统一行使监管城乡各类污染排放和行政执法职责。构建国土空间开发保护制度，完善主体功能区配套政策，建立以国家公园为主体的自然保护地体系。坚决制止和惩处破坏生态环境行为
《地理信息产业统计分类（2017）》	国家测绘地理信息局	2017	地理信息相关技术应用已列入《产业结构调整指导目录》的十个鼓励类产业门类中。《国家重点支持的高新技术领域》中，对地理信息系统、遥感图像处理与分析软件技术、空间信息获取及综合应用集成系统、卫星导航应用服务系统都予以了明确支持。其中，空间数据获取系统包括低空遥感系统、基于导航定位的精密测量与检测系统、与掌上电脑及移动通信部件一体化的数据获取设备等；导航定位综合应用集成系统，包括基于北斗卫星导航定位应用的主动/被动的导航、定位设备及公众服务系统；基于位置服务（LBS）技术的应用系统平台；时空数据库的构建及其应用技术等
《深化党和国家机构改革方案》	中共中央	2018	组建自然资源部，对自然资源开发利用和保护进行监管，建立空间规划体系并监督实施，履行全民所有各类自然资源资产所有者职责，统一调查和确权登记，建立自然资源有偿使用制度，负责测绘和地质勘查行业管理等
《第三次全国土地调查总体方案》	国务院	2018	方案中明确，第三次工地调查的目标是在第二次全国土地调查成果基础上，全面细化和完善全国土地利用基础数据；满足生态文明建设、空间规划编制、自然资源管理体制改革和统一确权登记等各项工作的需要
《关于统一规划体系更好发挥国家发展规划战略导向作用的意见》	中共中央、国务院	2018	明确总体要求，落实高质量发展要求，理顺规划关系，统一规划体系，完善规划管理，提高规划质量，强化政策协同，健全实施机制，加快建立制度健全、科学规范、运行有效的规划体制，更好发挥国家发展规划的战略导向作用，为创新和完善宏观调控、推进国家治理体系和治理能力现代化、建设社会主义现代化强国提供有力支撑。对于空间信息产业而言，这是自然资源部在三定方案以来，第一个对空间规划进行了详细描述的上位指导文件
《中共中央　国务院关于建立国土空间规划体系并监督实施的若干意见》	中共中央、国务院	2019	将主体功能区规划、土地利用规划、城乡规划等空间规划融合为统一的国土空间规划，实现“多规合一”，强化国土空间规划对各专项规划的指导约束作用，是党中央作出的重大决策部署。要科学布局生产空间、生活空间、生态空间，体现战略性、提高科学性、加强协调性、注重操作性，强化规划权威，改进规划审批，健全用途管制制度，监督规划实施
“2019 年全国国土测绘工作座谈会”会议精神	自然资源部	2019	启动“十四五”基础测绘规划编制工作，推动在国家测绘基准体系建设与精化、实景三维中国建设、海洋测绘、内陆水下测绘等方向凝练形成大项目、大工程
《政府工作报告（2019）》	国务院	2019	深化“互联网+政务服务”，各地探索推广一批有特色的改革举措，企业和群众办事便利度不断提高；强化企业技术创新主体地位，将提高研发费用加计扣除比例政策扩大至所有企业；制定支持双创深入发展的政策措施；加快在各行业各领域推进“互联网+”；做好地震、气象、水文、地质、测绘等工作
《自然资源部信息化建设总体方案》	自然资源部	2019	立足已有基础，统筹整合土地、地质、矿产、海洋、测绘地理信息的信息化资源，运用移动互联网、云计算、大数据、物联网、人工智能等新一代信息技术，通过完善、优化和创新，建设自然资源“一张网”“一张图”“一个平台”，并以此为基础构建自然资源调查监测评价、自然资源监管决策、“互联网+自然资源政务服务”三大应用体系

在从宏观层面进行政策引导的基础上，国家还出台鼓励企业创新的配套政策，保障新兴地理信息企业的发展。国家制定了对中小企业、高新技术企业、软件和集成电路企业、技术创新企业、对外出口企业的相关政策，对相关企业给予财政税收优惠支持，保障创新型地理信息企业的发展。如《国务院关于印发进一步鼓励软件产业和集成电路产业发展若干政策的通知》《财政部 国家税务总局关于贯彻落实〈中共中央 国务院关于加强技术创新，发展高科技，实现产业化的决定〉有关税收问题的通知》《国务院关于进一步促进中小企业发展的若干意见》等，这些政策也为中国的地理信息产业发展提供了重要支持。抽样调查表明，早在 2011 年，就有 33%的地理信息企业获得过国家相关政策支持，14%的地理信息企业获得过多项国家优惠政策支持。地理信息企业获得国家相关优惠政策支持情况如图 2.4 所示。

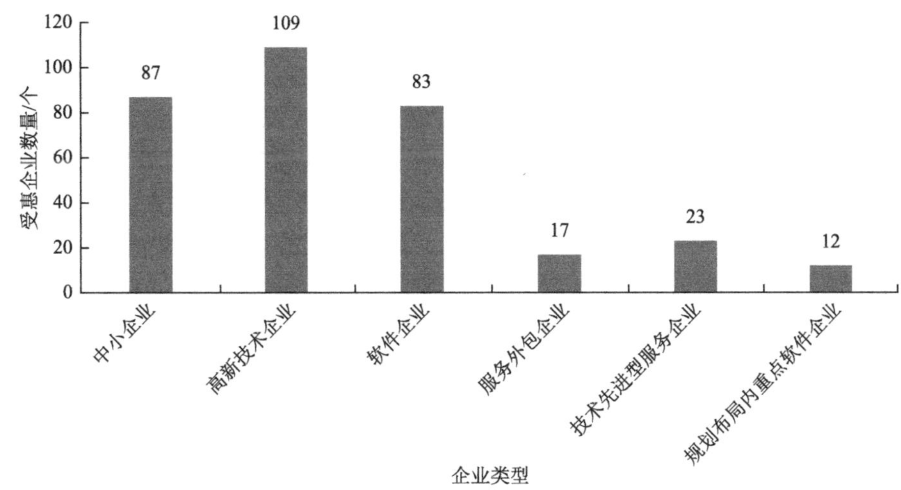

图 2.4　地理信息企业获得国家相关优惠政策支持情况

资料来源：中投顾问产业研究中心

与此同时，国家以设立基金和项目的方式鼓励相关技术创新和产业化，如设立国家高技术研究发展计划（简称 863 计划）、国家重点基础研究发展计划（简称 973 计划）、测绘科技项目等对地理信息产业给予支持。据调查，2008～2010 年，被调查的 661 个地理信息企业共承担 973 计划项目 18 个，863 计划项目 50 个，测绘科技项目 1328 个，其他科技项目 6150 个。2010 年，科技部科技型中小企业技术创新基金支持地理信息相关项目 36 项，支持金额为 2390 万元，占 2010 年总支持金额的 0.6%。2015 年，国家测绘地理信息局完成了《全国基础测绘中长期规划纲要（2015—2030 年）》修编，为测绘地理信息产业发展指明方向，全国各地测绘地理信息的业务量倍增，硕果累累。例如，由国家测绘地理信息局建设的“天地图”国家地理信息公共服务平台于2011年1月18日上线，并不断更新信息。“天地图”集成了来自国家、省（自治区、直辖市）、市（县）各级测绘地理信息部门，以及相关政府部门、企事业单位、社会团体、公众的地理信息公共服务资源，向各类用户提供在线地理信息综合服务。“天地图”的上线体现了我国地理信息资源共享和高效利用、测绘地理信息公共服务的能力和水平，增加了测绘地理信息成果的服务方式。

据《2016中国国土资源公报》[13]，2015年全年测绘地理信息系统开展科研项目1009项，完成482项，累计投入资金5.44亿元，完成科技成果403项，登记57项，获得专利授权35项，获得省部级以上科技奖131项。其中，“国家电子政务协同式空间决策服务关键技术与应用”获得国家科学技术进步奖二等奖。

据《2017中国土地矿产海洋资源统计公报》[14]，2016年全年测绘地理信息系统开展科研项目1037项，完成467项，投入资金5.47亿元，完成科技成果462项，登记46项，获得专利授权64项，获得省部级以上科技奖98项。

在国家政策的支持鼓励下，近年来，地理信息产业链下游的应用服务领域发展迅速。政府部门出台了促进地理信息产业发展的政策，界定了地理信息产业的概念与范围。地理信息产业是高新技术服务业，是信息产业的组成部分，也是高技术服务业的重要内容。地理信息产业的核心是地理信息开发利用，主要表现为地理信息资源、装备、软件等方面的技术开发利用，以现代测绘和地理信息系统、遥感、卫星导航定位等技术为基础，主要任务是地理信息获取、处理及应用。站在国家战略的高度研究制定扶持和推动产业发展的具体政策措施，为推动地理信息产业发展营造了良好的发展环境。从国家层面的产业政策和法律法规中可以解读出以下信息：

（1）地理信息产业是国家现在和未来优先发展的产业；

（2）地理信息产业是国家当前优先发展的高技术重点领域；

（3）地理信息产业在国家当前产业结构调整中属于“鼓励类”产业门类；

（4）全球地理信息资源开发利用是未来地理信息产业发展的重点，也是中国战略性新兴产业之一；

（5）地理信息系统、空间信息获取、综合应用集成系统、航空航天民用飞机技术和卫星通信应用系统是国家重点支持的高新技术领域；

（6）高精度现代测绘基准体系、地理国情常态化监测、高分辨率卫星对地观测系统、高精度全球导航卫星系统、大数据地理信息应用服务平台等是地理信息产业未来重点发展的方向。

3）行业相关发展规划

2014年7月18日，国家发改委和国家测绘地理信息局联合印发了《国家地理信息产业发展规划（2014—2020年）》（简称《规划》）[15]，对促进地理信息资源开发利用、提升地理信息产业核心竞争力具有重要的指导意义。

《规划》中明确提出地理信息产业的发展目标：“到 2020 年，政策法规体系基本建立，结构优化、布局合理、特色鲜明、竞争有序的产业发展格局初步形成。科技创新能力显著增强，核心关键技术研发应用取得重大突破，形成一批具有较强国际竞争力的龙头企业和较好成长性的创新型中小企业，拥有一批具有国际影响力的自主知名品牌。产业保持年均 20%以上的增长速度，2020 年总产值超过 8000 亿元，成为国民经济发展新的增长点。”

同时《规划》中指出了产业重点领域和主要任务。

（1）测绘遥感数据服务。

增强测绘卫星遥感数据获取及服务能力，大力推动国产测绘卫星遥感数据的公益性服务和商业化应用，适度发展国外卫星遥感数据代理服务，有序引进亚米级高分辨率卫星遥感数据。促进国产高分辨率遥感数据出口，支持重点行业开展高分辨率遥感数据处理应用核心技术引进。加强测绘遥感数据的社会化应用，基于国家自然资源和地理空间基础信息库及“天地图”等平台，实现遥感数据服务和地理信息公共服务的结合。推动测绘遥感数据服务企业优化组合，鼓励企业参与商业测绘遥感卫星的发射和运营。

（2）测绘地理信息装备制造。

发展高端遥感技术装备和高端地面测绘装备。引导和推进现代高端测绘地理信息技术装备制造业的资源整合，推动相关企业由单一的装备制造向提供完整的装备集成解决方案转变，建设若干自主创新能力强的工程技术研发中心。

（3）地理信息软件。

促进高技术在地理信息软件开发中的应用，发展大型地理信息平台软件，鼓励研发地理信息管理与应用软件。建设测绘业务网络和协同化集成管理系统，满足测绘业务向生产自动化、管理信息化、服务网络化，以及生产、管理、服务协同化转变的需要。鼓励地理信息软件企业通过自主创新和兼并重组，增强企业核心竞争力。

（4）地理信息与导航定位融合服务。

发展地理信息位置服务，加快推进地理信息与北斗卫星导航定位的融合。依托现代测绘基准体系基础设施，积极发展在环境监测、水资源调查、气象、航空航天、工程建设、车辆导航、城市规划、个人位置服务等领域的测绘基准信息服务。发展导航电子地图和互联网地图服务。积极探索将地理信息服务与社会管理、城市管理等工作相结合的途径和方式，推出更多种类的服务。积极发展网络地图增值服务业务。推进地理信息与导航定位融合服务类企业的兼并重组，形成差别化的竞争优势，促进地理信息产业链各环节均衡发展，提高产业的整体竞争能力。

（5）地理信息应用服务。

巩固面向政府的地理信息应用服务，推进地理信息在数字城市和智慧城市建设中的应用。加强重点领域与行业地理信息系统建设，增强智能化管理和控制能力，促进公益性地理信息产品共享。大力开展地理国情普查与监测工作，提升地理信息服务政府决策水平。开发基于物联网的位置服务产品。积极支持地理信息应用服务类企业参与公益性地理信息服务，不断拓展和深化地理信息社会化应用服务，打造 3～4 家龙头企业。

（6）地图出版与服务。

繁荣地图出版业，编制出版具有较大影响力的权威地图集。发展地图文化创意产业，繁荣地图消费和收藏市场，形成地图文化产业集群。鼓励地图出版企业加强自主创新，加大高新技术的集成应用，提供高质量、多元化的地图产品。

另外，2016 年国家发改委和/或国家测绘地理信息局发布了《测绘地理信息事业“十三五”规划》《卫星测绘“十三五”发展规划》《测绘地理信息标准化“十三五”规划》《测绘地理信息科技发展“十三五”规划》《测绘地理信息人才发展“十三五”规划》《全国测绘地理信息法治宣传教育第七个五年规划（2016—2020 年）》等一系列地理信息产业相关的“十三五”规划。明确了地理信息产业“十三五”期间发展目标、重点任务等内容，为“十四五”规划的制定打好基础。2019 年自然资源部启动了“十四五”基础测绘规划编制工作，推动在国家测绘基准体系建设与精化、实景三维中国建设、海洋测绘、内陆水下测绘等方向凝练形成大项目、大工程。

2. 人口与生态环境

1）人口环境

人口环境是指人口的数量、分布、年龄和性别结构等情况。人口环境既是企业生产经营活动必要的人力资源条件，又是企业的产品和劳务的市场条件，因而是企业生产经营的重要外部环境。

在人们的收入水平和购买力大体相同的条件下，人口数量与市场规模呈正比。人口的多少直接决定市场的潜在容量，人口越多，市场规模就越大。而年龄结构、地理分布、婚姻状况、出生率、死亡率、人口密度、人口流动性及文化教育等人口特性，会对市场格局产生深刻影响，并直接影响行业内企业的市场营销活动和经营管理。因此，必须重视人口特性及其发展动向，不失时机地抓住市场机会，当出现威胁时，应及时、果断地调整营销策略，以适应人口环境的变化。

图 2.5 给出 2005～2019 年中国人口变化情况。其中 2019 年末中国总人口①为 140 005 万，比 2018 年末增加 467 万；2018 年末中国总人口为 139 538 万，比 2017 年末增加 530 万。

---

① 本书中的中国总人口统计范围包括 31 个省（自治区、直辖市），不包括香港特别行政区、澳门特别行政区和台湾省及海外华侨。

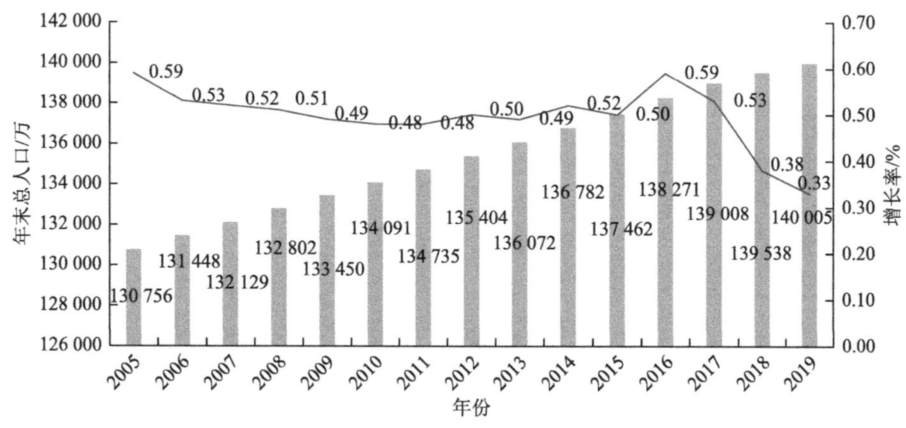

图 2.5　2005～2019 年中国总人口变化情况

数据来源：国家统计局

城镇化是中国走向现代化强国的必经之路，增强城镇化的地理信息产业支撑能力是中国城镇化健康发展的内在要求。城镇化顺利推进离不开地理信息产业发展的支撑作用，两者之间通过要素集聚、效率提升、产城融合、网络协同等机制实现互动，相互促进，共同发展。

城镇化是人口由农村向城市迁移聚集的过程，同时又表现为地域景观的变化、产业结构的转变、生产生活方式的变革，是人口、地域、社会经济组织形式和生产生活方式由传统落后的乡村型社会向现代城市社会转化的多方面内容综合统一的过程，是一个国家或地区经济社会发展进步的主要反映和重要标志。城镇化与企业发展密不可分。在城镇化发展的过程中，企业发挥着重要的助推作用，同时，城镇化不断推进创造了巨大的市场空间，产生了很多商机。

城镇化率（城镇化水平）通常用市人口和镇驻地聚集区人口占全部人口（人口数据均用常住人口而非户籍人口）的百分比来表示，用于反映人口向城市聚集的过程和聚集程度。图 2.6 给出 2010～2019 年中国城镇化率变化趋势。由图 2.6 可见，近十年，中国的城镇化率呈平稳上升的状态，但增速有所放缓。2018 年末城镇化率为 59.58%，比上一年提高 1.06 个百分点。2019 年末中国总人口为 140 005 万，其中城镇常住人口为 84 843 万，城镇化率达到 60.60%，比上年末提高 1.02 个百分点。

2）生态环境

据《2018 年中国水资源公报》，2018 年全国水资源总量 27 462.5 亿 m^3，与多年平均值基本持平，比 2017 年减少 4.5%。全国平均降水量 682.5 mm。全国 669 座大型水库和 3602 座中型水库的数据统计显示，水库年末蓄水总量 4104.3 亿 m^3，比年初蓄水总量减少 38.0 亿 m^3。全国总用水量 6015.5 亿 m^3，比上年减少 27.9 亿 m^3。据《2018 年中国国土绿化状况公报》，2018 年全国共完成造林 707.4 万 hm^2，森林抚育

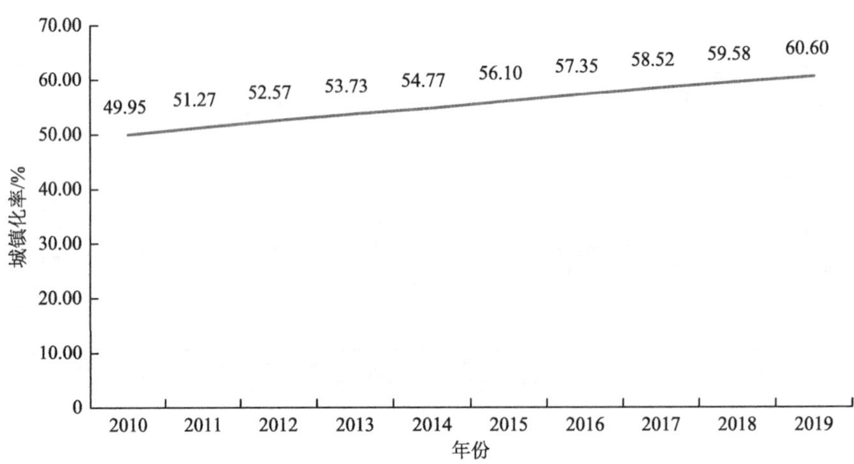

图 2.6　2010～2019 年中国城镇化率变化趋势

数据来源：国家统计局

851.9 万 hm^2，治理退化草原 666 万 hm^2 以上。国家级自然保护区达 474 处。新设立国家森林公园 17 处，总数达 897 处，总面积达 1287 万 hm^2。完成国家湿地公园试点验收 112 处，国家湿地公园范围和功能区优化调整 39 处。新增世界地质公园 2 处、国家地质公园 5 处、国家矿山公园 1 处，全国共有自然保护地 1.18 万处。

3. 教育与科研环境

教育环境是指以教育为中心，对教育的产生、存在和发展起着制约和调控作用的几维空间和多元环境系统。包括以教育为中心，结合外部的自然环境、社会环境和精神环境形成的教育生态系统，以特定学校或教育机构为中心构成的教育体系内部的相互关系和以人的个体发展为主线的外部环境的不同层次。教育作为人力资本形成的主要方式，可以通过提高国家或地区的人力资本水平促进地理信息行业经济增长，以推动产业技术升级的方式促进地理信息产业结构的调整。另外，教育水平不仅影响着人们对地理信息产业的认知水平，而且对地理信息产业的市场调研与促销方式也有一定影响。

图 2.7 给出 2010～2018 年中国研究生、普通本科、普通专科、普通高中和中等职业教育招生人数。

据国家统计局网站 2021 年 2 月数据，2019 年研究生教育招生 91.65 万人，在学研究生 286.37 万人，毕业生 63.97 万人。普通本专科招生 914.90 万人，在校生 3031.53 万人，毕业生 758.53 万人。中等职业教育招生 585.96 万人，在校生 1557.80 万人，毕业生 485.34 万人。普通高中招生 839.49 万人，在校生 2414.31 万人，毕业生 789.25 万人。九年义务教育巩固率为 94.8%，高中阶段毛入学率为 89.5%。

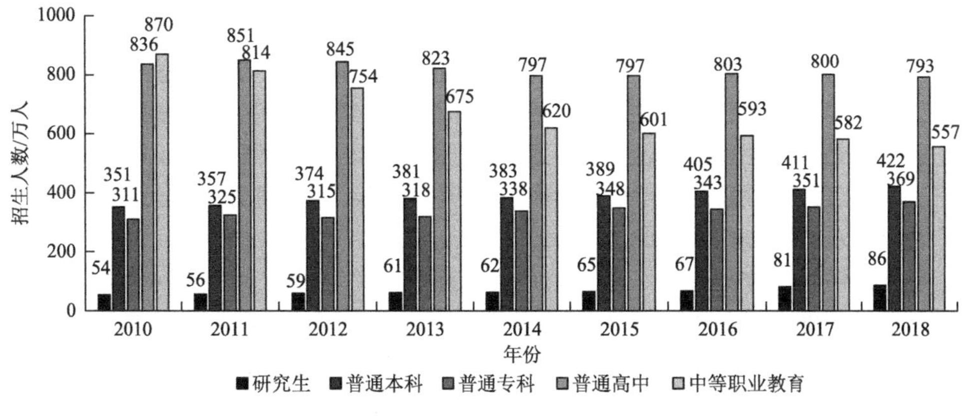

图 2.7　2010～2018 年各类学校招生人数

地理信息科学是近 20 年来新兴的一门集地理学、计算机、遥感技术和地图学于一体的学科。据不完全统计，有 180 多所大专院校开设了地理信息科学专业，主要学习地理信息科学与地图学、遥感技术方面的基本理论知识和基本技能等，为城市、区域、资源、环境、交通、人口、住房、土地、灾害预警、基础设施和规划管理等领域培养应用研究、技术开发、生产管理和行政管理等方面的专门人才。

人才培养力度大幅提高，引进、选拔和评价政策逐步完善，从事地理信息的专业技术人员队伍规模进一步扩大，结构进一步优化，使得地理信息产业自主创新能力持续增强，专利数量逐年增长。例如，国产地理信息系统软件技术水平正在赶超国外的同类软件，国产地理信息系统软件的市场占有率已达到 70%。地理信息装备制造技术水平明显提升，企业规模不断扩大，国产装备已出口 100 多个国家和地区。

4. 社会环境对地理信息产业的影响

国家高度重视发展地理信息产业，坚持走中国特色的新型工业化、信息化、城镇化和农业现代化道路，大力推进生态文明建设，对进一步提升地理信息应用服务水平、拓展应用服务领域提出新的需求。市场需求的持续增加、社会需求的日益旺盛、科技水平的不断提高，为地理信息产业发展提供了新动力、新市场和新支撑。广大民众在日常生产生活中对地理信息的应用需求不断增长，为地理信息产业发展开辟了巨大的市场空间。5G、互联网、物联网、大数据、云计算等新技术与地理信息技术的不断融合，为地理信息产业的持续发展提供了有力支撑。

与此同时，中国地理信息产业发展也面临着严峻的挑战。一些发达国家为了加速抢占市场，限制向中国出售地理信息基础平台，不断挤压中国地理信息产业发展空间，迫使中国人加快了自主创新研发的进程。现在，中国北斗卫星成功发射并组网，打破了以往依赖 GPS 卫星导航的局面；国家高分专项工程的实施，资源卫星、商业遥感卫星的发射和运行，结束了中国长期向国外购买高分辨率卫星数据的历史；地理信息高端技术装备从满足国内需求到向国外销售，抢占国际市场；地理信息应用服务总体水平有较大提高；等等。这些良好的社会环境，促进了地理信息产业的快速发展。

信息化是当今时代的主题，也是国内外研究和发展的重要方向，大力发展地理信息产业，是当今社会发展的必然趋势。近年来，中国地理信息产业发展势头迅猛，已经成为中国现代服务业中的重要组成部分，在经济建设中发挥着积极作用，受到用户的密切关注。当前，地理信息技术已经运用于不同行业、不同领域，被广泛地应用于网络位置搜索、车载导航、智能交通等方面，成为人们日常生活必不可少的工具。用户可以通过手机或汽车等进行位置查询、导航定位，地理信息技术可以提供更加准确的信息，给人们生活带来便利，提升用户的满意度。不仅如此，地理信息产业把握国家信息化发展的最佳时机，将成果应用延伸到各行各业。地理信息无处不在，涉及政府管理、企业生产、资源开发和利用、环境保护等多个领域，为推动数字城市、智慧城市的建设提供了坚实的基础，智能化生活方式离不开地理信息产业。

地理信息产业的发展提供了更加广阔的市场，形成多产业、多学科相互融合发展的平台，提升了经济效益。地理信息产业与上下游产业及交叉行业的联动，实现了产业链的集合和延伸，进一步促进了相关行业的信息化发展，以及社会经济的协同发展。地理信息产业及相关产业的快速发展，伴随着对从业人员的需求，为社会解决了大量的就业问题。

地理信息产业的发展为中国基础地理信息打下了坚实的基础，基于地理信息技术建立了全国基础地理信息数据库，包括全国数字地质图、全国土地利用数据库、全国草地资源数据库、全国林业地理信息数据库等，实现了全国土地地理信息空间覆盖。同时，地理信息产业的发展还驱动了基础设施建设。据 2019 年中国地理信息产业大会报告，“北斗三号”基本系统建设完成，对中国卫星导航与位置服务领域的贡献率已达到 80%；中国在轨的高分卫星、陆地观测卫星、海洋观测卫星和大气观测卫星已达 27 颗，其中，自然资源部拥有 14 颗；商业遥感卫星发展势头强劲，在轨卫星已经超过了 30 颗，0.5 m 高分辨率商业遥感卫星实现突破。空间数据获取能力的大幅提升，国家现代测绘基准体系基础设施建设的推进，基础地理信息数据更新速度的加快，数字城市及智慧城市应用范围的不断扩大，使地理信息产业服务总值持续快速增长。加强中国地理信息市场的规范化管理，建立统一、公平、公正和有序的市场竞争环境，是促进中国地理信息产业快速发展和可持续性发展，进而推动社会发展的重要基础。

1）扶持企业发展

鼓励企业成为市场主体，激发地理信息企业的技术创新动力，加速产品研发进程，应对市场需求变化，提高资源分配效率，加快中国地理信息产业的发展。此外，还可以培养国际性的地理信息品牌，对内领导产业发展，对外抢占国际市场。

2）加大市场监管力度

加强对地理信息从业单位及从业人员的资质和资格审核力度，建立健全地理信息工程咨询与监理制度，确保无资质企业不能承担相关业务。同时，也需要对地理信息的使用加以有效的监管，严厉打击恶性竞争现象，保障地理信息从数据获取、数据处理到应用服务的全过程中的信息安全。

3）运用市场调节机制

市场调节机制是最有效的资源分配模式，在健全制度的基础上，鼓励地理信息产业市场自我调节，加快中国地理信息产业的发展速度。通过市场调节，在价格机制、供求机制和竞争机制的相互作用下，引导资源向着最有效的方面配置。

二、地理信息产业经济环境

1. 国际宏观经济形势

2017 年，在全球居民消费、企业投资回升带动下，世界经济增速重新回到国际金融危机前 20 年的平均水平。国际货币基金组织 2016～2021 年发布的《世界经济展望》系列报告显示，2017 年世界经济增长率达 3.8%，高出 2016 年 0.6 个百分点，为 2012 年以来增长最快的一年。至少有 120 个经济体的经济增长出现好转，是 2010 年以来，全球经济首次呈现出同步好转局面。中国、欧元区、美国和日本经济增速超出预期，增长率分别达 6.8%、2.5%、2.4%和 1.9%，分别高出 2016 年 0.1、0.7、0.9 和 1.0 个百分点。中国强劲的出口和国内消费需求为亚洲经济提供了有力支撑，亚洲开发银行报告显示，2017 年，亚洲地区经济增速为 6.1%。得益于商品价格上涨，大宗商品出口国经济继续改善。2017 年以来全球增长在减缓，这反映了面临严重压力的一组新兴市场经济体的重大经济下滑和预期复苏。

2018 年世界经济增长并没有持续 2017 年各国同步强劲回升的势头，除美国等少数经济体的增速继续上升之外，其他大部分经济体的经济增速出现了回落。国际货币基金组织数据显示，2018 年世界 GDP 增长率低于 2017 年。其中，2018 年发达经济体 GDP 增速为 2.2%，比 2017 年下降 0.3 个百分点；新兴市场和发展中经济体 GDP 增速为 4.5%，低于 2017 年 0.3 个百分点。

在主要发达经济体中，只有美国经济增速表现出上升趋势，欧元区和日本等其他经济体均出现增速回落现象。2018 年美国 GDP 增长 3.0%，比 2017 年提高

0.6 个百分点；欧元区 GDP 增长 1.8%，比 2017 年下降 0.7 个百分点；日本 GDP 增长 0.3%，比 2017 年下降 1.6 个百分点。

2019 年，全球经济增长降至 3%以下，美国布鲁金斯学会和英国《金融时报》以全球经济及各国的实际经济活动、金融市场和投资者信心为基础，编制了全球经济复苏追踪指数，该指数自 2018 年 1 月达到峰值后出现持续下跌。全球商业、金融信息和财经资讯提供商彭博发布的全球 GDP 跟踪指数显示，从 2018 年初到 2019 年第三季度，全球经济增速已从 4.7%放缓至 2.2%。在世界主要经济体中，美国经济的增速从 3.0%降至 2.4%，欧盟从 1.8%降至 1.2%，中国从 6.6%降至 6.1%。作为特例，日本在 0.8%的基础上微升至 0.9%。值得关注的是，印度经济失速比较明显，2019 年第三季度经济增速从上个季度的 5%降至 4.5%，为 6 年多来最低水平，全年增长率为 6.1%，低于 2018 年的 6.8%。2019 年，世界经济走势依然处于下滑阴影内，并且下滑幅度大大超出了外界预期。

2018～2019 年，全球经济增长放缓，除了受到陷入困境的经济体非常疲软的增长甚至经济收缩的直接影响外，背后的影响力量还包括美国经济回归到正常的扩张速度；欧洲（尤其是德国）推出汽车排放的新标准，导致外部需求减弱和供应受到干扰，英国无协议脱欧给英国及整个欧盟投下了阴影；巴西、墨西哥和俄罗斯等一批主要新兴市场经济体由于自身特有因素，出现更为疲弱的宏观经济状况；中国由于进一步的加强金融监管举措及与美国贸易紧张关系的拖累，经济增长放缓；中国的需求减少和更广泛的全球贸易政策的不确定性给东亚经济体带来压力；印度的国内需求放缓。

2020 年以来，突如其来的新型冠状病毒肺炎疫情在全球扩散蔓延。为遏制疫情蔓延，多数经济体采取了隔离、封锁及社交疏离等措施，经济活动遭遇停摆，并通过贸易和产业链扩散到贸易伙伴乃至全球。突发的疫情造成国际金融市场巨幅震荡，其范围和烈度超过以往。新型冠状病毒肺炎疫情对社会秩序和经济活动造成巨大冲击，其程度超过国际金融危机。2021 年 7 月国际货币基金组织发布《世界经济展望》报告[16]，指出 2020 年全球经济萎缩 3.2%。详见表 2.3。

表 2.3　2016～2021 年世界经济增长趋势　　（单位：%）

	年份					
	2016	2017	2018	2019	2020	2021
世界经济	3.2	3.8	3.5	2.4	−3.2	6.0
发达经济体	1.7	2.5	2.2	1.6	−4.6	5.6
美国	1.5	2.4	3.0	2.3	−3.5	7.0
欧元区	1.8	2.5	1.8	1.2	−6.5	4.6
日本	0.9	1.9	0.3	0.7	−4.7	2.8

续表

	年份					
	2016	2017	2018	2019	2020	2021
新兴市场和发展中经济体	4.4	4.8	4.5	3.5	–2.1	6.3
俄罗斯	0.2	1.6	2.5	1.3	–3.0	4.4
中国	6.7	6.8	6.7	6.1	2.3	8.1
印度	7.1	7.2	6.1	4.2	–7.3	9.5
巴西	–3.5	1.1	1.3	1.1	–4.1	5.3
南非	0.6	1.4	0.8	0.2	–7.0	4.0

资料来源：国际货币基金组织，2016～2020 年《世界经济展望》。
注：2021 年为预测值；印度数据为财年数据。

世界贸易组织统计数据显示，2017 年全球货物贸易量增长 4.7%，达到 2011 年以来的最高水平，明显高于世界经济 3.8%的增速。2018 年全球货物贸易量增长 2.9%，增速放缓。至 2019 年，受全球贸易紧张局势和经济增长放缓影响，全球货物贸易量为–0.1%，是 10 年来最低水平，也是国际金融危机以来的首次下跌。

2020 年新型冠状病毒肺炎疫情让原本就已低迷的世界贸易雪上加霜。2020 年 4 月，世界贸易组织发布预测，2020 年全球货物贸易将下跌 12.9%～31.9%，萎缩幅度可能超过国际金融危机[17]。世界贸易组织认为，2020 年基本上全球所有地区的贸易量都将出现两位数下降，北美和亚洲地区出口受损尤甚，全球电子产业、汽车制造产业和服务贸易受到的打击更为严重。2021 年全球贸易有可能实现复苏，但存在着不确定性，最终取决于疫情的持续时间和各国抗疫政策的有效性。表 2.4 给出世界贸易增长趋势预测，表中数据依据 2018～2020 年世界贸易组织发布的《全球贸易数据与展望》整理得到。

表 2.4　2018～2020 年世界贸易增长趋势　（单位：%）

		历史数据		乐观预期		悲观预期	
		2018 年	2019 年	2020 年	2021 年	2020 年	2021 年
全球货物贸易量		2.9	–0.1	–12.9	21.3	–31.9	24.0
出口	北美洲	3.8	1.0	–17.1	23.7	–40.9	19.3
	中南美洲	0.1	–2.2	–12.9	18.6	–31.3	14.3
	欧洲	2.0	0.1	–12.2	20.5	–32.8	22.7
	亚洲	3.7	0.9	–13.5	24.9	–36.2	36.1
进口	北美洲	5.2	–0.4	–14.5	27.3	–33.8	29.5
	中南美洲	5.3	–2.1	–22.2	23.2	–43.8	19.5
	欧洲	1.5	0.5	–10.3	19.9	–28.9	24.5
	亚洲	4.9	–0.6	–11.8	23.1	–31.5	25.1

资料来源：世界贸易组织，2018～2020 年《全球贸易数据与展望》。

2. 国内宏观经济形势

国内生产总值（GDP）是指一个国家（国界范围内）所有常住单位在一定时期内生产的所有最终产品和劳务的市场价值。GDP 是国民经济核算的核心指标，也是衡量一个国家或地区总体经济状况的重要指标。当前，中国国内宏观经济形势整体呈现平稳增长的态势。图 2.8 给出 2005～2019 年中国 GDP 增长情况。

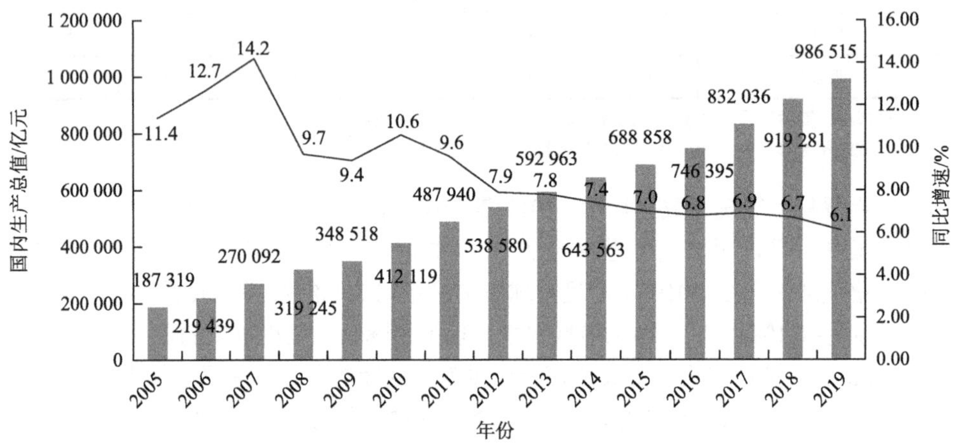

图 2.8　2005～2019 年中国 GDP 增长情况

资料来源：国家统计局当年年末预测数据

据国家统计局，2017 年，我国 GDP 为 832 036 亿元，按可比价格计算，比 2016 年增长 6.9%。

2018 年，我国 GDP 为 919 281 亿元，按可比价格计算，比上年增长 6.7%，实现了 6.5%左右的预期发展目标。

2019 年，我国 GDP 为 986 515 亿元，按可比价格计算，比上年增长 6.1%，符合 6%～6.5%的预期目标。

据国家统计局初步核算，2020 年，我国 GDP 为 1 015 986 亿元，按不变价格计算，比 2019 年增长 2.3%。其中，第一产业增加值为 77 754 亿元，增长 3.0%；第二产业增加值为 384 255 亿元，增长 2.6%；第三产业增加值为 553 977 亿元，增长 2.1%。

2020 年第四季度，我国 GDP 为 296 298 亿元，按不变价格计算，比上年同期增长 6.5%，增速比第三季度加快 1.6 个百分点，整体保持稳步回升态势。其中，第一产业增加值为 29 630 亿元，增长 4.1%；第二产业增加值为 113 940 亿元，增长 6.8%；第三产业增加值为 152 728 亿元，增长 6.7%。

从季度环比看，经调整季节因素后，2020年第一至第四季度GDP环比分别增长–9.7%、11.6%、3.0%、2.6%；从季度同比看，第一至第四季度GDP增速分别为–6.8%、3.2%、4.9%和6.5%。经济显现出持续恢复的势头，展现出我国经济发展强大的韧性。详见表2.5。

表2.5　2020年4个季度GDP初步核算数据　（单位：亿元）

指标	第一季度	第二季度	第三季度	第四季度
GDP当季值	205 727	248 985	264 976	296 298
第一产业增加值当季值	10 185	15 867	22 072	29 630
第二产业增加值当季值	72 533	97 699	100 083	113 940
第三产业增加值当季值	123 009	135 419	142 822	152 728

资料来源：国家统计局。

3. 产业宏观经济环境

改革开放以来，中国地理信息产业从无到有，从初创进入了发展壮大、转型升级的新阶段。党中央、国务院高度重视地理信息产业的发展，有关部门积极予以扶持。地理信息资源开发利用的社会认知度不断提高，社会需求更加旺盛。用户群体从以政府为主转向政府、企业和大众并重，规模不断扩大。市场主体日趋多样化，市场准入、信息安全等方面的政策法规和规范标准逐步完善，竞争有序的市场环境初步形成。

北斗卫星导航系统是中国着眼于国家安全和经济社会发展需要，自主建设运行的全球卫星导航系统，是为全球用户提供全天候、全天时、高精度的定位、导航和授时服务的国家重要时空基础设施。2000年底，"北斗一号"系统建成，向中国提供服务；2012年底，"北斗二号"系统建成，向亚太地区提供服务；2020年，"北斗三号"系统建成，向全球提供服务。

现代测绘基准体系进一步完善。国家现代测绘基准体系基础设施建设工程（简称"基准工程"）于2012年启动，2017年5月通过验收。基准工程主要是利用现代测绘空间信息技术，建设了一套全新的测绘基准体系基础设施，更新了现有测绘基准成果，形成了一系列技术标准规范，这些成果陆续在国家、省级基准服务及行业领域得到广泛应用。

地理信息资源共享和服务设施日臻完善，国家自然资源和地理空间基础信息库建成并投入运行，形成了跨部门、跨地区的自然资源和地理空间信息共享组织协调机制，满足了国民经济快速发展和电子政务业务对地理空间信息的需求。

国家地理信息公共服务平台“天地图”是国家测绘地理信息局建设的网络化地理信息共享与服务门户，集成了来自国家、省（自治区、直辖市）、市（县）各级测绘地理信息部门，以及相关政府部门、企事业单位、社会团体、公众的地理信息公共服务资源，向各类用户提供权威、标准、统一的在线地理信息综合服务。

中国地理信息产业已进入高质量发展转型阶段。地理信息产业创新能力不断提升，实现新突破，产品、服务和业态创新有新探索。互联网搜索和电子商务提供商、通信服务提供商、汽车厂商等纷纷涉足地理信息应用领域，新应用、新服务不断产生，形成了现代测绘、遥感、导航定位等应用服务新的增长点。

1）地理信息产业盈利

任何一个产业的发展，其产业盈利是衡量产业发展水平和成熟度的重要标志之一。例如，图 2.9 是 2019 年中国地理信息产业代表性企业毛利率对比图，这些企业的毛利率均在 32%～68%，说明中国地理信息产业的盈利性还是非常可观的，也说明整个中国地理信息产业正处于上升期，利润空间较好。

对地理信息产业进行长期跟踪监测，可以从企业盈利能力、偿债能力、运营能力和成长能力分析地理信息产业的市场需求、供给、经营特性、数据获取能力、产业链和价值链等，整合行业、市场、企业、用户等多层面的数据和资源。再以专业的研究方法对这些信息资源进行分析，深入了解地理信息产业的商业机遇，发现投资价值和投资机会，规避经营风险，提高管理和运营能力。从事地理信息产业的商家在投资之前，需要对地理信息产业各种相关因素进行翔实的调查研究和分析评估，综合投资决策者和主管部门提出的建设性意见或建议，制定可行性方案和预估收益等。

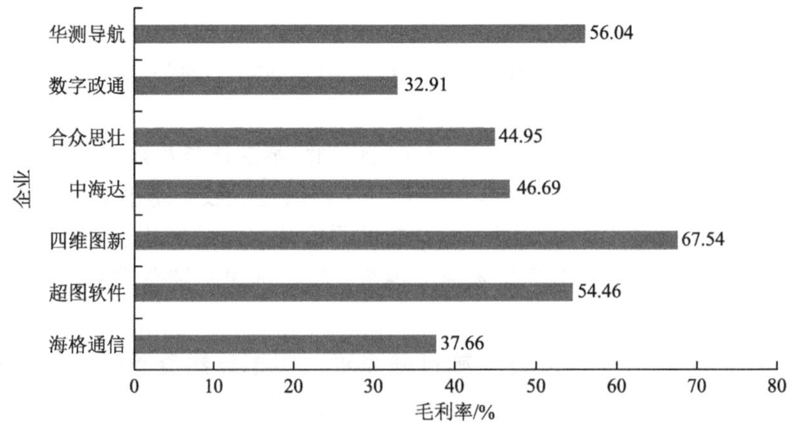

图 2.9　2019 年中国地理信息产业代表性企业毛利率对比图

资料来源：各公司报表和公开资料整理分析

2）地理信息附加值的提升空间

现代科学技术的快速发展推动了地理信息技术水平的不断升级。20 世纪 90 年代以前，以光学测绘仪器为代表的模拟测绘阶段为“测绘 1.0”时代；遥感技术、地理信息系统技术和全球导航技术快速发展，促进了测绘技术的升级，数字测绘阶段为“测绘 2.0”时代；始于 21 世纪的以地理信息综合服务为代表，强调地理信息综合分析与深层次应用的信息化测绘阶段为“测绘 3.0”时代；而移动互联网、物联网、云计算、大数据等智能技术的应用迎来了以智能测绘为主导的第 4 次测绘技术革命，即“测绘 4.0”时代。

近几年，中国测绘技术与以移动互联网、物联网、大数据、云计算为代表的新一代信息技术加速融合，催生了各种地理信息新应用、新产品、新业态和新服务。现代测绘基准体系、地理信息公共服务平台等基础设施不断完善，3S 技术、机载激光雷达（light detection and ranging，LiDAR）、合成孔径雷达干涉（interferometric synthetic aperture radar，InSAR）技术、差分全球定位系统（differential global positioning system，DGPS）、无人系统技术、倾斜摄影等新型技术在地理信息服务中发挥了重要作用，应用日益广泛。在国家创新驱动战略的推动下，地理信息服务于数字城市、智慧城市建设，必将迎来地理信息技术的重大发展，地理信息应用服务的附加值进一步提升。

三、地理信息产业技术环境

1. 地理信息产业相关技术

1）传统测绘技术

传统测绘就是测量和绘图，是根据地面已有的特征点和界线等要素，通过测量手段获得反映地面现状的图形和位置信息。测绘活动研究测定和推算地面点的几何位置、地球形状及地球重力场，据此测量地球表面自然形状和人工设施的几何分布，并结合某些社会信息和自然信息的地理分布，编制全球和局部地区各种比例尺的地图、地形图和专题地图。

传统测绘的测量仪器装备主要有：经纬仪、水准仪、测距仪等仪器；尺具、绘图仪、地质罗盘仪、回弹仪等工具。

测绘在经济建设和国防建设中有广泛的应用。在城乡建设规划、国土资源利用、环境保护等工作中，必须进行土地测量和地图测绘，供规划和管理使用。在地质勘探、矿产开发、水利、交通等建设中，必须进行控制测量、矿山测量、路线测量和地形绘制，供地质普查和各种建筑物设计施工用。

2）地理信息技术

（1）地理信息技术与计算机技术。

①计算机视觉技术。计算机视觉就是用各种成像系统代替视觉器官作为输入敏感手段，由计算机来代替大脑完成处理和解释。它的主要任务是通过对采集的图片或视频数据进行处理，获得相应场景的三维或多维信息。计算机视觉的最终研究目标是使计算机能像人那样通过视觉观察和理解世界，具有自主适应环境的能力。

计算机视觉技术在地理信息应用服务中主要有数字影像测量及遥感特征目标识别两个方面。数字影像测量是对由摄影机摄取的影像（二维）进行量测，测定物体在三维空间的位置、形状、大小乃至物体的运动。其基本原理是基于数字影像与摄影测量，应用计算机技术、数字影像处理、影像匹配、模式识别等多种学科的理论与方法，提取所摄对象用数字方式表达的几何与物理信息。计算机视觉技术所探索的内容绝大部分与数字摄影测量的内容一致。遥感特征目标识别主要依赖计算机视觉技术、图像处理及模式识别等技术。

②多媒体技术。计算机网络系统是指以共享资源为目的，利用现代通信手段将地域上分散的多个独立的计算机系统、终端数据设备与中心服务器、控制系统连接起来，对网上信息进行开发、获取、传播、加工、再生和利用的综合设备体系。因此，利用网络可以将最新的技术及研究成果发布到全球的每一个角落，实现信息的跨地域、跨时空的实时传送。多媒体技术是一种集声、像、图、文、通信等为一体，并以最直观的方式表达和感知信息，以形象化的、可触摸（触屏）的甚至声控对话的人机界面交互处理信息的技术。应用多媒体技术对 GIS 的系统结构、系统功能及应用模式的设计产生极大的影响，使 GIS 的表现形式更丰富、更灵活、更友好。多媒体地理信息系统将文字、图形（图像）、声音、色彩、动画等信息融为一体，为 GIS 应用开拓了新的领域和广阔的前景，为社会经济、文化教育、旅游、商业、决策管理和规划等提供生动、直观、高效的信息服务，使计算机技术真正走进人类社会生活的方方面面。多媒体技术在 GIS 领域的深层次应用，提升了多媒体地理信息系统的集成能力。

③并行与分布式计算模式。分布式计算是指两个或多个软件互相共享信息，这些软件既可以在同一台计算机上运行，也可以在通过网络连接起来的多台计算机上运行。分布式计算与其他算法相比具有共享资源和平衡负载两大特征。

并行计算是指同时使用多种计算资源解决计算问题的过程，是提高计算机系统计算速度和处理能力的一种有效手段。它的基本思想是用多个处理器来协同求解同一问题，将被求解的问题分解成若干部分，各部分均由一个独立的处理机来并行计算。

并行计算和分布式计算既有区别，也有联系。从解决对象上看，两者都是将大任务化为小任务。并行计算强调单个处理器在时间上的并行及多处理器在空间上的并行，强调提高问题求解速度与规模。分布式计算强调资源共享与负责均衡，耦合性低，不强调高并发性。

（2）地理信息技术与3S技术。

科学技术的迅速发展，促使传统测绘技术产生巨大变革，出现了以遥感技术（RS）、地理信息系统（GIS）、全球导航卫星系统（GNSS）为代表的3S新技术。3S技术极大地改变了测绘行业的面貌和作业方式，从内业到外业、从定位到测图、从仪器到成果都发生了根本性的变化，向着数字化、自动化、智能化、网络化方向发展，地理信息技术更新了人们对测绘的观念，使测绘新技术更好地为各行各业服务，其应用范围也从政府各部门扩展到企业，再到广大民众。

3S技术将传统测绘发展到现代测绘，促进了测绘新仪器、新理论、新技术的迅速发展，现代测绘技术主要包括全球定位系统、数字测图、数字制图、数字摄影测量与遥感、地理信息系统。

①遥感技术（RS）主要包括航天遥感、航空遥感和无人系统遥感。遥感是利用遥感器从空中来探测地面物体性质的，它根据不同物体对波谱产生不同响应的原理，识别地面上各类地物，具有遥远感知事物的意思。也就是利用地面上空的飞机、飞船、卫星等飞行物上的遥感器收集地面数据资料，并从中获取信息，经记录、传送、分析和判读来识别地物。

②地理信息系统（GIS）是一种特定的、十分重要的空间信息系统，是在计算机硬、软件系统支持下，对整个或部分地球表层（包括大气层）空间中的有关地理分布数据进行采集、储存、管理、运算、分析、显示和描述的技术系统。地理信息系统处理、管理的对象是多种地理空间实体数据及其关系，包括空间定位数据、图形数据、遥感图像数据、属性数据等，用于分析和处理在一定地理区域内分布的各种现象和过程，解决复杂的规划、决策和管理问题。GIS的技术优势在于它的数据综合、模拟与分析评价能力，可以得到常规方法或普通信息系统难以得到的重要信息，实现地理空间过程演化的模拟和预测。

GIS与测绘学的关系：测绘学是运用系统的方法，集成各种手段来获取和管理空间数据，并作为科学、管理、法律和技术服务的一部分参与空间信息生产和管理的一门应用学科。测绘学一般可分为大地测量学、摄影测量学、地图学、工程测量学、海洋测量学等。随着科技的发展，测绘领域已从地球扩展到宇宙空间。大地测量、工程测量、矿山测量、地籍测量、航空摄影测量不但为GIS中的空间实体提供各种不同比例尺和精度的地理信息数据，而且其理论和算法可直接用于空间数据的变换和处理。使用电子速测仪、GPS技术、数字摄影测量工作站、遥感图像处理系统等现代测绘技术及工具，以一种全新的思想和手段来解决复杂的问题，可直接、快速和自动地获取空间目标的数字信息，为 GIS 提供丰富和实时的信息源，并促使 GIS 向更高层次发展。

GIS 与地理学的关系：地理学是研究地球表层空间地理要素或地理综合体空间分布规律、时间演变过程和区域特征的一门学科，也是自然科学与社会科学的交叉学科，具有综合性、交叉性和区域性。地理学是 GIS 的理论依托，随着 GIS 技术发展与研究方法变革，新时期的地理学更加强调从地理学知识描述、格局与过程耦合，向复杂人地系统的模拟和预测转变，对陆地表层系统进行综合研究。

③全球导航卫星系统（GNSS）是随着现代科学技术的发展而建立起来的新一代卫星无线电导航定位系统，主要有：美国的全球卫星定位系统、俄罗斯的格洛纳斯卫星导航系统、欧洲的伽利略卫星导航系统和中国北斗卫星导航系统。全球卫星定位系统有着全天候、高精度、自动化、高效益等特点，被成功地应用于大地测量、工程测量、航空摄影、运载工具导航和管制、地壳运动测量、工程变形测量、资源勘察、地球动力学等多种学科。

（3）地理信息技术与相关新技术。

①地理信息+云计算。云技术（cloud technology）是基于云计算商业模式应用的网络技术、信息技术、整合技术、管理平台技术、应用技术等的总称，可以组成资源池，按需所用，灵活便利。云计算是分布式计算的一种特殊形式，它的特色是资源（包括计算、存储、软件、服务等）的虚拟化及为用户量身定制的租用。Hadoop、Spark 都是云计算实现的实例。一般理解，Hadoop 是一个由 Apache 基金会所开发的分布式系统基础架构，它是开源的、可靠的、可扩展的分布式并行计算框架，为海量的数据提供分布式计算模式。Spark 是由美国加州大学伯克利分校开源的分布式并行计算平台，它在功能和性能上较 Hadoop 都有很大的提高，目前已成功应用于阿里巴巴、Cloudera、Databricks、IBM、Intel、雅虎等企业的相关应用。

云计算平台在地理信息系统中可替代传统的串行计算环境，提高空间数据、地理信息相关大数据的处理能力。GIS Tools for Hadoop 是 Esri 公司推出的基于 Hadoop 上的一套完整的空间大数据量处理的环境，包含一套工具、一套 API 和一系列的框架[18]。GIS Tools for Hadoop 中包含了基于 Hive（数据仓库工具）的用户自定义函数（user defined function，UDF），可以让开发人员和数据分析人员构建面向业务的个性化工具和软件，而这些个性化工具和软件中大量的算法和模型通过这些 UDF 使用了 Hadoop 计算框架。

Google Earth Engine 是 Google 公司提供的一款免费的地理计算云平台，可以在线对大量全球尺度地球科学资料（尤其是遥感影像）进行可视化计算和分析处理。该平台能够存取遥感影像和其他地球观测数据资料，并提供足够的运算能力对这些数据进行处理。Google Earth Engine 包含影像数据、地球物理数据、气候数据和人口统计数据等，同时可以快速、批量处理数量庞大的影像。

我国业界十分重视云计算、大数据等计算机新技术在地理信息方面的应用，SuperMap、MapGIS 等国产主流地理信息开发平台都拥有自己的云计算 GIS 产品并支持云 GIS 服务。

②地理信息+大数据技术。大数据是指利用常规软件工具来捕获、管理和处理数据所耗时间超过可容忍时间限度的数据集。目前，较为统一的认识是大数据有四个基本特征，即数据规模（volume）大、数据种类（variety）多、数据要求处理速度（velocity）快和数据价值（value）密度低，也就是“4V”特性。大数据是信息通信技术发展积累至今，按照自身技术发展逻辑，从提高生产效率向更高级智能阶段的自然生长。无处不在的信息感知和采集终端为我们采集了海量的数据，而以云计算为代表的计算技术的不断进步，为我们提供了强大的计算能力，构建了一个与物质世界相平行的数字世界。

大数据虽然孕育于信息通信技术日渐普遍和成熟的时代，但它对社会、经济、生活产生的影响绝不限于技术层面，本质上，它通过技术的创新与发展，以及数据的全面感知、收集、分析、共享，为人们提供了一种全新的看待世界的方法，即更多地基于事实与数据做决策。可以预见，它将推动一些主要凭借经验和直觉运行的思维方式发生巨大改变。

地理科学被归结为自然科学与社会科学之间的桥梁科学，研究整个地球表面。地理信息是天然的大数据，上至卫星遥感数据，下至地震传感数据，以及我们常见的统计、环境、水利、资源、土地等领域数据都属于地理数据，所以地理信息技术需要处理的数据范围广、数据来源多、数据类型复杂，其数据量巨大是不言而喻的。

庞大的地理数据蕴含巨大价值，遥感数据、物联网传感器数据、地图数据和个人网络活动数据都是自然地理与人文环境的采样与记录，只要使用合适的分析方法，就可以揭示其蕴含着的深刻而复杂的意义。

目前，国内地理信息产业建立了数据获取、高端装备研制、数据处理、软件研发和应用服务的全产业链，如上游有四维世景（北京）科技有限公司、长光卫星技术有限公司、珠海欧比特宇航科技股份有限公司（简称“欧比特”）等卫星数据提供商，广州南方测绘科技股份有限公司（简称“南方测绘”）、广州中海达卫星导航技术股份有限公司（简称“中海达”）、北京合众思壮科技股份有限公司（简称“合众思壮”）等高端设备制造和提供商；中游有 SuperMap、MapGIS、航天宏图信息技术股份有限公司等软件平台研发和提供商；下游有北京数字政通科技股份有限公司（简称“数字政通”）、正元地理信息集团股份有限公司、奥格科技股份有限公司、广州城市信息研究所有限公司、广东绘宇智能勘测科技有限公司、广东友元国土信息工程有限公司等应用与信息服务提供商。地理信息技术不仅成功应用于水利环保、能源矿产、气象环保、国土房产等行业中，而且成为国家数字城市与智慧城市建设的核心技术。在大数据的浪潮下，地理信息产业有可能完成一次升级，可以在物联网、移动互联网、国土、环保、水利领域分析挖掘其纷繁数据的空间意义，产生巨大的社会经济价值。

③地理信息+移动互联网+5G 技术。移动互联网是指移动通信终端与互联网相结合成为一体，用户使用笔记本电脑、手机等无线终端设备，通过速率较高的移动网络，在移动状态下（如在地铁、公交车等）随时随地访问互联网以获取信息，使用商务、娱乐等各种网络服务。目前，移动互联网正逐渐渗透到人们生活、工作的各个方面，微信、支付宝等丰富多彩的移动互联网应用发展迅猛，正在深刻改变信息时代的社会生活。

5G 时代是近期业界和学术界的热点，通过大规模天线阵列、超密集组网、新型多址、全频谱接入、新型网络架构和移动云计算等技术，5G 技术带给世界更加高速、类型更多和结构更加复杂的信息传输，真正实现在任何时候、任何地点、与任何人的无线通信，它将会为地理信息及相关领域带来颠覆性变革。

地理信息与移动互联网、5G 技术的结合点非常多。例如，在 5G 技术支持下，高精度地图可以有更大的施展空间，高精度地图和云计算平台结合将会更加紧密，例如，它可实现精准、安全的车辆控制，真正实现自动驾驶。再如，通过 5G 技术与无人机倾斜摄影技术结合，可快速获取数据，制作三维实景地图，并开展基于地理信息的数据挖掘，为应急抢险、防灾减灾、工程勘察、场景巡检、智慧农业、智慧城市、科研和教育等提供技术支撑。

④地理信息+人工智能。人工智能（artificial intelligence，AI）是研究使用计算机来模拟人的某些思维过程和智能行为（如学习、推理、思考、规划等）的学科，是研究开发用于模拟、延伸和扩展人类智慧的理论、方法、技术及应用系统的一门新的技术科学。近几年，人工智能技术取得了重大突破，进而带动机器视觉、视听信息处理等技术及应用取得了长足的进步。

地理信息技术是人工智能技术发展不可或缺的支撑技术，例如，精准的地图数据是 AI 仿生人类大脑进行空间预判研究的起始点，而自主定位导航技术是智能化机器人的第一步。AI 技术在时空大数据挖掘、GIS 平台智能化等方面也会为地理信息技术带来较大的发展机会。王家耀院士曾指出，人工智能是地理信息产业转型升级的核心驱动力[19]。

⑤地理信息+区块链。区块链是数学、密码学、互联网和计算机编程等多种科学技术的综合应用，它使用一个分布式的共享账本和数据库，具有去中心化、不可篡改、全程留痕、可以追溯、集体维护、公开透明等特点。这些特点保证了区块链的“诚实”与“透明”，为区块链创造信任奠定基础。区块链丰富的应用场景，

主要基于区块链能够解决信息不对称问题，实现多个主体之间的协作信任与一致行动的功能。

因此，区块链+GIS 有着很多可以结合的应用场景，如不动产登记业务中办理电子证照存证、基于区块链的 GIS 引擎等。

⑥地理信息+物联网。物联网即“万物相连的互联网”，是在互联网基础上延伸和扩展，将各种信息传感设备与互联网结合起来而形成的一个巨大网络，实现在任何时间、任何地点，达成人、机、物的互联互通。物联网把传感技术充分运用在各行各业之中，将感应器嵌入电网、铁路、桥梁、隧道、公路、建筑等各种物体之中，实现了人类社会与物理世界的紧密整合。

物联网需要通过传感器感知各种物理对象，实现对物体的智能识别、定位、跟踪、监控和管理。因此，物联网技术的发展需要空间定位、时空分析、可视化等地理信息技术的支持。同时，地理信息技术的发展也需要物联网技术的支持。例如，对地质滑坡、地面沉降等自然灾害的地理国情监测需要借助物联网技术来实现。

2. 地理信息技术多元化

随着大数据时代的到来，地理信息技术趋于多元化。

1）数据、平台标准化

地理大数据和社会经济数据因来源不同，表达方式各异，大多数地理信息系统是基于独立的平台或专门开发的，数据集成时需要将不同的地理信息规范化，统一数据格式，实现标准化的互操作信息系统，使地理信息在不同应用部门之间互通共享。

2）空间多维化

地理信息技术与可视化技术融合能将许多数据按照空间位置进行表达，直接将数据生成图形。因此，地理信息技术与三维或多维、统计、虚拟现实等技术不断融合发展，将物质生活与数字世界相结合，构建多维动态的地理信息系统。数字地图制作、遥感数据制图与表达等空间可视化技术也将加速创新。

3）结构部件化

组件式软件技术已经成为当今软件技术的潮流之一，为了适应这种技术潮流，GIS 软件像其他软件一样，已经或正在发生着革命性的变化，开始由过去厂家提供全部系统或者具有二次开发功能的软件，发展至软件提供组件由用户按需自行开发。组件式 GIS 的基本思想是把 GIS 的各大功能模块划分为几个控件，每个控件完成不同的功能。各个 GIS 控件之间以及 GIS 控件与其他非 GIS 控件之间可以方便地通过可视化的软件开发工具集成起来，形成最终的 GIS 应用。

4）民用微型化

为了让地理信息产业能够更加深入民众的生活，全球导航卫星系统在世界任何地方或在近地空间都能够获得准确的地理位置及时间信息等。在用户设备维度方面，可以嵌入汽车，也可以嵌入手机等；在设备重量方面，集成度高、材质轻、体积小、携带方便，给民众带来舒适体验。

地理信息与互联网、大数据、新经济的深度融合，使其从传统的产品制作及应用转变为直接面向消费市场，释放出巨大的商业价值和发展潜力。例如，手机导航地图和车载导航等位置服务已经成为人们日常出行不可或缺的工具，外卖、网约车、共享单车、共享汽车、电商等应用也都离不开位置服务的支持。

5）系统智能化

云服务、大数据、人工智能的迅猛发展，将人类科技引入信息化时代，地理信息系统也逐渐从反映现实地理信息情况逐渐发展为智能化地理信息系统。利用人工智能技术及无人控制技术，实现地理信息内在关系的深入分析，建立智能化地理信息系统。

6）平台网络化

地理信息系统与互联网相结合，开发基于地理信息产业的网络游戏、社区服务平台等，为移动社交网络、微博、微信等平台搭载位置信息与多媒体数据相结合的地理信息系统，构建位置服务与平台的网络体系。推动高精度遥感影像和三维立体街景服务与电子商务的融合，形成基于地理信息数据的网络化模式，构建网络地理信息系统。

7）应用社会化

“数字地球”是地理信息应用社会化的范例。“数字地球”即把整个地球信息进行数字化后由计算机网络来管理的技术系统。通俗地讲，就是用数字的方法将地球、地球上的活动及整个地球环境的时空变化装入电脑中，实现在网络上的流通，并使之最大限度地为人类的生存、可持续发展和日常的工作、学习、生活、娱乐服务。

“数字地球”是以计算机技术、多媒体技术和大规模存储技术为基础，以宽带网络为纽带，运用海量地球信息对地球进行多分辨率、多尺度、多时空和多种类的多维描述，并利用它作为工具来支持和改善人类活动和生活质量。

“数字地球”是对真实地球及其相关现象统一的数字化重现和认识。其核心思想是用数字化的手段来处理整个地球的自然和社会活动诸方面的问题，最大限度地利用资源，并使普通用户能够通过一定方式方便地获得他们所想了解的有关地球的信息，其特点是嵌入海量地理数据，实现对地球多分辨率的多维描述，即“虚拟地球”。

3. 科研投入

国家统计局发布的《2018年全国科技经费投入统计公报》显示，2018年，全国共投入研究与试验发展（R&D）经费19 677.9亿元，比上年增加2071.8亿元，增长11.8%；研究与试验发展（R&D）经费投入强度（与GDP之比）为2.19%，比上年提高0.04个百分点。按研究与试验发展（R&D）人员全时工作量计算的人均经费为44.9万元，比上年增加1.3万元。

国家统计局发布的《2019年全国科技经费投入统计公报》显示，2019年，全国共投入研究与试验发展（R&D）经费22 143.6亿元，比上年增加2465.7亿元，增长12.5%；研究与试验发展（R&D）经费投入强度（与GDP之比）为2.23%，比上年提高0.09个百分点①。按研究与试验发展（R&D）人员全时工作量计算的人均经费为46.1万元，比上年增加1.2万元。

4. 技术环境对地理信息产业的影响

技术环境是影响地理信息产业经营宏观因素中最活跃的因素，而且对地理信息产业的影响是多方面的，新技术的出现往往会改变地理信息产业结构和战略均势。技术环境的特点是科技高速发展，将对地理信息产业结构的调整产生强大的冲击，从业单位必须以战略眼光密切关注科学技术前沿的动向和发展趋势。地理信息的技术进步将使社会对地理信息的产品或服务需求发生变化，给从业单位提供了有利的发展机会。然而，一项新技术的发明或应用又可能同时意味着"破坏"，因为，一种新技术的发明和应用会带动一批新行业的兴起，从而损害甚至破坏另外一些行业的生存。例如，无人机遥感技术的发展将逐步取代传统的航空摄影测量。目前，全国多家测绘单位拥有航摄资质，而且大量使用无人机航摄获取影像数据。2019年自然资源部启动"十四五"基础测绘规划编制工作，提出推动"实景三维中国建设"项目。"实景三维中国建设"项目将进一步使用无人机遥感技术，快速获取地理信息数据。

地理信息产业属于技术密集型产业，技术更新较快，技术进步对地理信息产业发展有极大的影响，在衡量地理信息产业技术环境的诸多指标中应重点考虑中央和地方各级政府的科技资金和研发经费投入、知识产权与专利保护、新产品开发状况、实验室技术向市场转移的最新发展趋势、信息与自动化技术发展可能带来的生产率提高前景等，以及从业单位所在地理信息产业的研发支出、技术开发人才和研发能力、专利和发明的获取及市场对新技术、新产品的需求等，始终保持竞争的优势。

---

① 见《2019年全国科技经费投入统计公报》，根据第四次全国经济普查修订的2018年GDP最终核实数据，2018年研究与试验发展（R&D）经费投入强度修正为2.14%。

第三章　中国地理信息产业现状与发展

有关中国地理信息产业现状和发展，中国地理信息产业协会、中投顾问产业研究中心等机构每年都会发布年度报告，内容翔实，是本书的主要参考资料。本章对中国地理信息产业现状与发展叙述仅限于与编制地理信息产业技术路线图相关的内容。

第一节　中国地理信息产业现状

一、中国地理信息产业总体状况

1996 年，我国正式提出发展地理信息产业，20 多年来，国家相继出台了一系列促进地理信息产业发展的有关政策，目前，政策法规体系基本建立，地理信息产业成为战略性新兴产业，结构优化、布局合理、特色鲜明、竞争有序的产业发展格局初步形成。科技创新能力显著增强，核心关键技术研发应用取得重大突破，形成一批具有较强国际竞争力的龙头企业和较好成长性的创新型企业，拥有一批具有国际影响力的自主知名品牌，显现出蓬勃的生机活力。

1. 从业单位及从业人员、年产值

中国地理信息产业结构按照技术分为测量行业、地图服务行业、卫星导航定位行业、遥感行业、地理信息系统行业。2008 年，中国地理信息产业的从业单位超过 1 万家，从业人员约 40 万人，年产值 600 亿元。经过 10 多年的发展，2019 年，中国地理信息产业年产值达 6476 亿元，占我国 GDP 的 0.65%，总产值较上年增长 8.7%。截至 2020 年 6 月底，地理信息产业从业单位数量超过 12.7 万家，其中主营业务为地理信息的上市企业超过 50 家，新三板挂牌的地理信息企业 160 多家。产业规模持续扩大，市场活跃度保持较高水平。

图 3.1 给出 2019 年中国地理信息产业主要上市企业收入情况，总体上看，呈增长态势，收益可观。

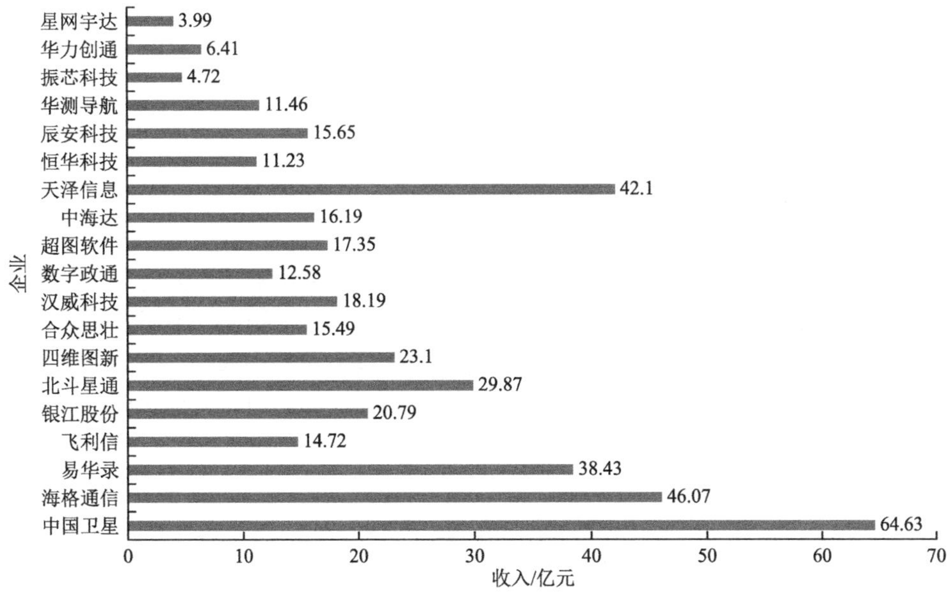

图 3.1　2019 年中国地理信息产业主要上市企业收入情况

2. 自主创新能力

中国地理信息产业的自主创新能力较强。

1）地理信息装备制造

从光电仪器到 GNSS 装备、连续运行参考站系统，从海洋、陆地、地下到空中，如全站仪、实时动态定位（real-time kinematic，RTK）、航测无人机、倾斜摄影相机等一系列中国制造的装备不仅满足国内市场，而且还出口到国外，打造了自己的品牌。

2）地理信息软件研发

国产软件在三维地理信息、地理信息与制图一体化、导航位置服务等方面市场需求大、应用广。例如，赛迪网数据表明，2015 年国产地理信息基础平台软件占国内市场份额一半以上，SuperMap 软件以 31.6%居榜首，超过国外品牌。

3）地理信息研发投入

据中国地理信息产业协会发布的《中国地理信息产业发展报告（2018）》，2018 年，36 家地理信息上市企业研发投入总额较 2017 年增长 20.5%；研发投入总额占营收总额比例为 8.7%。其中，北京四维图新科技股份有限公司（简称“四维图新”）的研发投入占营收比超 50%，在 A 股公司中排名第一。

2020 年，中国地理信息产业协会发布《2019 中国地理信息产业发展状况报告》

提到，2019 年国内 50 家地理信息上市企业（不含港澳台）研发投入总额为 101.5 亿，平均每家企业为 2.8 亿元，较 2018 年同比增长 19.2%。其中，研发投入超过 10 亿的有 2 家，超过 1 亿的有 26 家；36 家企业较去年有所增长，增长率超过 50%的有 7 家。这 50 家上市企业的研发投入总额占营收总额 9.9%，较上年增长 1.1%。其中，研发投入占营收比例超过 50%的有 1 家，超过 10%的有 21 家。

4）地理信息与新技术融合

国家战略和高新科技发展给地理信息产业从业单位带来了巨大的商机，地理信息技术与云计算、大数据、移动互联网、物联网、人工智能、遥感等新技术跨界融合，相互支撑、相互渗透，不仅促进了网络技术、云计算、大数据、移动互联网的普及和发展，而且推动了地理信息获取、处理、管理和网络化分发服务软件等产品的升级换代，市场前景更加广阔。

5）地理信息获取专利

专利（patent），从字面上看是指专有的权利和利益。“专利”一词来源于拉丁语 *litterae patentes*，意为公开的信件或公共文献，是中世纪的君主用来颁布某种特权的证明，后来指英国国王亲自签署的独占权利证书。在现代社会，专利一般是由政府机关或者代表若干国家的区域性组织根据申请而颁发的一种文件，这种文件记载了发明创造的内容，并且在一定时期内产生这样一种法律状态，即获得专利的发明创造在一般情况下他人只有经专利权人许可才能予以实施。在中国，专利分为发明、实用新型和外观设计三种类型。专利在一定程度上代表了某一特定行业的创新水平与活跃程度，是重要的知识产出指标。

为了分析地理信息产业的专利产出情况，研究选择了遥感、地理信息系统、测绘、定位、导航、GPS 等关键词，在 CNKI 数据库中对地理信息产业相关专利情况进行了检索查询，共找到相关文献 87 475 篇（检索时间：2020 年 2 月 29 日），对专利的产出情况进行了分析。

1976～2019 年全国地理信息产业相关专利申请情况如图 3.2 所示，1976 年，我国开始出现与地理信息产业相关的专利，一方面是因为中国地理信息产业刚起步，另一方面是因为中国的专利管理起步较晚，至 1985 年 4 月 1 日才开始正式实施《中华人民共和国专利法》，形成中国现代专利管理制度。经过多年发展，直至 2017 年，专利申请达到顶峰，年申请数量达到 11 721 项，至 2020 年 3 月，专利申请总量为 8.7 万项。

从整体趋势上看，1976～1996 年，开始出现地理信息产业相关专利（以测绘行业的专利为主），申请数量较少；1997～2004 年，地理信息产业相关专利开始呈现小幅增长态势，专利申请逐年递增，平均每年近 300 项；2005～2015 年，专利申请数量较多，增长幅度较大，平均每年申请量约 3700 项，每年递增超过 500 项；2016～2019 年，随着物联网、移动互联网、云计算、大数据、AI 等技术的发展，

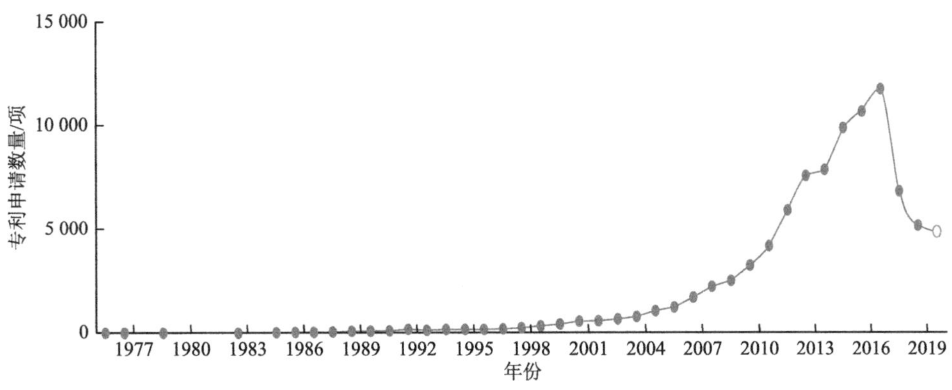

图 3.2　1976～2019 年全国地理信息产业相关专利申请情况

一些互联网的应用迅速增加，人们对导航、定位、电子地图等的需求增长迅猛。近年来专利申请数量每年平均递增超过 1000 项，至 2019 年底专利申请总量达 86 660 项，仅从技术角度分析，可以认为中国地理信息产业目前处于高速发展期。因国家专利政策的调整，2017 年后地理信息产业的相关专利申请数量减少。

图 3.3 给出 1976～2019 年全国地理信息产业相关专利关键词出现次数及占比。地理信息产业相关专利使用较多的关键词包括 GPS、GIS、遥感影像、地理信息、全球定位系统等。从图中可以看出，全球定位系统方面的专利占比约 56%（关键词使用“GPS”“定位系统”“全球定位系统”），地理信息系统方面的专利占比约为 14%（关键词使用“地理信息”“GIS”），说明导航定位及地理信息系统相关技术的活跃度

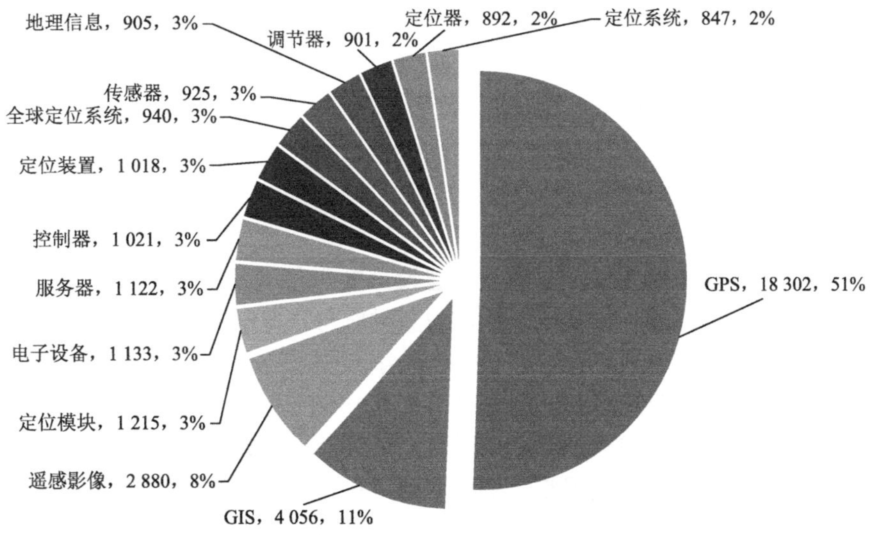

图 3.3　1976～2019 年全国地理信息产业相关专利的关键词分布

较高，其原因在于近年来，市场对于位置服务、地理信息等软硬件系统的需求越来越大，这些新增加的应用是地理信息产业与其他产业的深度融合。一些传统行业如出租车行业等目前都使用导航定位服务。另外，一些新兴应用如智能手表、物流等，也更多地使用电子地图、导航定位等。值得注意的是，虽然电子地图目前在各行业的应用非常活跃，但在专利关键词中出现频度并不高。其原因是专利研发注重技术点，而电子地图是导航定位、提供位置服务等应用的基础技术。

图 3.4 给出 1976～2019 年全国地理信息产业相关专利类型统计情况，其中实用新型专利 40 436 项，发明专利 40 899 项，外观设计专利 2295 项。实用新型专利与发明专利数量差不多，而外观设计专利相对较少。外观设计专利较少的原因应该是地理信息产业技术性强，无形产品较多，而外观方面的创新需求较少。

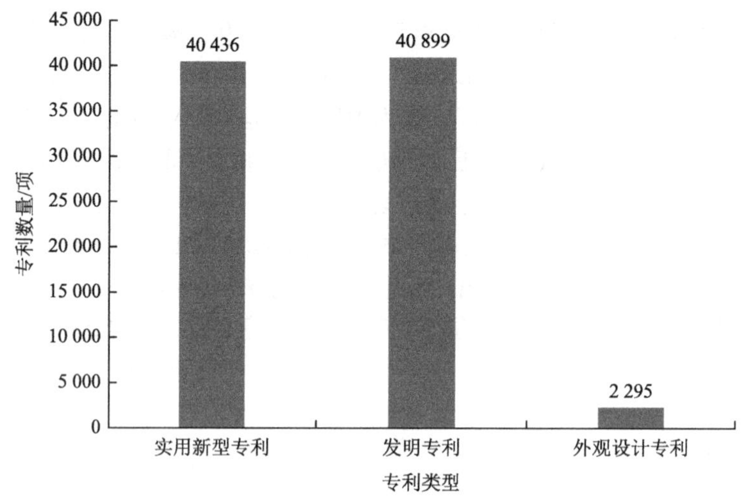

图 3.4　1976～2019 年全国地理信息产业相关专利类型统计情况

资料来源：知网专利数据库

3. 空间基础设施建设

中国地理信息产业在空间基础设施建设上投入大，驱动作用明显。中国航天完成了北斗卫星组网建设，为未来中国卫星导航与位置服务领域的广泛应用奠定了坚实的基础。“高景一号”“吉林一号”“珠海一号”等在轨运行商业遥感卫星已经有 30 多颗，0.5 m 高分辨率商业遥感卫星实现了零的突破。

地理信息产业处于航天产业链的下游，是遥感卫星数据的主要用户。中国多颗高分系列卫星、资源系列卫星、商业遥感卫星等大幅提升了地理信息空间数据的获取能力。地理信息装备的技术升级，产品更新换代，例如，高、中空的航摄飞机、低空的遥感型无人机、机载激光雷达、移动式测量车、车载激光雷达、水下的测量型无人船、测量机器人、三维激光扫描仪、数码航测相机等，为地理信息产业获取多种类型的数据提供了保障。

二、中国地理信息产业赋能社会众多领域

地理信息产业作为多学科、多技术紧密结合而发展起来的新型技术服务业，既包括了测绘、地理信息系统、卫星定位、航空航天遥感等专业领域，也包括了与大众生活密切相关的新型服务。随着国民经济建设的发展，地理信息的新服务、新业态、新产品还在不断地涌现。社会众多领域对地理信息服务的需求旺盛，地理信息的应用领域从生态环境、气候变化、发展低碳经济、城市规划建设、自然资源管理、应急救灾保障等拓展到大众的衣食住行、吃喝玩乐，成为经济建设的重要支撑和大众生活的重要帮手，赋能众多领域，走进千家万户。

1. 地理信息产业应用领域

图 3.5 给出地理信息产业应用的主要领域，包括城市及交通领域、国土及不动产领域、农林水利领域和其他领域等。城市及交通领域是中国地理信息产业最大的应用市场，其次是国土及不动产领域，再次是农林水利领域。例如，2017 年城市及交通领域市场应用占比为 37.51%，国土及不动产领域占比为 28.78%，农林水利领域占比为 19.95%，其他领域占比为 13.76%。

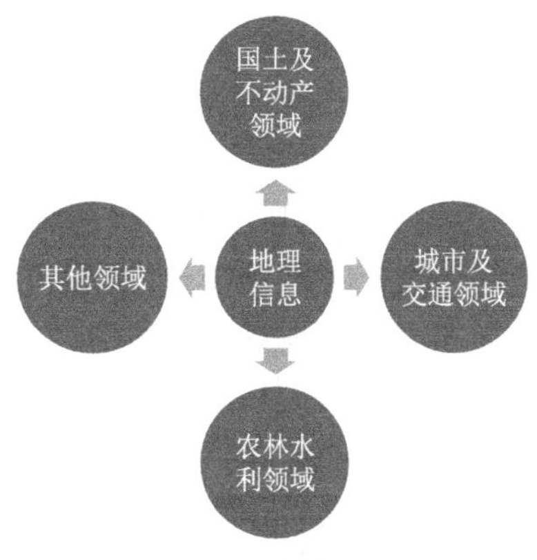

图 3.5　地理信息产业应用的主要领域

国产高分系列卫星的发射、无人机航空摄影测量的广泛应用、北斗导航卫星组网等促进了地理信息的应用从政府、企业向社会公众群体拓展。导航电子地图与位置服务为物流与配送、人们出行提供方便，地理信息技术支持的社交平台、电子商务等让人们的生活和工作更加便捷。

2. 地理信息商业价值

地理信息产业作为科技含量高、资源消耗少、成长潜力大、综合效益好、吸纳就业能力强、产业关联度大的战略性新兴产业，在经济社会发展中扮演着越来越重要的角色，地理信息蕴含着的巨大商业价值正在逐步显现。

地理信息产品及服务从早期主要面向政府部门到如今面向社会各界及民众，商业价值凸显，其价值属性、成本结构、市场竞争战略及产品定价等商业模式逐

步建立。地理信息产品及服务的目标是让任何人、在任何时间、任何地点获取任何空间信息。要实现这一目标，从业单位就必须突破若干个技术难关，开发多种多样的 GIS 产品。例如，嵌入式 GIS 技术能够保障任何人，在任何时间、任何地点接入网络，提出服务请求，获取服务内容；分布式异构 GIS 技术和地理信息共享技术则能够保障用户快速获取任何空间信息。

地理信息服务的概念最早由奥利弗·冈瑟（Oliver Gunther）和鲁道夫·米勒（Rudolf Muller）提出。他们认为，为了吸引更多潜在的用户，提高地理信息系统的利用率，可以建立一种面向服务的商业模式，用户可以通过互联网按需获得和使用地理数据和计算服务，如地图服务、空间数据格式转换等。

地理信息产品及服务从专业技术领域走向社会化地理信息服务，正在通过网络化、大众化进入寻常百姓家。早在 1993 年，美国一家研究中心便开发出了世界上第一个 WebGIS 的原型系统，这是最早的网络地图服务雏形，随着 Web 服务概念及其软件架构思想的兴起，真正意义上的分布式地理信息服务逐渐发展起来。网络地图和移动导航服务进入千家万户。国家地理信息公共服务平台、中国区域内数据资源最全的地理信息服务网站——“天地图”的开通，则从根本上改变了中国传统的地理信息服务方式，使地理信息公共服务迈出实质性的一步。

影响地理信息产品及服务价格的因素很多，如地理信息产品质量状况及用户的满意度、用户对地理信息产品和应用服务的品牌忠诚度、竞争对手向市场推出新产品和服务的周期、竞争对手的定价策略、宏观经济状况、政策法规等。

1）地理信息产品及服务成本

地理信息产品的价格和地理信息服务的收费具有复杂性，任何一个或多个因素的变化都可能导致地理信息的产品和服务价格波动。地理信息产业的规模经济效益不断提升、国产化高端设备技术创新，带动了地理信息的软硬件研发和制造、数据的获取和处理、应用服务等成本的变化。

伴随着通信技术尤其是移动互联网技术的快速发展，地理信息产品及服务正快速融入人们的工作和生活。科技和需求的双重强劲驱动，推动地理信息产业加快发展。宏观经济主要是通过影响下游产业的需求，进而影响地理信息产品和服务市场变化，换言之，宏观经济是地理信息产品和服务市场需求的晴雨表，对其价格变动有重要影响，当宏观经济运行良好，对地理信息服务的需求较为强劲时，其价格在高位运行。

2）地理信息产品及服务供需关系

大数据时代对信息共享、信息整合、信息挖掘的强劲需求，以及地理分析、地理评估和地理设计价值的逐步彰显，为地理信息产品及服务带来了巨大的市场需求。虽然，中国已经制定了大量关于知识产权保护的法律法规，地理信息产品及服务知识产权保护的市场文化已有明显进步，但是，有些企业和个人可以接受产品初装的费用，却不愿意为产品的升级继续付费，这必然会对地理信息产品的应用效率、运行维护和售后服务产生影响。

在地理信息产品及服务供应上，我国正处于起步阶段，产业规模不大，地理信息开发利用不足，地理信息产品和服务的供需也会随着市场的行情波动。一般情况下，产品及服务的价值或社会平均成本决定价格，但前提必须是建立在供需平衡的基础上。当市场呈现良性循环时，价值规律就会较明显地发挥作用，平均成本定价的可行性就大一些；当市场供需关系失衡时，价值规律发挥作用的环境遭到破坏，市场定价机制也会出现扭曲。当然，没有永远的买方市场，也没有永远的卖方市场。当供需关系天平向买方倾斜时，买方的价格决定权就大一些；当供需关系天平向卖方倾斜时，卖方的话语权就大一些。

3）地理信息产品及服务定价策略

地理信息产业从业单位的一般定价原则是以合理的价格提供满足不同行业需求的高质量产品。影响从业单位定价的主要因素有：

（1）国内市场的供求状况和从业单位对未来市场需求的预测。

（2）从业单位技术研发、产品开发和更新维护的成本。

（3）国际上地理信息产品及服务的市场定价。

（4）竞争对手的定价策略。

地理信息产品具有高技术、知识密集、服务性和客户体验性的特点，客户体验是十分重要的，不同类型客户的需求具有多样性，这给地理信息产品及服务的定价带来了困难。地理信息产业从业单位可以采用的定价策略有：捆绑销售定价法、版本差异化定价法、较低价格定价法、项目目标定价法、基于成本定价法、基于竞争的定价法和基于客户价值的定价法等。

4）地理信息产品及服务成本特征

地理信息产品及服务具有高固定成本、低边际成本的特点。在经济学和金融学中，边际成本指的是每一单位新增生产的产品（或者购买的产品）带来的总成本的增量。

地理信息产品及服务成本与总产品量有关。随着产量的增加，边际成本会降低。例如，某企业在地理信息系统研发和示范应用阶段，市场需求量很小，甚至前期只有人力、物力和财力的投入，没有盈利；随着该系统的示范应用得到越来越多的用户的认可，市场需求量有所增大，企业的研发成本开始下降，有了一定的盈利；该系统进一步升级优化，得到某个行业或多个行业的认可，企业为了占据一定的市场份额，加大了对人力、财力和物力的投入，其边际成本也会随着产量的增加而减少。

地理信息系统的终端设备和平台研发技术水平的提高，地理信息获取的成本下降，则有利于地理信息产品及服务成本的下降。未来几年，如果某个从业单位在地理信息产品及服务中占据一个细分领域并取得绝对优势，那么，该细分领域的地理信息产品及服务价格就有上涨的可能。因此，企业只有拓展高附加值的地理信息产品及服务，才能稳定价格，提升盈利能力。

三、中国地理信息产业市场规模

1. 中国地理信息产业服务总值

据中国地理信息产业协会发布的数据（图 3.6），中国地理信息产业规模不断扩大，在 2011 年以前增长速度基本保持在 6%～8%，2012 年以后达到 11%以上，2011～2014 年持续增长，到 2015 年增长速度达到 22.9%。2019 年地理信息产业服务总值达 1238.42 亿元，近年来市场增长速度维持在 10%左右。

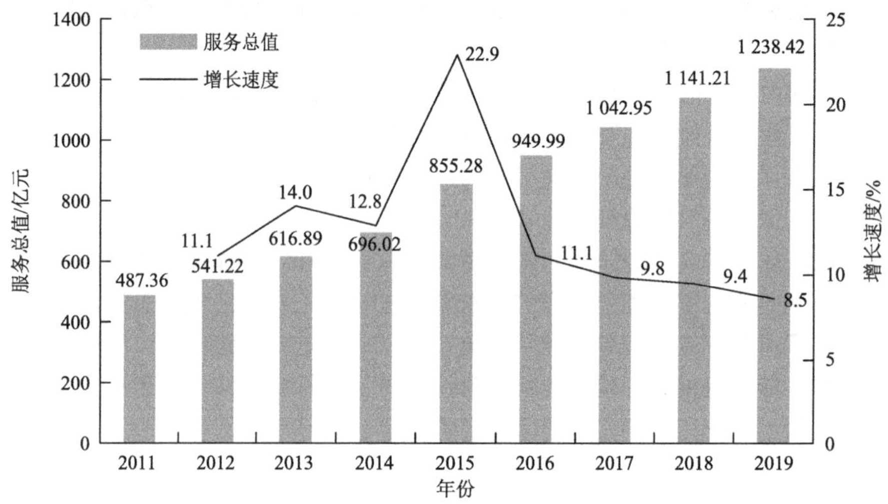

图 3.6　2011～2019 年中国地理信息产业市场规模变化情况

资料来源：中国地理信息产业协会

2018 年整个产业服务总值达到 1141.21 亿元，其中，测绘资质单位产业服务总值达 1122.36 亿元，其他非资质单位服务总值为 18.85 亿元（图 3.7）。预计 2020 年，中国地理信息产业服务总值将达 1736 亿元。

在新业态、新服务方面，中国地理信息产业不断创新，增长态势良好。例如，据《2019 中国地理信息产业发展状况报告》，百度地图、高德地图日均位置服务请求次数均突破 1000 亿次，兴趣点总数超过 1 亿个、覆盖全球超过 200 个国家和地区，服务数百万个应用软件开发者和数十万个移动应用。地理信息与物联网、人工智能等新技术一起，与出租车、外卖、电商等众多行业深度融合，激发出层出不穷的创新和变革，支撑万亿级新经济的发展。

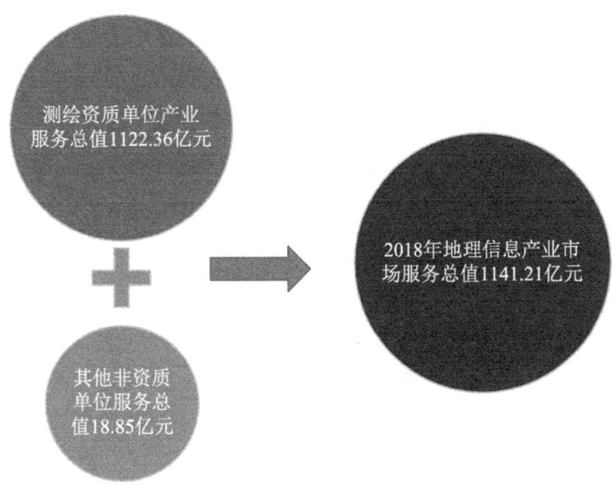

图 3.7　2018 年中国地理信息产业服务总值

资料来源：中国地理信息产业协会

2. 中国地理信息产业区域市场

据中国地理信息产业协会的测算（图 3.8），2017 年中国地理信息产业服务总值大约为 1042.95 亿元，其中，华北地区地理信息产业服务总值达 268.77 亿元，华东地区服务总值为 222.77 亿元，西南地区服务总值为 159.26 亿元，西北地区服务总值为 142.26 亿元，华南地区服务总值为 122.34 亿元，华中地区和东北地区服务总值分别为 74.36 亿元和 53.19 亿元。

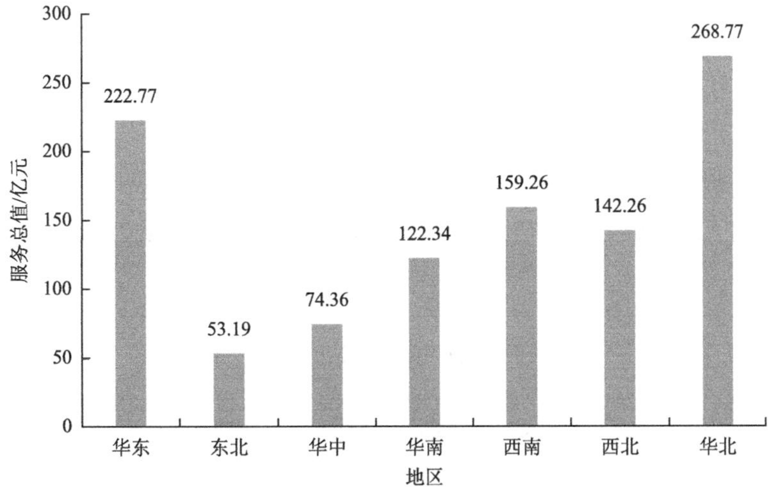

图 3.8　2017 年中国重点地区地理信息产业服务总值

资料来源：中国地理信息产业协会

3. 中国地理信息产业重点细分产品与服务的市场规模及预测

1）城市及交通领域地理信息产业市场规模及预测

2011 年，中国城市及交通领域地理信息产业市场规模为 136.46 亿元。2019 年，中国城市及交通领域地理信息产业市场规模达到 500.20 亿元，同比增长 12.28%，2012～2019 年年均增长速度达到 17.78%（图 3.9）。

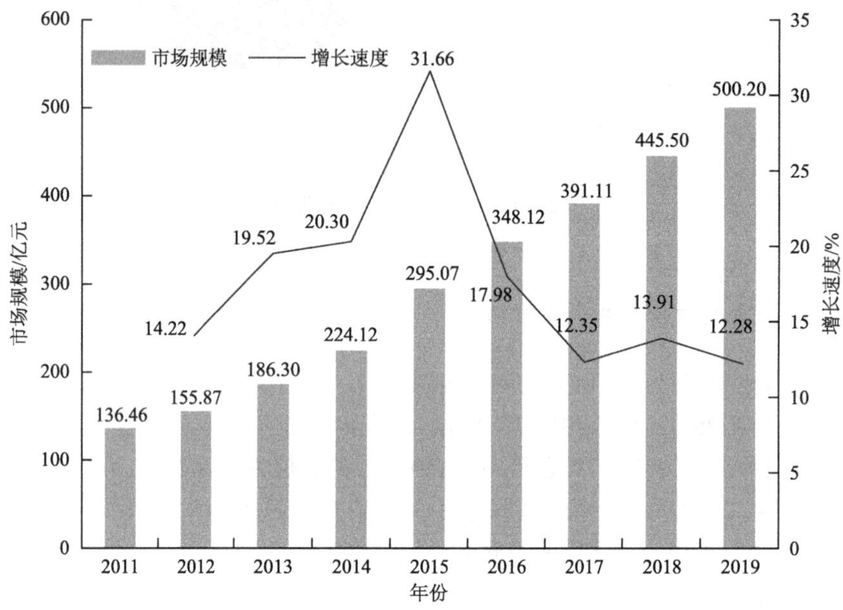

图 3.9　2011～2019 年城市及交通领域地理信息产业市场规模走势

资料来源：中国地理信息产业协会

随着大数据时代的到来，数字城市和智慧城市建设步伐加快，城市和交通数字化智能化管理将成为地理信息产业应用服务的最大热点。2020 年，中国城市及交通领域地理信息产业规模将达到 558.40 亿元，到 2025 年其市场规模将达到 1034.30 亿元（图 3.10）。

2）国土及不动产领域地理信息产业市场规模及预测

2011 年，中国国土及不动产领域地理信息产业市场规模为 162.30 亿元。2019 年，中国国土及不动产领域地理信息产业市场规模达到 335.40 亿元，同比增长 4.10%，2012～2019 年年均增长速度为 9.53%（图 3.11）。

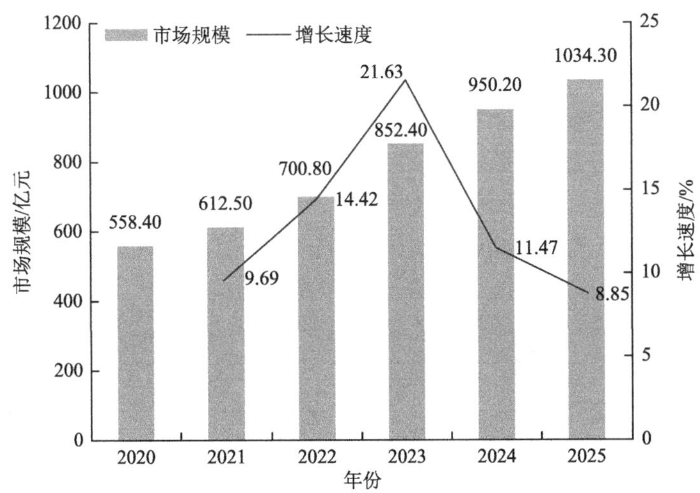

图 3.10　2020～2025 年城市及交通领域地理信息产业市场规模走势预测

资料来源：中国地理信息产业协会

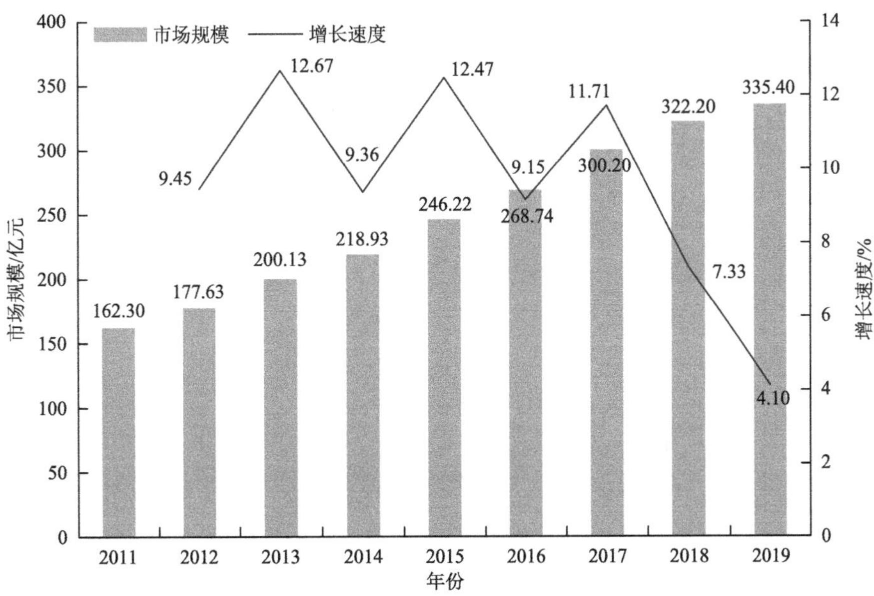

图 3.11　2011～2019 年国土及不动产领域地理信息产业市场规模走势

资料来源：中国地理信息产业协会

根据“三深一土”科技创新战略和国土部门“十三五”发展规划，综合 2012～2019 年地理信息产业服务市场规模年均增速 9.53%和未来 10 年经济增长速度保持在 6.5%左右分析，2020 年，中国国土及不动产领域地理信息产业市场规模将达到 350.80 亿元，到 2025 年其市场规模将达到 446.80 亿元（图 3.12）。

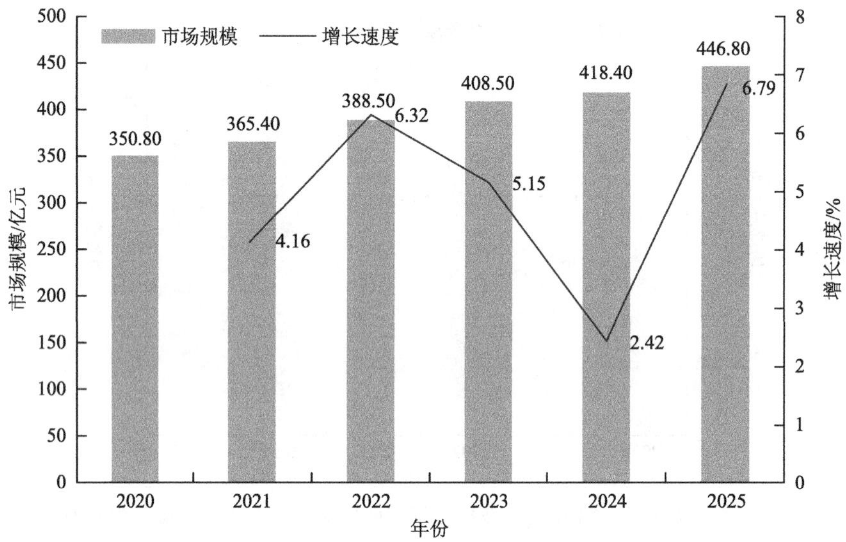

图 3.12　2020～2025 年国土及不动产领域地理信息产业市场规模走势预测

资料来源：中国地理信息产业协会

3）农林水利领域地理信息产业市场规模及预测

2011 年，中国农林水利领域地理信息产业市场规模为 108.19 亿元。2019 年，中国农林水利领域地理信息产业市场规模达到 228.50 亿元。2012～2019 年年均增长速度达到 9.92%（图 3.13）。

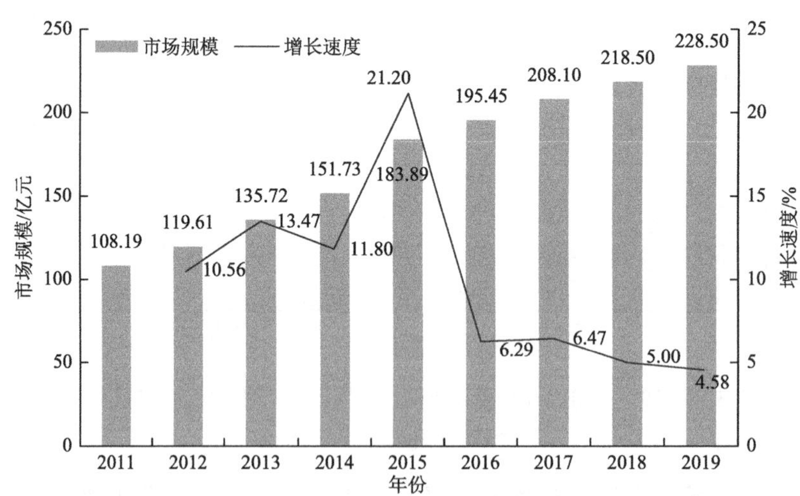

图 3.13　2011～2019 年农林水利领域地理信息产业市场规模走势

资料来源：中国地理信息产业协会

随着农业信息化、精细农业、数字林业、水利设施建设管理数字化发展，以及国家生态文明建设的深入，2020年，中国农林水利领域地理信息产业市场规模将达到240.10亿元，到2025年其市场规模将达到308.30亿元（图3.14）。

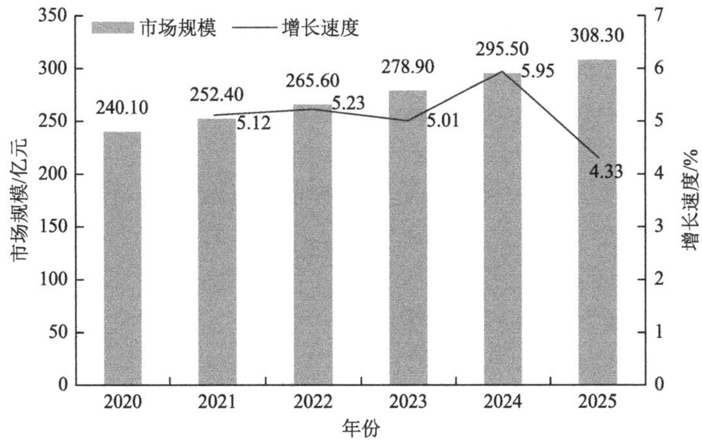

图3.14　2020～2025年农林水利领域地理信息产业市场规模走势预测

资料来源：中国地理信息产业协会

4）其他领域地理信息产业市场规模及预测

2011年，中国其他领域地理信息产业市场规模为80.41亿元。2019年，中国其他领域地理信息产业市场规模达到195.80亿元，2012～2019年年均增长速度在12%以上（图3.15）。

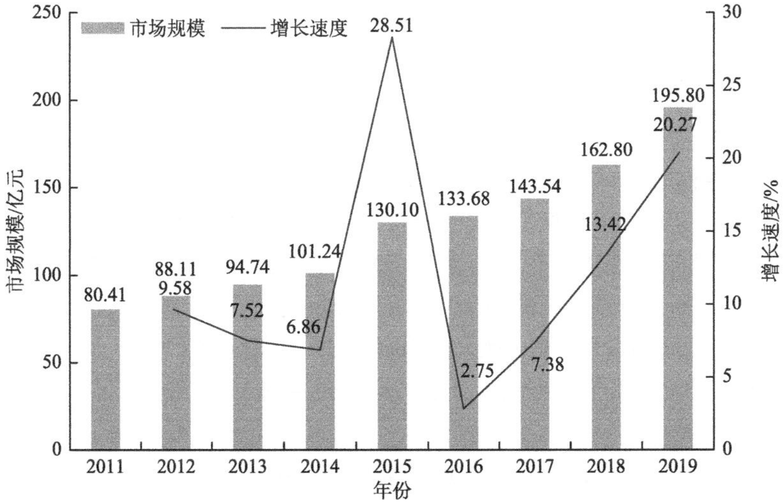

图3.15　2011～2019年其他领域地理信息产业市场规模走势

资料来源：中国地理信息产业协会

随着大数据、5G 时代的到来，地理信息服务将更迅速地向着大众化应用发展，如手机银行、数字支付。随着数字商务的进一步发展，三维可视化购物平台、虚拟现实购房选址等成为新的市场热点。2020 年，中国其他领域地理信息产业市场规模将达到 220.50 亿元，到 2025 年其市场规模将达到 460.50 亿元（图 3.16）。

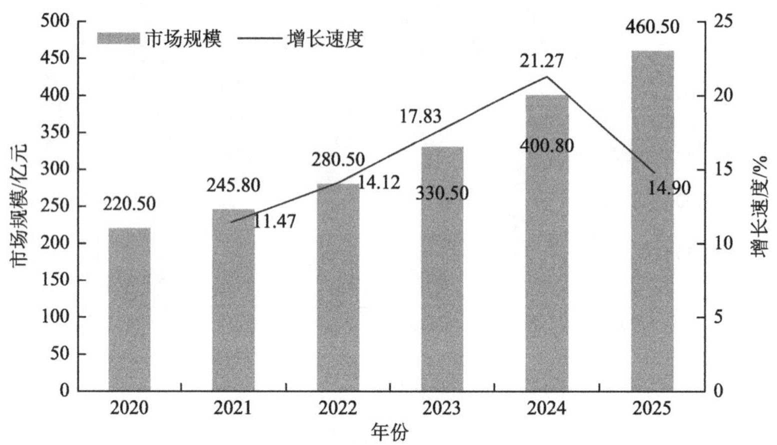

图 3.16　2020～2025 年其他领域地理信息产业市场规模走势预测

资料来源：中国地理信息产业协会

第二节　地理信息产业发展概况

一、国外地理信息产业发展概况

1. 产业规模

一些发达国家的地理信息产业具有相当的规模，市场比较成熟，技术创新能力强，法律体系基本建立，产业布局合理，结构升级，特别是核心关键技术的研发和应用能力较强，拥有一批占有一定市场份额的世界知名产品。2017 年《全球地理信息产业展望报告》对全球 50 个主要国家的地理信息产业综合能力进行了排名，其中得分最高的前 10 个国家分别是美国、加拿大、英国、德国、荷兰、日本、西班牙、中国、比利时和俄罗斯。高度国际化、全球化是地理信息上游产业链所呈现的特点，地理信息产业的主流技术和市场模式一直由西方发达国家所引领。

2004 年，加拿大统计局对本国地理信息产业进行了调查，主要范围包括所有按照北美产业分类进行商业登记的测绘企业，以及提供地理信息产品或服务的企业，共约 5000 个。其中包含了测绘和制图、遥感、地理信息系统和全球定位系统等较广的学科和技术范围。2009 年，澳大利亚对本国地理信息产业进行了调查和研究，将调查对象分为了两类：第一类是与数据获取相关的企业，提供测量、导航与定位、精确定位与遥感等服务；第二类是地理信息系统/互联网企业，这类企业主要为产业提供增值产品和服务，包括制图、地理信息软件开发、地理数据管理和网络服务。2010 年，美国劳工部新增了地理信息产业职业类型，包括地理信息系统、遥感、制图、大地测量、摄影测量等内容。从以上可以看出，这些国家的地理信息产业调查范围都包括了测量、遥感、地理信息系统，以及卫星导航定位、制图等基本组成部分。

在地理信息产业市场，2010 年全球产值为 44 亿美元，且处于平稳增长状态。其中，北美年增长率最高，为 11%，亚太地区为 8.7%，欧洲为 7.9%，美国在地理信息产业市场所占份额居于全球首位。根据波士顿咨询集团 2012 年发布的研究报告，美国地理信息服务行业年收入为 730 亿美元，并将在未来 5 年保持 10%的增长；从业人员 50 万人，约占美国从业人员的 4%以上。美国主要地理信息企业有数字地球（Digital Earth）、美国环境系统研究所公司（ESRI）、天宝（Trimble）、宾利（Bentley）等。

在卫星导航定位市场，2001 年至 2019 年，全球导航卫星系统应用市场规模平均每年增长 23.3%，2009 年为 15%，达到 660 亿美元。大量移动定位应用程序，如 Gowalla、Family Finder、Google Latitude 等陆续投入使用，极大地推动了各种基于位置服务的 GPS 技术深入发展，迅速在全世界普及并应用到很多领域。数字制图的迅速发展和增长预示着卫星导航定位行业的良好发展前景，车载导航呈现快速增长的态势，全球 GPS 手机市场渗透率不断提高。遥感市场近年来发展很快，从全球来看，美国、法国等遥感卫星商业化比较成功，但总体上仍处于起步阶段。

2. 技术应用

在信息化的今天，地理信息技术对促进资源和环境的可持续发展、推进国家经济社会建设的作用与日俱增。利用地理信息进行社会、经济、文化的城市管理，对地理信息产业的技术创新和产品转化过程尤为重要。

美国在地理信息产业领域处于世界领先地位，高分辨率的卫星遥感数据产品仍然垄断国际市场。1972 年，美国发射第一颗陆地卫星，用于监测地球表面的变化。目前，美国拥有全球商用领域最先进的遥感卫星，包括 WorldView、GeoEye、IKONOS 等。DigitalGlobe 公司［于 2017 年被 MDA（MacDonald，Dettwiler and Associates Ltd.）公司并购］的 Quickbird 卫星是世界上最先提供亚米级分辨率的商业卫星，可为全球提供 0.61 m 分辨率的商用卫星光学影像。同时美国对民用市场开放的数据精度已经达到了 0.5 m，即测绘数据与真实数据误差不超过 0.5 m。

美国全球定位系统（GPS）于 20 世纪 60 年代末开始研制，在航天、交通、农业、军事等众多领域发挥重要作用。美国约翰迪尔（John Deere）公司研发出“绿色之星”精准农业系统，农户驾驶装有该系统的拖拉机，能够沿着误差不到 10 cm 的路线运行，精确地决定播种数量和播种深度。

法国是能够代表欧洲整个地区空间技术水平的国家之一，法国空间研究中心（Centre National d’Etudes Spatiales，CNES）研制的地球观测卫星系统“SPOT”，至今已发射七颗卫星。SPOT 1 号卫星是法国 SPOT 卫星的第一颗卫星，于 1986 年成功发射，这是世界上第一颗以商业模式运作的中等分辨率军民两用遥感成像卫星，开创了民用航天测绘的新时代。由于覆盖范围广、影像几何关系严密，SPOT1 号卫星非常适合中小比例尺地图制图，在全球广受欢迎。欧洲为了打破美国在全球定位领域的垄断地位，2002 年起开始进行伽利略计划，按照规划，伽利略计划将耗资约 27 亿美元，系统由 30 颗卫星组成，其中 27 颗卫星为工作卫星，3 颗为候补卫星。伽利略计划实际上是一个欧洲的全球导航服务计划。它是世界上第一个专门为民用设计的全球性卫星导航定位系统，可为用户提供误差不超过 1 m 的高精度、高可靠性的定位服务。

俄罗斯地理信息产业的重点项目是格洛纳斯卫星导航系统（GLONASS），自 2001 年以来，格洛纳斯卫星导航系统共投入 164 亿美元，逐步实现全球覆盖，并打开民用市场，推动其商业化发展，打破了美国长期以来在卫星导航定位领域的垄断地位。

近年来，印度大力发展卫星遥感技术，并取得了重要成果。印度遥感卫星系列被认为是世界上最好的民用遥感卫星系列之一，Cartosat-3 卫星是印度空间研究组织自主研发并设计制造的最新一代遥感卫星，它配备一部全色照相机，具有 0.25m 高分辨率成像能力。

3. 政策驱动

为了促进地理信息产业的发展，构建竞争有序且公平的环境至关重要，因而各国从法规政策、战略规划等角度出发，实施合适的政策，引导并驱动地理信息产业发展。

美国政府致力于推动世界地理信息产业的发展，历来重视地理信息产业，关注空间数据基础设施建设、数字地球、全球定位系统等方面，出台系列政策，鼓励地理信息产业的发展。早在 20 世纪 90 年代，美国政府就开展了卫星遥感数据政策的制定实施工作，界定了商业和公益性卫星遥感数据之间的不同和边界。2011 年，美国国会研究院（Congressional Research Service，CRS）在地理信息研究报告中指出，美国地方政府通常采用合约的方式购买民营企业生产的时效性更好、分辨率更高的数据，推动地理信息产业的商业化运营。

2012年，美国政府出台了卫星系统天线校准规范行业标准、海洋服务组织数据提交标准规范、国家平面位置信息坐标转换规范等，进一步规范地理信息产业标准，为地理数据的共享提供支撑。同时推动各州建立完善的地理信息管理系统，进一步保障地理信息的基础设施建设。

加拿大政府出台了一系列法律法规，促进地理信息产业发展。1985年颁布了《加拿大土地测量法》(Canada Lands Surveys Act)，1998年颁布了《加拿大土地测量师法》(Canada Lands Surveyors Act)。在遥感数据管理方面，加拿大于1994年发布了RADARSAT数据政策，于2007年颁布《遥感空间系统法》，这反映了加拿大遥感活动私营化和商业化的趋势，通过立法发展地理信息产业。加拿大地理信息产业协会（Geomatics Industry Association of Canada，GIAC）2009年向政府提出了制定国家地理信息产业发展战略的建议；2013年发布了《地理信息数据保护政策指南》(Handbook Geographic Information Data Protection Policy)，明确了地理空间数据的性质和范围、归档和保存及良好的业务运行政策等；2014年，提出《泛加拿大地区地理信息技术战略规划（2014—2016年）》[Strategic Planning of Geographic Information Technology in Pan-Canada（2014—2016）]，从定位、市场、商业发展、组织领导、教育和能力培养、数据来源、法律和政策等方面提出了地理信息技术的发展目标。

与此同时，众多国家逐渐意识到地理信息产业发展的重要性，增强政府扶持力度，快速跟进。澳大利亚早在2001年就发布了《空间信息产业行动纲领》(Action Plan for Space Information Industry in Australia)，作为澳大利亚发展地理信息产业的战略性纲领文件，明确阐述了澳大利亚地理信息产业的发展目标、发展战略与实施措施。2005年，英国公布《公共部门信息再利用的规则》(The Re-use of Public Sector Information Regulations)，其中指出，除《信息自由法》(The Freedom of Information Act）内列出的豁免公开的信息不可以提供和再利用以外，其余信息都可以获取，这为信息的流通提供准则。

二、我国地理信息产业发展概况

1. 产业规模

中国开展地理信息技术的研究与应用始于20世纪80年代，经过多年的发展，从基础数据获取到信息服务，从技术到产品，从研究试验到系统运行，地理信息产业已经成为战略性新兴产业。自20世纪90年代起，中国地理信息产业相关单位迅速增加，21世纪后进入了发展期，目前已初具规模，形成了一个新兴的产业。中国地理信息产业与产业技术如图3.17所示。

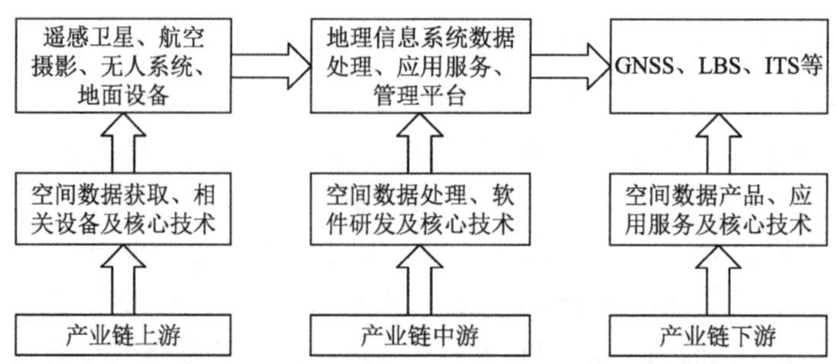

图 3.17　中国地理信息产业与产业技术

中国地理信息产业近年来一直保持高速发展态势，中国地理信息产业协会每年在中国地理信息产业大会上发布上一年的产业产值情况，图 3.18 给出 2011～2019 年中国地理信息产业产值及增长情况。由此可见，地理信息产业已连续多年增长速度在 20%以上。由于中国地理信息产业产值基数越来越大，从 2017 年开始增速有所回落。受疫情影响，中国地理信息产业大会未给出 2020 年产业产值。

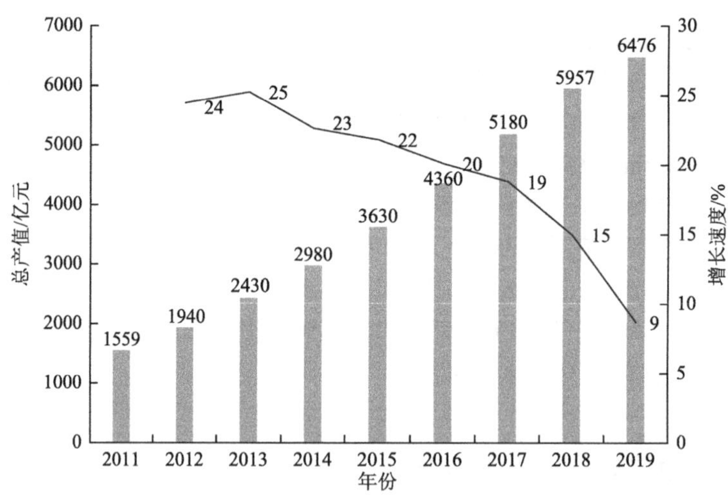

图 3.18　2011～2019 年中国地理信息产业产值及增长情况

资料来源：中国地理信息产业协会

2. 企业概况

国家高度重视和支持地理信息产业，明确了发展地理信息产业的重要举措，地理信息产业作为战略性新兴产业，经济社会发展带动了其发展。政府搭台，企业唱戏，从测绘地理信息部门到民营企业，处于地理信息产业链上、中、下游的设备仪器生产商、平台软件开发者、系统集成商、地理信息服务和互联网地图服务提供方正处于机制多元化、资本市场化、专业精细化的扩张、聚变、升腾的爆发式增长期。

当前，中国地理信息产业商业模式与国际模式基本相同，地理信息产业以遥感、卫星导航、地理信息和空间信息技术为支撑，其应用也由原来简单的地理要素查询向智能化辅助决策、综合管理服务及知识服务系统发展，服务于民生，服务于国民经济建设和民生。

企业只有让市场、技术、资本三个齿轮相互咬合，才能稳健地发展。地理信息产业做得越大，对资本运作的依赖性就越强，地理信息产业要发展壮大，就要在资本市场赢得主动。如四维图新自上市以来，已经跻身全球导航电子地图厂商前列，其主营业务及各项指标均表现出强劲增长态势。只有市场、技术、资本三个齿轮相互咬合，才能使产业更快地发展。而地理信息产业做得越大，对资本运作的依赖性越强。要发展壮大地理信息产业，就要在资本市场赢得主动。四维图新、北京超图软件股份有限公司、合众思壮、数字政通、北京千方科技股份有限公司、高德软件有限公司、中海达、欧比特、航天宏图信息技术股份有限公司等企业成功上市，其资产呈几何级数增长。目前，中国地理信息企业中还有多家公司准备进入证券市场。除上市之外，资产重组也很频繁，例如，北京灵图软件技术有限公司与北京奇志通数据科技有限公司，四维图新与北京天目创新科技有限公司，北京海澄华图科技有限公司与北京天下图数据技术有限公司，易图通科技（北京）有限公司与阿里巴巴集团控股有限公司，欧比特与广东绘宇智能勘测科技有限公司，北京航天长峰股份有限公司与航天精一（广东）信息科技有限公司等著名企业优势互补，兼并收购。这些公司行为是资本运作的结果，也是地理信息产业做大做强的必由之路。

3. 创新模式

地理信息产业是以地理信息资源开发利用为核心的高新技术产业、现代服务业和战略性新兴产业。随着发展环境的不断优化、产业基础设施的不断完善、产业规模的迅速扩张和核心竞争力的不断提高，地理信息产业已经进入发展壮大、转型升级的新阶段。计算机技术、网络技术、通信技术、航空航天技术、云计算、大数据、移动互联网、物联网等纷纷应用于地理信息领域，促进了遥感应用、导航定位和位置服务等地理信息技术的不断发展，地理信息产业的创新模式更加多元化、深度化、多样化。企业的核心竞争力不断提高，越来越多的企业走出国门，参与国际市场竞争。“十三五”期间，随着国民经济建设和社会各部门对地理信息的需求越来越多，地理信息技术快速发展，地理信息产业发展迅速。根据《国家地理信息产业发展规划（2014—2020 年）》，到 2020 年，政策法规体系基本建立，结构优化、布局合理、特色鲜明、竞争有序的产业发展格局初步形成。科技创新能力显著增强，核心关键技术研发应用取得重大突破，形成一批具有较强国际竞争力的龙头企业和较好成长性的创新型中小企业，拥有一批具有国际影响力的自主知名品牌。

4. 科技成果

地理信息技术日新月异，如在测绘装备技术的创新上，无人机、高分对地观测、商业遥感、高端设备仪器、北斗卫星、资源卫星和高分专项工程等，每一项新技术的应用都推动着地理信息产业向前迈进。在 IT 技术的飞跃上，互联网、计算机和数据库等技术进步不胜枚举，它们都为地理信息产业带来了发展的契机。

中国地理信息产业从业单位从 2009 年以来每年保持 20%左右的年均增长速度，截至 2020 年 6 月底，全国测绘资质单位数量超过 2.16 万家，其中甲级单位数量为 1326 家。从业人员队伍不断壮大，产业从业人员数量超过 134 万人。有些地理信息技术与产品已达到或接近当前国际先进水平。

1）地理信息资源不断拓展、服务领域逐步扩大

中国首颗地球静止轨道光学卫星高分四号获取首批影像，幅宽优于 400 km，填补了中国乃至世界高轨高分辨率遥感卫星的空白，为国家重大项目提供了强有力的支撑和保障。

地理信息服务领域逐步扩大，在地理国情普查与监测、不动产测绘、农村土地确权、智慧城市、精准农业、智慧文博、数字旅游、科学规划等领域大显身手。

地图服务已经家喻户晓，据前瞻产业研究院 2019 年发布的《中国手机地图产品市场研究报告》，截至 2018 年底，中国的手机地图用户规模达 7.2 亿人，同比增长 5.9%。其中，高德地图手机软件月活跃用户数达 3.7 亿人，在手机网民中渗透率达到 60.10%。百度地图手机软件月活跃用户数达 3.2 亿人，在手机网民中渗透率达到 58.80%。

2）自主创新能力提升、成果资源丰富

地理信息自主创新能力主要体现在数据获取、数据处理和应用服务三方面。2020 年 6 月 23 日，北斗卫星导航系统第 55 颗导航卫星成功发射；截至 2019 年，资源三号高分辨率遥感影像覆盖了全国陆地国土，全球影像有效覆盖 7900 万 km^2，为中国“走出去”战略、“一带一路”倡议提供了重要的测绘地理信息保障。

中国的地理信息产业快速发展，地理信息科技成果累累，地理信息科技成果奖除国家和省部级的科学技术进步奖之外，产业的奖项还有中国测绘学

会的测绘科技进步奖、中国地理信息产业协会的地理信息科技进步奖、中国卫星导航定位协会的卫星导航定位科学技术奖和中国遥感应用协会的科学技术奖等。

截至 2018 年，中国地理信息技术专利不断增加，国产地理信息系统软件占有率已达 70%，数字摄影测量软件国产化率达到 90%。以云计算、物联网、互联网为代表的新一代信息技术及其与地理信息技术的集成融合，极大促进了地理信息技术的创新。根据中国期刊网，截至 2019 年底，中国地理信息相关的专利共约 8.3 万个。其中，发明专利约 4.1 万个，其他专利约 4.2 万个。

第四章　广东省地理信息产业现状

本章叙述的有关广东省地理信息产业现状，主要来源于广东省科学技术厅的“广东省地理信息产业技术路线图编制”项目。编制组通过实地考察、发放调查问卷和召开座谈会议等多种方式，对广东省地理信息产业的现状展开调研，多方征求意见，广泛收集资料，然后，对调研结果和资料进行分析和统计，了解广东省地理信息产业现状。

第一节　广东省地理信息产业现状调研

一、调研目的

调研的目的是广泛收集和征求地理信息产业相关单位、专业人士及各类用户的意见和建议，了解广东省地理信息产业结构、基础要素、技术现状、市场需求、关键技术与研发需求等，并对调研结果进行统计、分析和提炼，真实、客观、全面地反映广东省地理信息产业的现状，编制“广东省地理信息产业技术路线图”。

二、调研方法及内容

调研采用德尔菲法问卷调查，组织专人向调研对象发放电子版或纸质版《广东省地理信息产业现状问卷调查表》，并及时追踪和收集反馈信息。调研对象主要有地理信息产业相关单位、专业人士及各类用户（含个人用户），《广东省地理信息产业现状问卷调查表》涵盖了调研对象的个人情况、单位概况、地理信息全产业链所涉及的内容。

调研方法还有组织专门会议，以问答形式与参会人员进行交谈，做好记录，统计整理；到企事业单位和部门走访，实地调查等。编制组通过多种调研方式相结合，了解地理信息产业从业单位在用户需求及满意度、高端装备研制、数据获取方式、GIS 平台研发、应用服务等方面的情况；了解地理信息产业的市场需求、产业目标、关键技术及技术壁垒、研发需求等，查阅、分析、评价及编制“广东省地理信息产业技术路线图”所用的素材和参考文献。

调研结果采用 SWOT 分析法，编制组通过识别和分析影响广东省地理信息产业的优势、劣势、机会与威胁因素，然后把各种因素相互匹配起来，加以分析，从中得出具有一定决策性的结论。

三、调研对象

1. 年龄结构

本次调研对象的年龄结构为老、中、青相结合，25 岁及以下的占 29%，26～30 岁的占 23%，31～35 岁的占 22%，36～40 岁及 40 岁以上的各占 13%（图 4.1）。

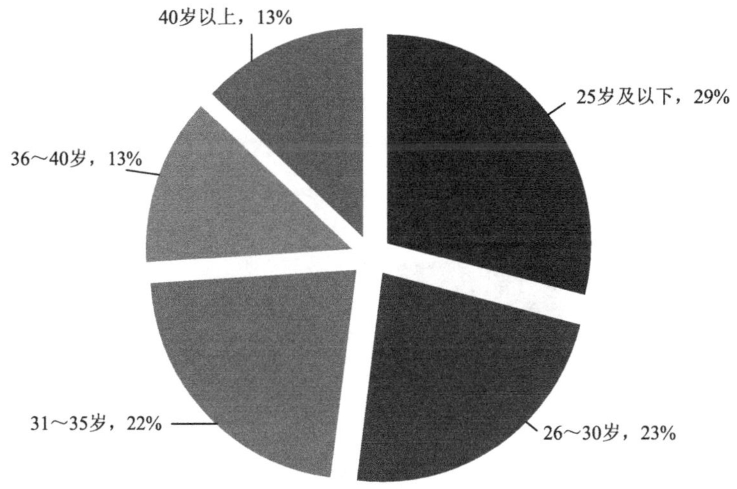

图 4.1　调研对象年龄结构

2. 学历层次

本次调研对象的学历以专科以上居多，其中，硕士研究生学历占 49%，大学本科学历占 29%，博士研究生学历占 7%，专科/高职学历占 9%，高中/中专及以下学历占 6%（图 4.2）。

3. 工作年限

本次调研对象的工作年限在 5 年以下的占 47%，在 5～10 年的占 24%，在 10 年以上的占 29%（图 4.3）。

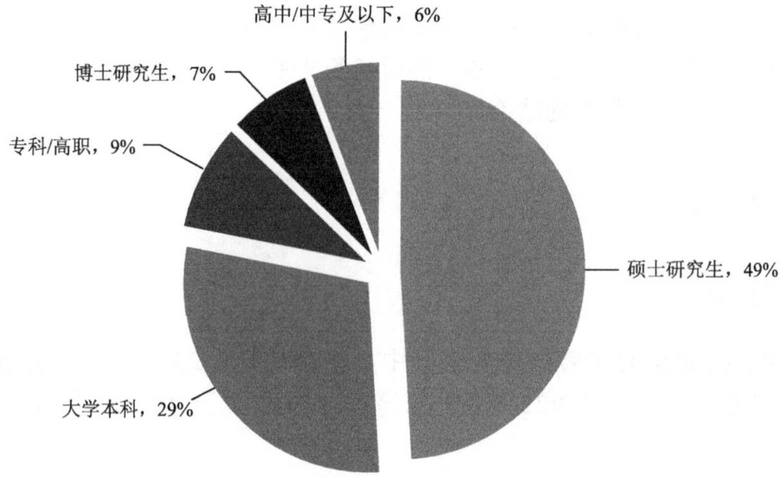

图 4.2　调研对象学历层次

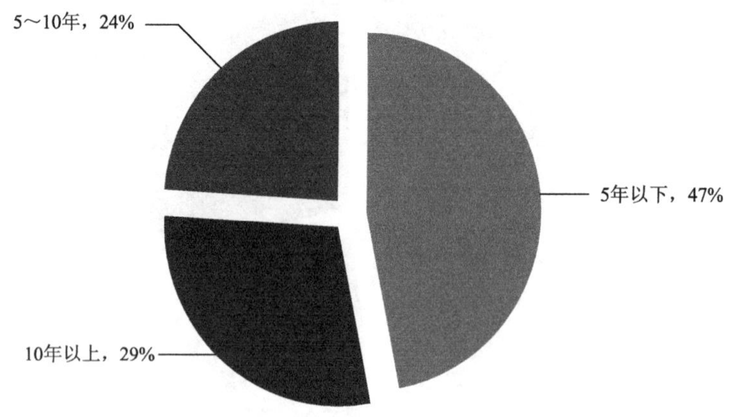

图 4.3　调研对象工作年限

4. 单位性质及规模

（1）本次调研对象所在单位是企业性质的占 48%，科研院所性质的占 27%，事业单位性质的占 22%，其他性质的占 3%。其中，所在单位是企业性质的调研对象主要是从事土地/资源、房地产、农林/电力、环境保护、交通、城市规划等方面的工作（图 4.4）。

（2）本次调研对象所在单位规模分为大、中、小型，151 人以上的占 40%，81～150 人的占 16%，31～80 人的占 24%，0～30 人的占 20%（图 4.5）。

5. 单位资质等级及主营业务

（1）调研对象所在单位的测绘资质等级主要有甲、乙、丙、丁及无资质，拥有甲级测绘资质的占 29%，拥有乙级测绘资质的占 44%，拥有丙级测绘资质的占 3%，拥有丁级测绘资质的占 14%，无测绘资质的占 10%（图 4.6）。

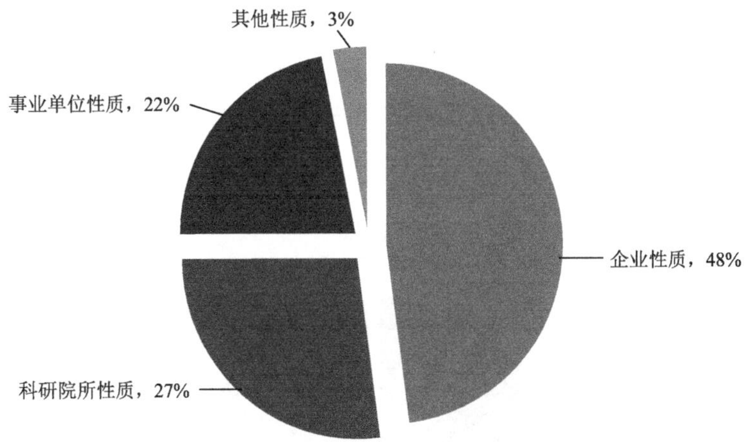

图 4.4　调研对象所在单位性质

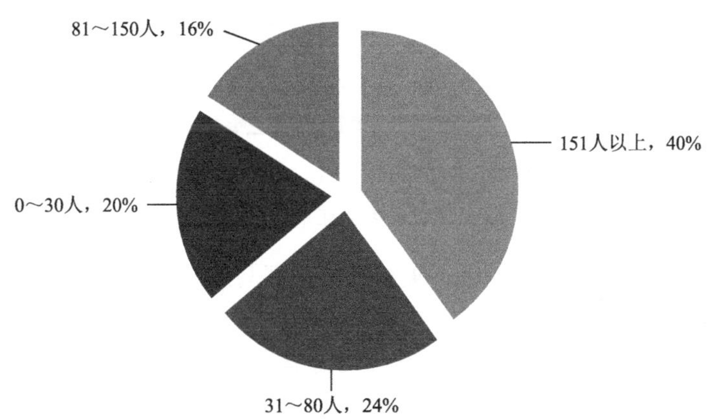

图 4.5　调研对象所在单位规模

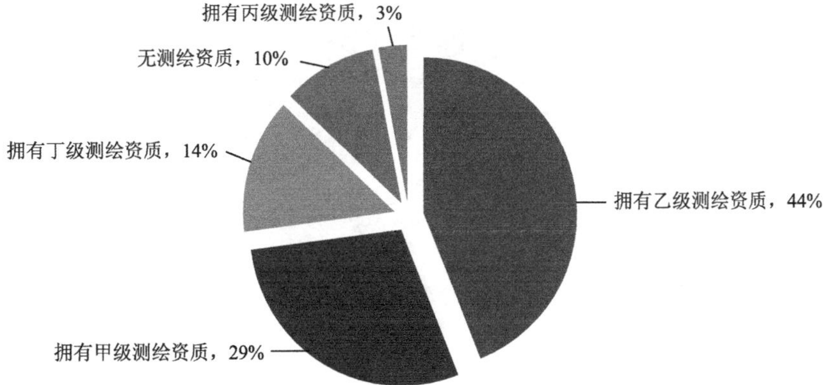

图 4.6　调研对象所在单位测绘资质等级

（2）调研对象所在单位的主营业务：主营业务为基础测绘的占 20%，工程测量占 16%，地图编制占 13%，不动产测绘占 12%，航空摄影测量与遥感占 3%，数字产品制作占 6%，智慧城市、数字城市占 9%，地理信息相关软件研发占 9%，其他占 12%（图 4.7）。

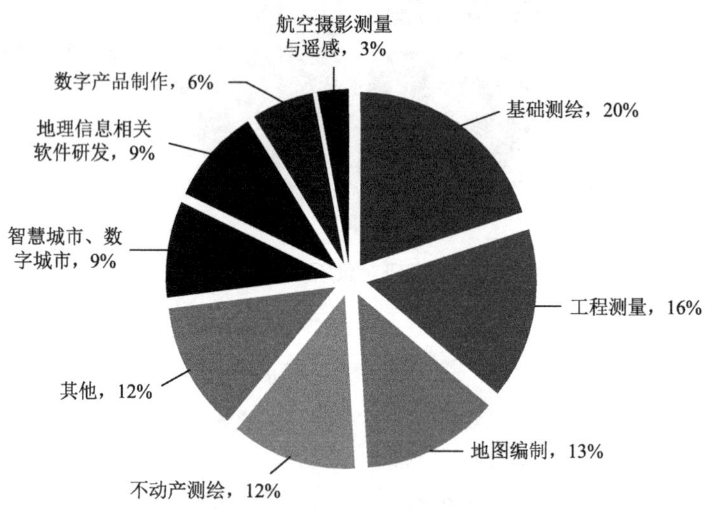

图 4.7 调研对象所在单位主营业务

（3）调研对象所在单位正在开展或即将开展与地理信息相关的业务有：智慧城市、“天地图”、地理国情监测占 28%，物联网、云计算占 18%，参与国家重大地理信息软件研发占 17%，参与国际合作、承揽国际业务占 9%，暂未开展同类业务占 28%（图 4.8）。

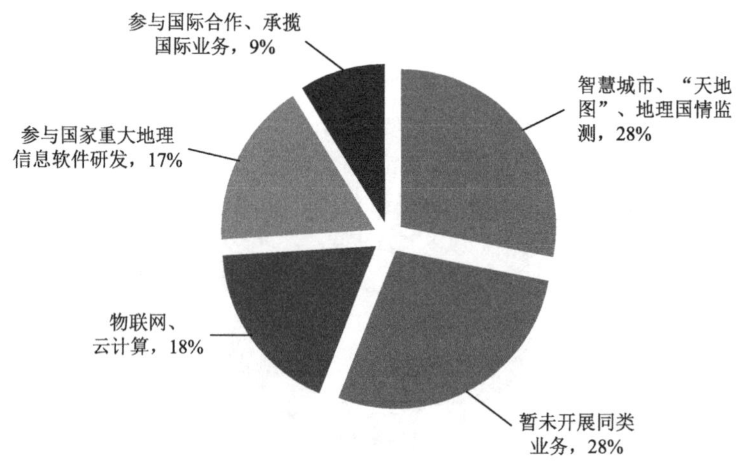

图 4.8 调研对象所在单位正在开展或即将开展与地理信息相关的业务

6. 单位地域分布

调研对象所在单位分布在广东省各地区，在珠江三角洲地区的占 85%，在粤东、粤西和粤北地区的占 15%（图 4.9）。

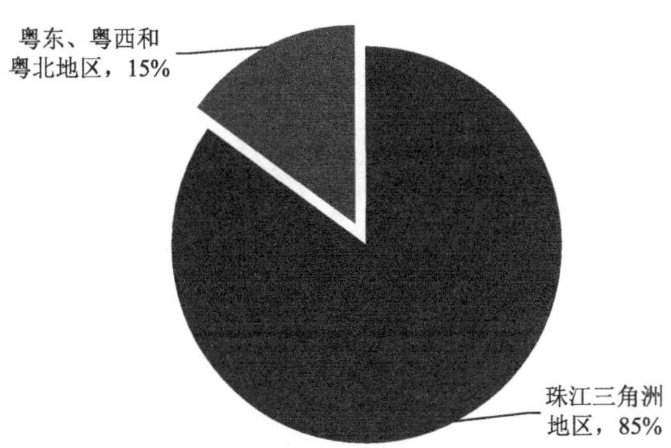

图 4.9　调研对象所在单位地域分布

第二节　广东省地理信息产业现状调研结果统计

一、调研对象基本情况

1. 对从业单位及人员满意度

对各类用户进行走访、座谈和问卷调查，结果统计显示，对广东省地理信息产业从业单位和人员的服务态度表示非常满意的占 21%，满意的占 46%，基本满意的占 31%，不满意的占 2%（图 4.10）。

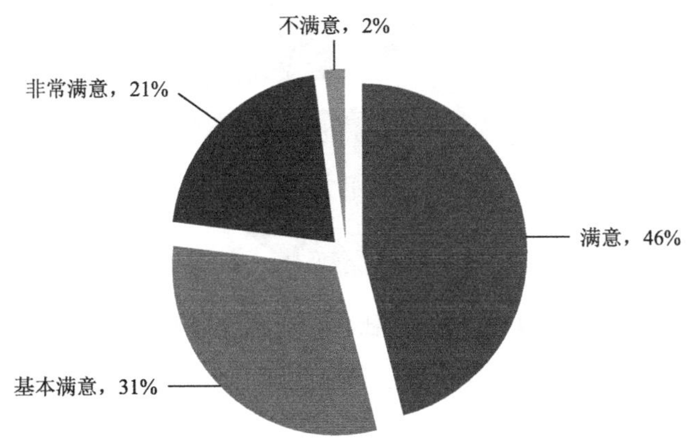

图 4.10　对从业单位及人员满意度

2. 对成果现势性满意度

对广东省地理信息成果的现势性表示非常满意的占 12%，满意的占 50%，基本满意的占 28%，不满意的占 10%（图 4.11）。

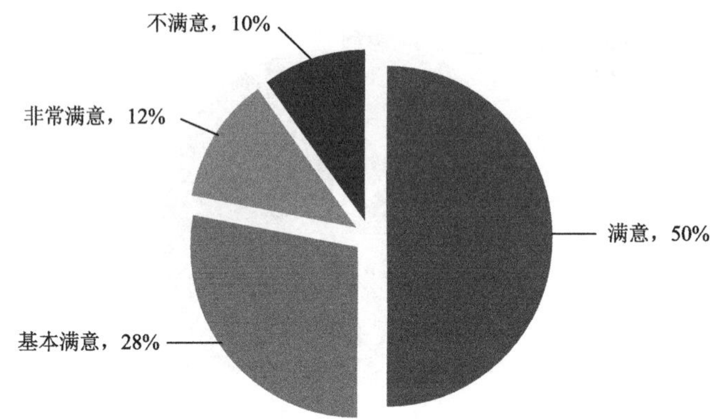

图 4.11　对成果现势性满意度

3. 成果的社会化应用范围和程度

广东省地理信息成果的社会化应用调研结果统计显示，调研对象认为应用范围和应用程度好的占 26%，应用范围好但应用程度不够充分的占 40%，应用程度好但应用范围不够广泛的占 19%，应用范围不够广泛且应用程度不够充分的占 15%（图 4.12）。

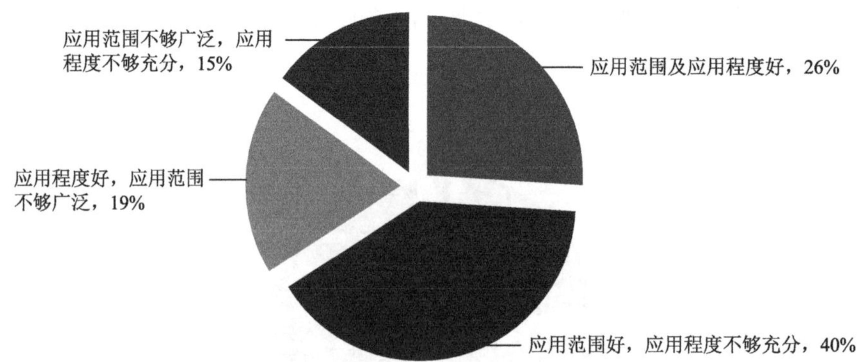

图 4.12　成果的社会化应用范围和程度

4. 地理信息资源共享情况

广东省地理信息资源共享情况调研结果统计显示，认为资源共享情况较好的占

21%，资源共享情况一般的占52%，资源基本不共享的占24%，共享情况不了解的占3%（图4.13）。

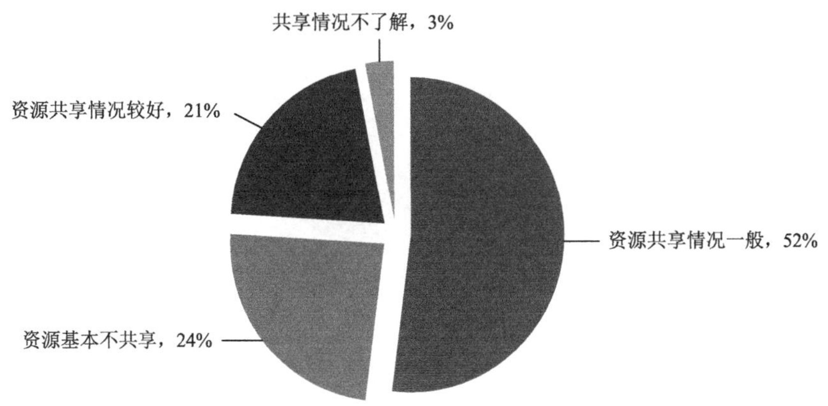

图4.13　地理信息资源共享情况

5. 地理信息产业前景预测

（1）调研结果统计显示，69%的调研对象认为地理信息产业前景广阔、发展势头较好，29%的调研对象认为地理信息产业前景较为乐观、发展一般，1%的调研对象认为地理信息产业前景一般、发展缓慢，1%的调研对象认为地理信息产业前景不乐观（图4.14）。

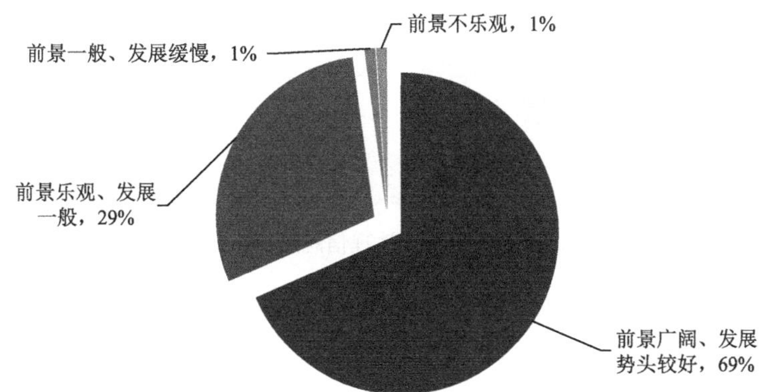

图4.14　地理信息产业前景预测

（2）调研结果统计显示，认为遥感数据服务较以前有明显改进的占60%，有一些改进的占26%，无明显改进的占5%，不了解的占9%（图4.15）。

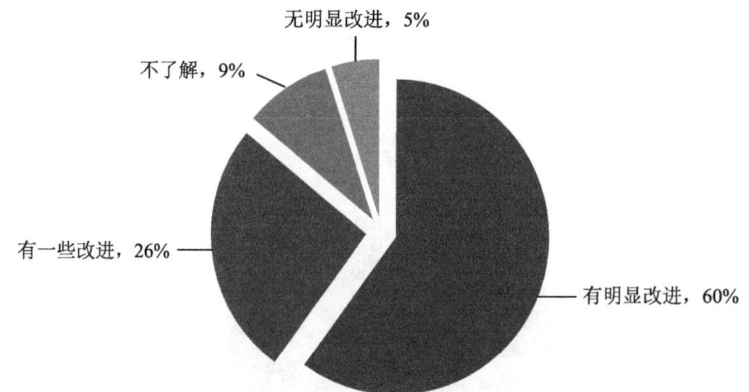

图 4.15　遥感数据服务改进情况

二、调研产业现状

1. 广东省地理信息产业布局

调研结果统计显示，广东省地理信息产业从事数据获取和高端装备研制的单位占 23%、从事数据处理和软件研发的单位占 24%，从事应用服务的单位占 53%（图 4.16）。

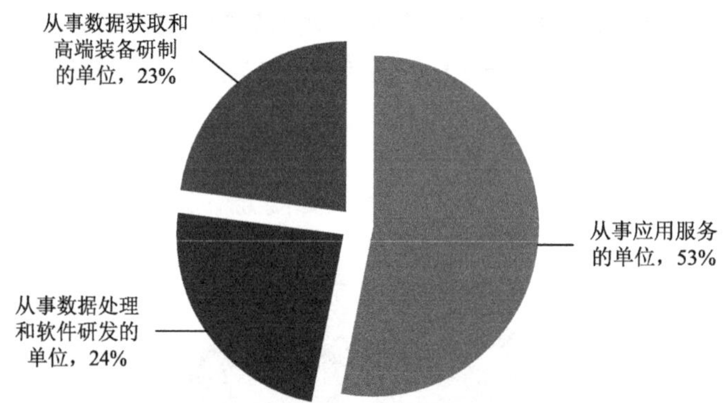

图 4.16　广东省地理信息产业布局

调研结果统计显示，调研对象认为广东省地理信息产业布局合理的占 19%，产业布局较为合理的占 64%，产业布局不合理的占 9%，不了解的占 8%（图 4.17）。

2. 广东省地理信息产业市场化程度

调研结果统计显示，调研对象认为广东省地理信息产业市场化程度很高的占 16%，市场化程度较高的占 37%，市场化程度一般的占 37%，市场化程度较低的占 4%，不了解的占 6%（图 4.18）。

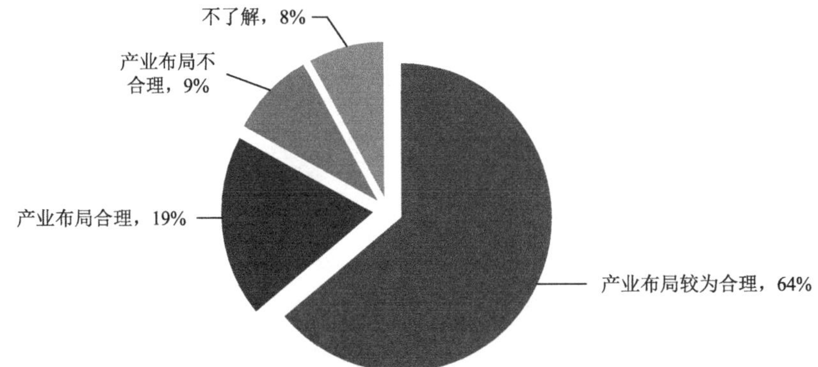

图 4.17　广东省地理信息产业布局的合理性

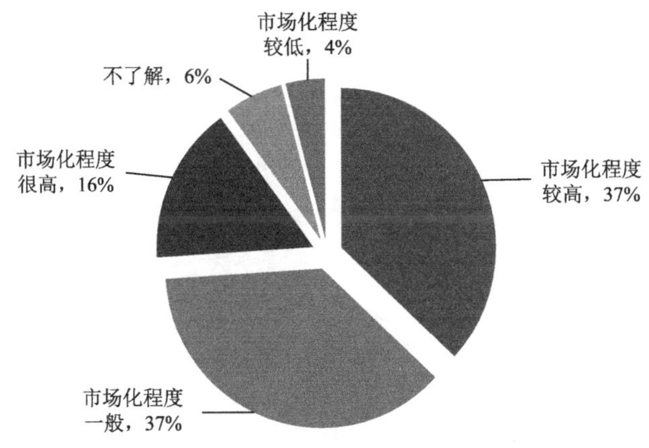

图 4.18　广东省地理信息产业市场化程度

3. 地理信息新技术市场需求

调研结果统计显示，用户对人工智能的市场需求占 14%，对大数据的市场需求占 35%，对云计算的市场需求占 24%，对区块链的市场需求占 9%，对物联网的市场需求占 18%（图 4.19）。

4. 地理信息全产业链需求

1）高端装备研制需求

调研结果统计显示，广东省地理信息产业链上游对仪器、系统等高端装备研制的市场需求：高精度快速测量仪占 44%，可定制的高精度测绘仪器占 23%，地理要素简易快速识别系统占 15%，易操作移动测量系统占 18%（图 4.20）。

调研结果统计显示，对传感器等高端装备研制的市场需求：基于多传感器协同作业的快速精准测量技术装备占 51%，适应不同载具的小型化传感器技术装备占 27%，业务化高敏感遥感器占 18%，便携式高光谱传感器研制占 4%（图 4.21）。

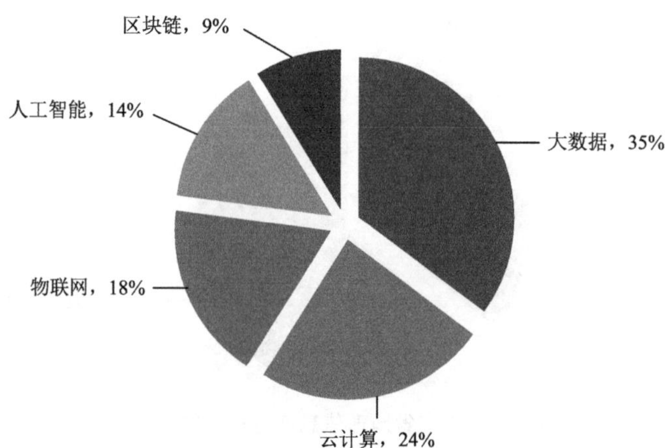

图 4.19　地理信息新技术市场需求

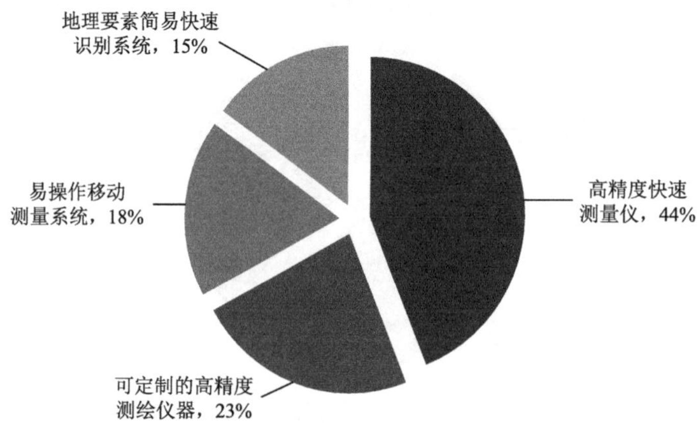

图 4.20　高端装备研制（仪器/系统）市场需求

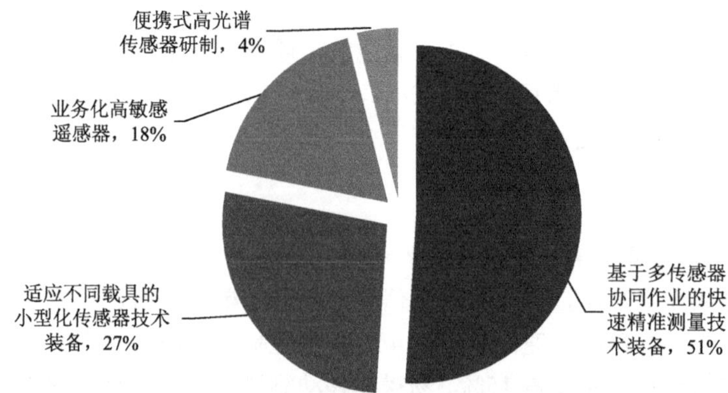

图 4.21　高端装备研制（传感器）市场需求

调研结果统计显示，对导航、芯片、无人系统等高端装备研制的市场需求：高端导航设备占 14%，导航芯片占 46%，无人系统占 37%，其他占 3%（图 4.22）。

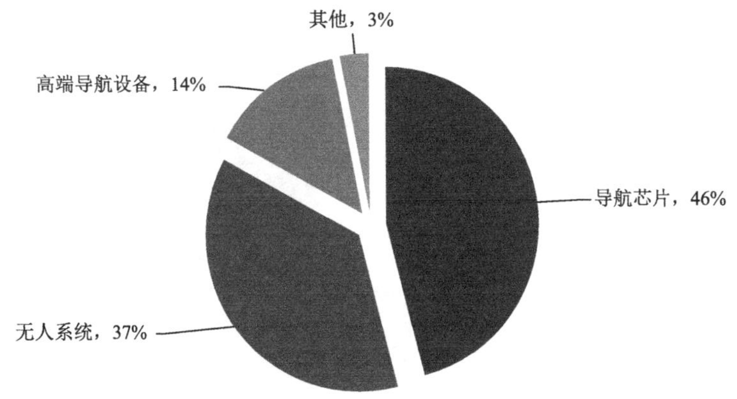

图 4.22　高端装备研制（导航/芯片/无人系统）市场需求

调研结果统计显示，对高端装备研制的技术研发需求：高精度坐标快速解算技术占 19%，基于北斗/GPS 多源信号的协同定位技术占 17%，图像成像降噪技术占 12%，海量数据实时传输技术占 12%，多传感器协同定位技术占 8%，多源数据一体化自动成图技术占 11%，基于惯性导航系统（简称“惯导”）和地面控制的实时定位技术占 8%，自适应传感器姿态控制技术占 5%，遥感器小型化低能耗技术占 4%，遥感器可装载技术占 4%（图 4.23）。

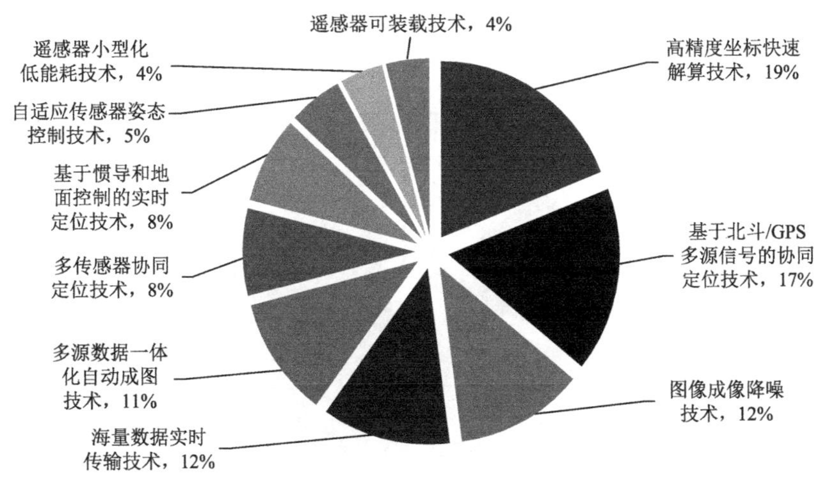

图 4.23　高端装备研制技术研发需求

2）数据获取方式

调研结果统计显示，广东省地理信息产业链上游数据获取方式：无人机占 32%，遥感卫星占 30%，航空摄影占 13%，互联网众包占 15%，测绘占 7%，其他方式（主要包括语音、视频、图像等）占 3%（图 4.24）。

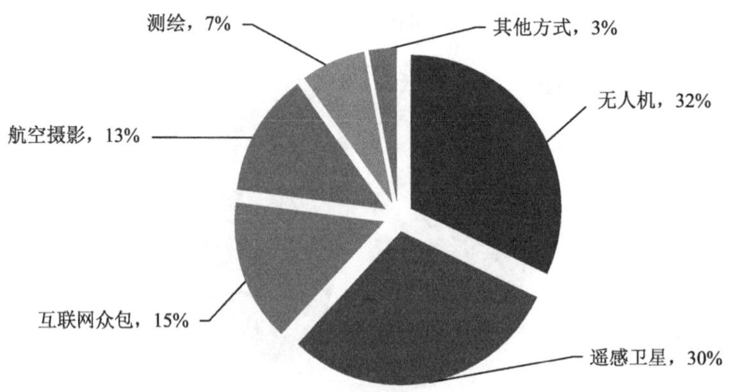

图 4.24　数据获取方式

3）数据处理需求

调研结果统计显示，广东省地理信息产业链中游对数据处理（加工/配准）的市场需求有：多维信息一体化处理系统占 29%，室内外一体化三维模型处理系统占 11%，基于移动终端的测绘数据处理技术占 18%，多源数据自动配准与变换技术占 23%，监测区变化要素快速提取与定位技术占 4%，基于高分卫星影像数据的地理要素自动分类与识别技术占 15%（图 4.25）。

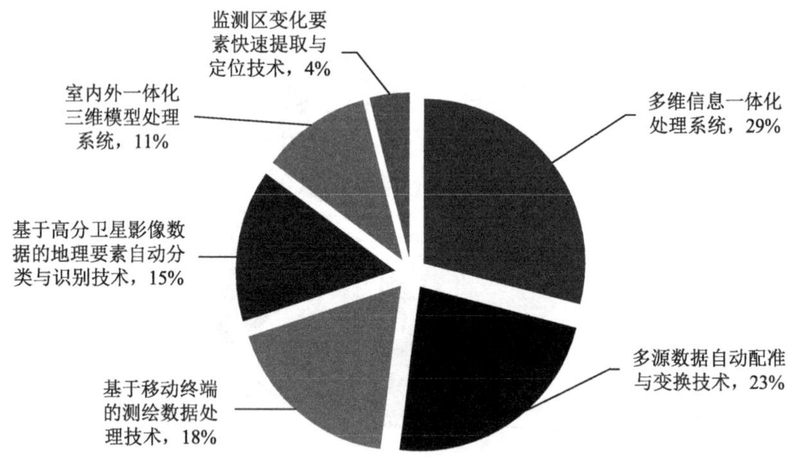

图 4.25　数据处理（加工/配准）市场需求

调研结果统计显示，广东省地理信息产业链中游对数据处理（挖掘/融合）的市场需求有：多传感器数据融合占 22%，高精度地图数据融合技术占 20%，实景精细模型快速构建占 16%，多时态影像数据挖掘技术占 26%，影像变化信息变化快速融合与识别占 12%，高光谱数据反演算法占 4%（图 4.26）。

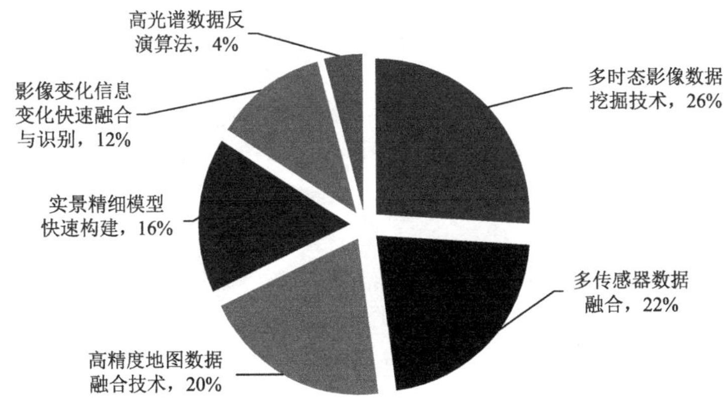

图 4.26　数据处理（挖掘/融合）市场需求

调研结果统计显示，广东省地理信息产业链中游对数据处理（数据产品）的市场需求有：地理数据产品占 54%，业务数据产品占 33%，轨迹数据占 13%（图 4.27）。

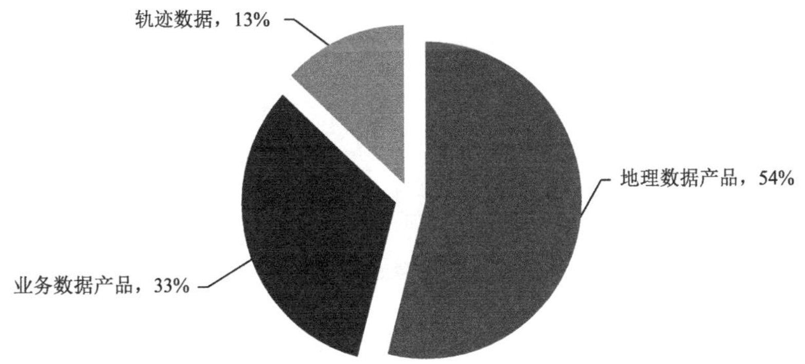

图 4.27　数据处理（数据产品）市场需求

调研结果统计显示，广东省地理信息产业数据处理的技术研发需求：多源数据一体化匹配处理技术占 21%，高分影像地理要素自动分类技术占 15%，室内外三维实景数据无缝衔接技术占 12%，激光点云数据快速处理技术占 12%，高精度地图自动化处理技术占 13%，多源多维多尺度数据安全运算技术占 9%，众包数据自动识别技术占 8%，时空大数据挖掘与知识图谱技术占 10%（图 4.28）。

4）软件研发需求

调研结果统计显示，广东省地理信息产业链中游对软件研发的市场需求主要有单位自身的需求和各类用户的需求。单位自身使用地理信息基础软件情况：单位使用国外研发的基础软件占 44%，单位使用国内研发的基础软件占 35%，单位使用自主研发的基础软件占 19%，单位使用其他基础软件占 2%（图 4.29）。

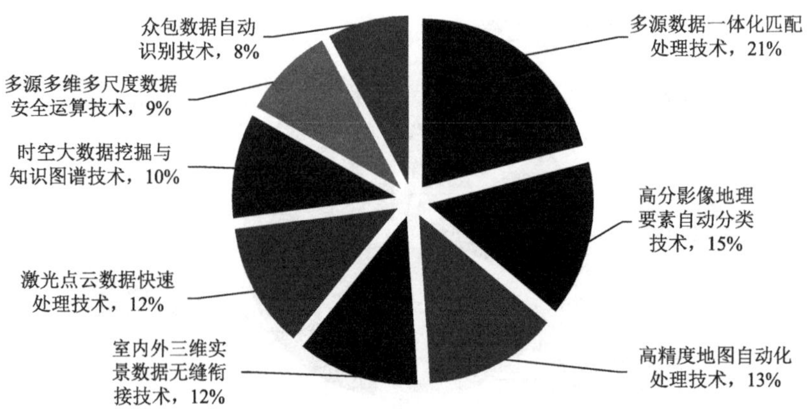

图 4.28　地理信息产业数据处理的技术研发需求

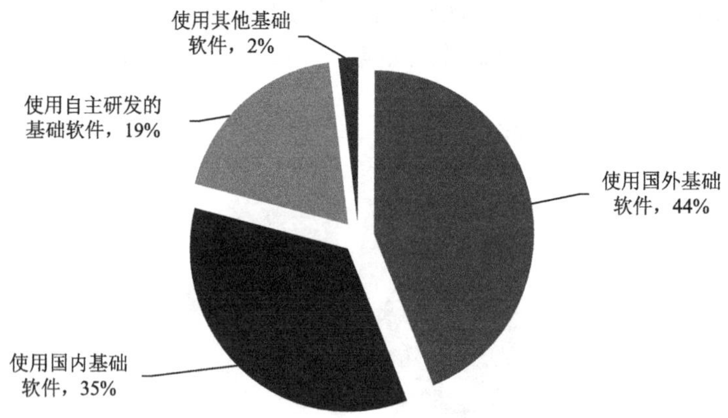

图 4.29　单位自身使用地理信息基础软件情况

调研结果统计显示，各类用户使用地理信息基础软件情况：地理信息应用平台占 30%，遥感数据自动化处理系统占 26%，数字摄影测量系统占 6%，电子政务地理信息系统占 21%，其他应用软件占 17%（图 4.30）。

调研结果统计显示，国内基础软件与应用软件使用情况：南方测绘的 CASS 软件占 45%，超图的 SuperMap 软件占 17%，吉威数源的 GEOWAY 软件占 8%，中地数码的 MapGIS 软件占 27%，武大吉奥的 GeoStar 软件占 3%（图 4.31）。

调研结果统计显示，现有用户使用地理信息基础软件平台的主要产品有 ArcGIS、AutoCAD、Photoshop、ENVI、MapGIS、SuperMap 等，ArcGIS 的用户占 31%，AutoCAD 的用户占 22%，Photoshop 的用户占 16%，ENVI 的用户占 9%，MapGIS 的用户占 7%，SuperMap 的用户占 5%，ERDAS 的用户占 4%，3D MAX 的用户占 4%，其他软件的用户占 2%（图 4.32）。

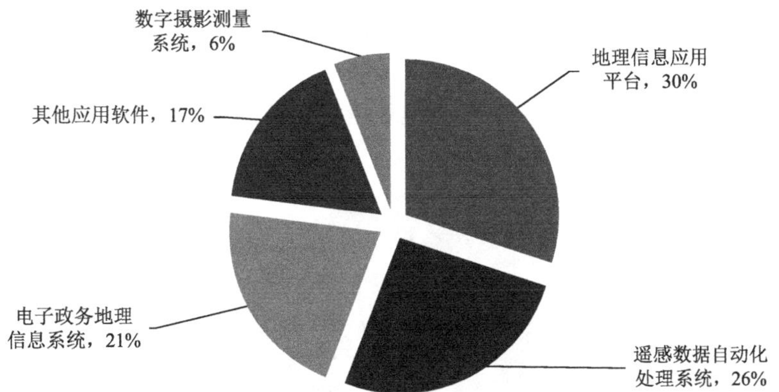

图 4.30　各类用户使用地理信息基础软件情况

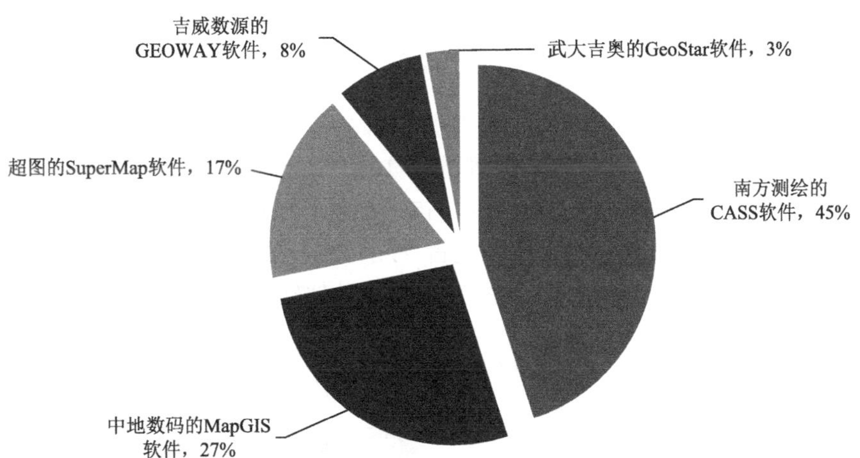

图 4.31　国内基础软件与应用软件使用情况

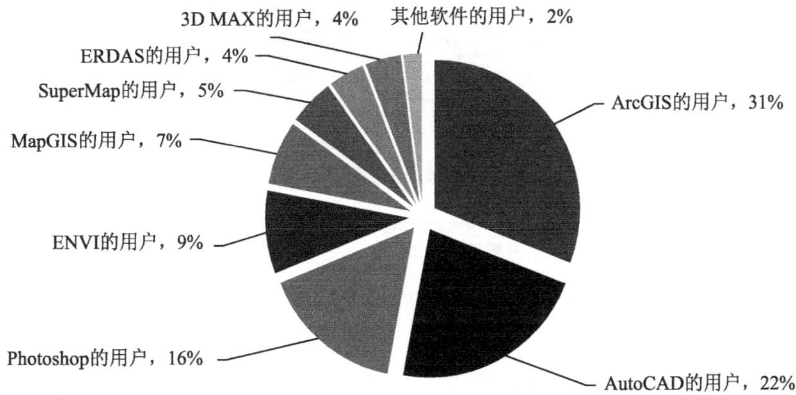

图 4.32　地理信息基础软件的现有用户

调研结果统计显示，广东省地理信息产业软件研发的市场需求主要有：面向业务的时空大数据应用平台占 47%，可定制地理信息云服务平台占 36%，轻量级时空大数据展示平台占 13%，装配式地理信息系统占 4%（图 4.33）。

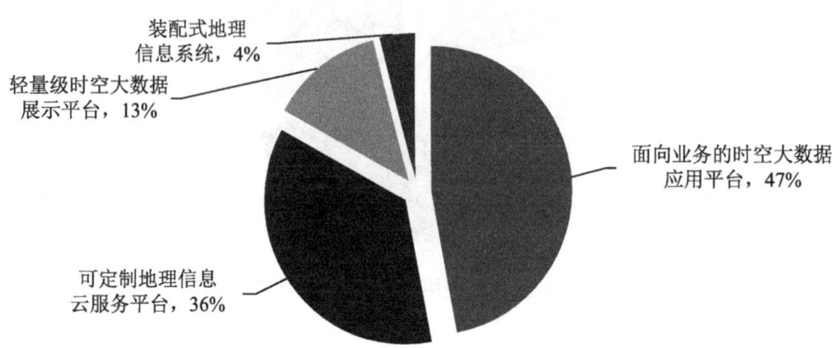

图 4.33　软件研发的市场需求

调研结果统计显示，广东省自主研发的部分地理信息软件有：城市规划信息管理平台占 18%，“多规合一”信息平台占 16%，城市地下综合管线平台占 14%，规划三维辅助决策分析系统占 14%，城市规划电子报批系统占 9%，不动产登记管理平台占 9%，无人机航空摄影系统占 7%，通信网络管理系统占 5%，激光雷达数据处理系统占 5%，灾害预警系统占 2%，其他软件占 1%（图 4.34）。

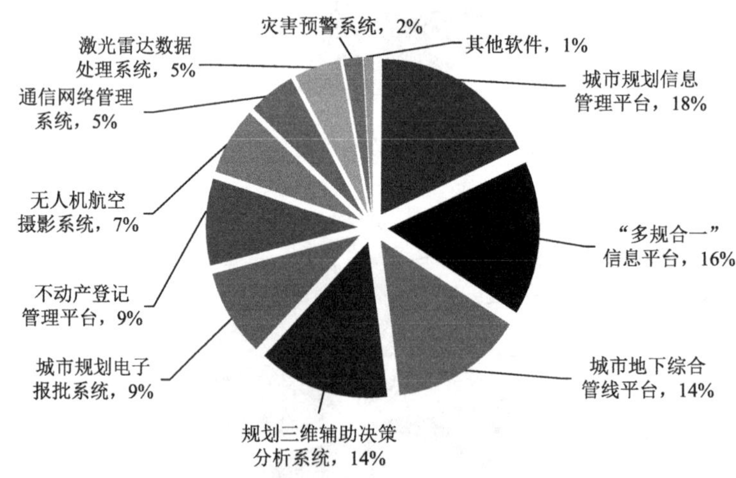

图 4.34　广东省自主研发的部分地理信息软件

调研结果统计显示，广东省地理信息产业软件研发的技术研发需求：多源地理信息数据管理平台技术占 14%，基于云平台的服务资源监控技术占 12%，多维度数据一致性关联技术占 11%，地理信息基础平台研发技术占 8%，时空大数据高效脱密处理技术占 8%，多态数据空间化处理技术占 8%，地理信息 AI 数据库技术占 8%，非结构化对象动态更新技术占 6%，多维度数据匹配深度学习技术占 6%，应用软件安全监控技术占 6%，云生态地理信息技术占 5%，地理信息微服务平台技术占 4%，基于云服务的动态服务装载技术占 4%（图 4.35）。

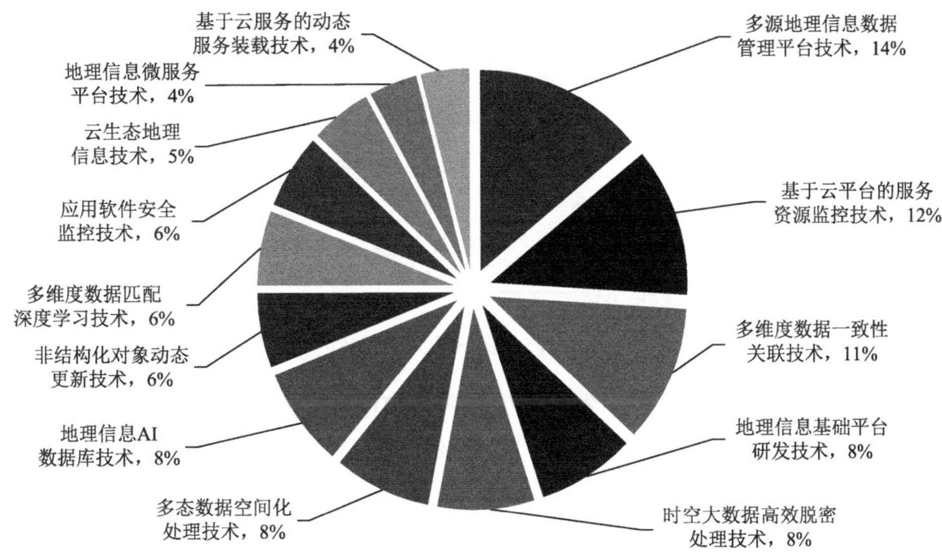

图 4.35　软件研发的技术研发需求

5）应用服务市场需求及研发需求

调研结果统计显示，广东省地理信息产业链下游应用服务的从业单位（提供商）：遥感卫星数据提供商占 41%，应用服务平台提供商占 39%，高端装备供应商占 15%，其他占 5%（图 4.36）。

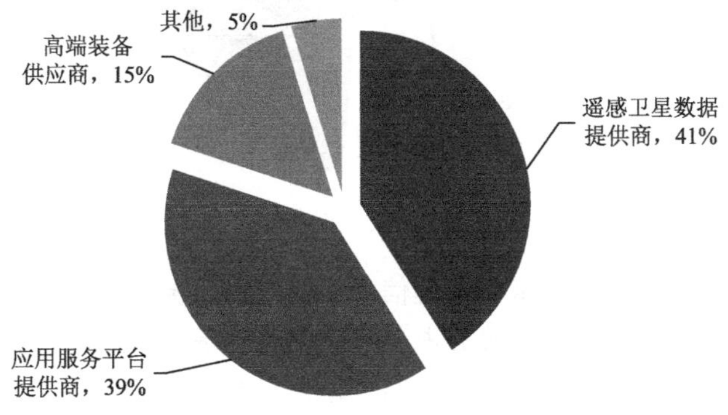

图 4.36　地理信息产业链下游应用服务的从业单位（提供商）

调研结果统计显示，广东省地理信息产业链下游应用服务的主要用户是：国土资源、应急救灾、交通和水利、环境保护、林业与其他政府部门，这些部门对高分辨率卫星影像数据的需求量大，其中，国土资源部门占 24%，交通和水利部门占 20%，林业部门占 14%，环境保护部门占 15%，应急救灾部门占 18%，其他部门占 9%（图 4.37）。

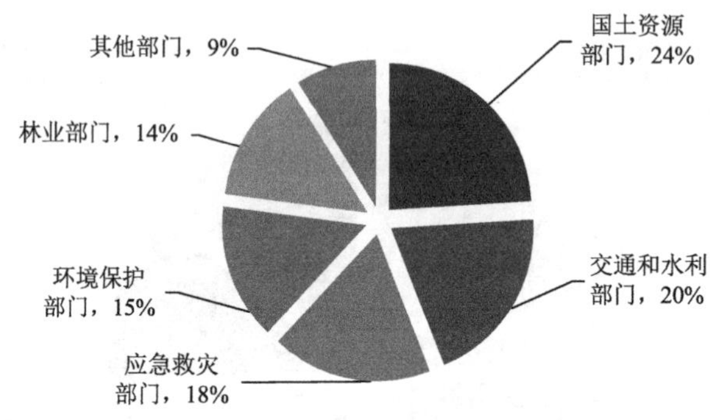

图 4.37　地理信息产业链下游应用服务的主要用户

调研结果统计显示，广东省地理信息产业应用服务的主要数据产品和软件产品市场需求：地理信息应用服务平台占 26%，可定制的专用地理信息应用平台占 23%，遥感数据产品服务占 23%，导航定位和位置服务占 12%，地理信息共享服务平台占 12%，地理信息手持设备占 4%（图 4.38）。

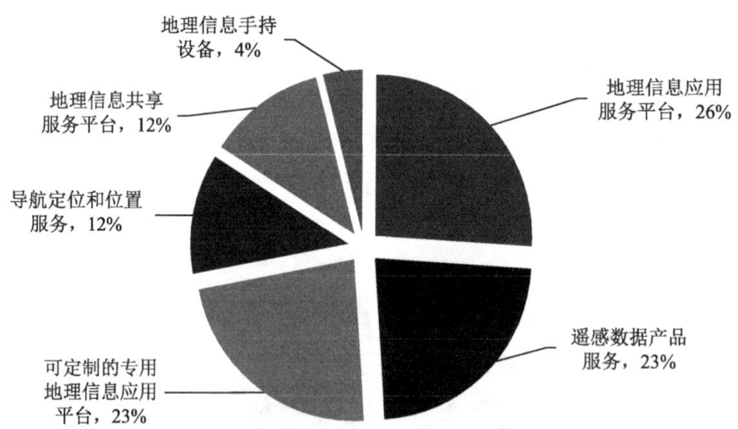

图 4.38　地理信息产业应用服务的主要数据产品和软件产品市场需求

调研结果统计显示，广东省地理信息产业应用服务的位置服务及导航监测市场需求：基于手机的位置导航服务占 37%，交通物流、车辆船舶出行导航监测占 22%，面向情景体验的多维地图占 11%，订餐配送位置服务占 10%，自动驾驶导航服务占 9%，态势地图应用占 5%，隐性知识显性地图产品占 6%（图 4.39）。

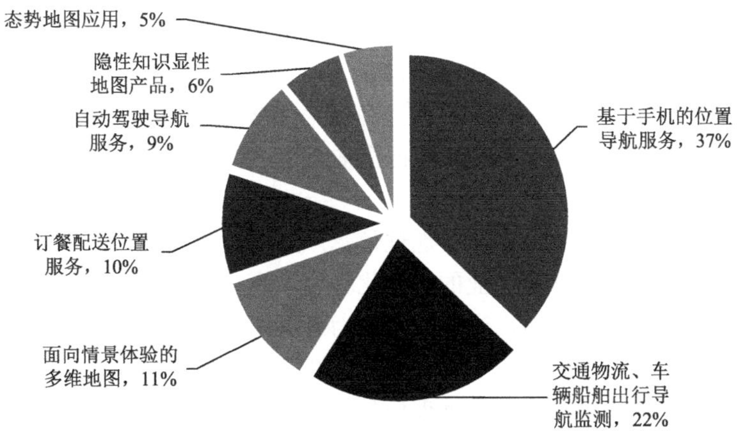

图 4.39　地理信息产业应用服务的位置服务及导航监测市场需求

调研结果统计显示，广东省地理信息产业应用服务的主要技术研发需求有：基于城市实景三维的导航坐标纠正技术占 20%，基于交通感知的路线优化技术占 19%，多源传感器协同定位技术占 11%，导航定位场景模型构建技术占 11%，基于大数据实时监测技术占 10%，多维时空大数据可视化展示技术占 10%，基于大数据平台的高精度地图制作技术 8%，隐性知识分级聚合处理方法占 6%，地理信息共享共建平台研发技术占 5%（图 4.40）。

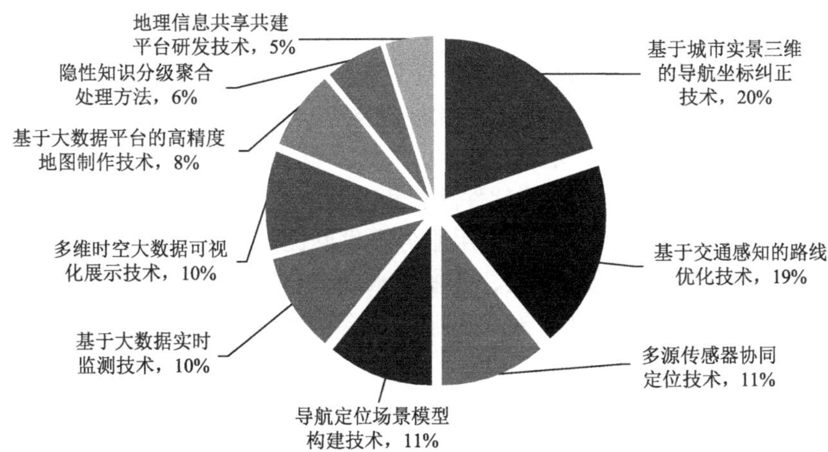

图 4.40　地理信息产业应用服务的主要技术研发需求

5. 调研小结

本次调研共收回《广东省地理信息产业现状问卷调查表》92 份，组织会议座谈 500 多人，走访企事业及联盟单位 40 多家。本次调研主要从广东省地理信息产业政策、产业规模、政府支持力度和民营企业参与程度、地理信息产业地域特征、用户对从业单位的满意度及企业发展情况入手，重点调研广东省地理信息产业的高端装备研制、数据获取技术、数据处理技术、软件研发、应用服务的市场需求及研发需求，了解广东省地理信息产业的前景等，并对调研结果进行统计和梳理。总体来看，小结如下。

（1）调研对象比较认可广东省地理信息产业从业单位的服务态度和产业发展前景，认为广东省地理信息产业的市场化程度较高，在粤从事地理信息产业链下游应用服务的从业单位较多，产业布局较为合理。

（2）广东省地理信息产业主要分布在珠江三角洲地区，粤东、粤西和粤北地区还需要加大扶持力度；广东省地理信息产业园区建设规模不大，且持续运行和管理欠缺。

（3）广东省地理信息产业的高端装备研制具有明显的优势，多款高端仪器设备，商业遥感卫星研制、运营及应用等处于全国同行领先地位。但是，在与国际市场竞争的环境下，还有一定的差距，需要持续技术创新，赶超世界先进水平。

（4）广东省地理信息产业采用实地测量获取数据的需求有所减少，实地测绘多用于满足工程建设对高精度地形数据的需求。另外，采用互联网众包获取数据的需求越来越多，这主要得益于互联网、物联网等技术的快速发展，这些新技术改变了地理信息产业的数据获取方式。

（5）广东省在国产地理信息基础软件的研发方面与其他省市差距较大，如武汉有 MapGIS、北京有 SuperMap，而广东省目前还没有自己的地理信息基础软件品牌。广东省在国产地理信息应用软件研发方面处于全国先进水平，如在城市规划、公安、交通、农业、水利、国土、不动产确权、多规合一、地下管网规划管理等多个领域都有自己的应用软件品牌和产品。

（6）遥感数据提供商及软件应用服务提供商比较受用户的青睐，如国土、规划、城建、交通、林业、农业、公安、水利、环境保护及应急救灾等领域对基础空间地理数据需求量大，对应用服务平台的数据更新、系统升级改造的需求较大。

（7）各级政府对广东省地理信息产业应用服务平台的建设主要集中在“数字城市”建设、空间地理信息框架建设、城市规划信息管理平台建设、“三规合一”或“多规合一”管理平台建设、土地资源调查及动态监测管理平台建设、城市地下综合管线管理平台建设及城市规划三维辅助决策分析系统建设等。

（8）各级政府对广东省地理信息产业的资金投入不足，调研结果统计显示，省级财政资金投入占 38%，地方财政资金投入占 35%，企业自筹或融资、民间资本运作占 23%，其他占 4%。

（9）从全国看基础软件市场占有率，国外基础软件占44%，国内基础软件占46%，广东省国产基础软件与全国国产基础软件市场占用率相比有一定差距，这种现象必须引起各级政府和相关单位的高度重视，加大对研发国产地理信息基础软件的扶持力度和经费投入，使更多的用户购买和使用国产地理信息基础软件，保护地理信息的安全。

（10）制约广东省地理信息产业发展的主要问题有：技术创新成果转化不高，广东省地理信息成果的社会化、深层次应用不足，缺少具有自主知识产权的地理信息基础软件，亟待建设跨部门、跨行业的公共地理空间信息交互平台，对人才的培养有待进一步加强，特别是引进高层次人才和培养高水准的工程技术人员要统筹兼顾等。

第三节　广东省地理信息产业现状概述

一、产业规模

1. 从业单位资质与地域分布

地理信息产业作为国民经济发展的基础性支撑产业，其发展水平与地方的社会经济发展水平有着密切关系，一般而言，社会经济发达地区的地理信息行业从业单位较多，以下依据2014年7月发布的《测绘资质管理规定》和《测绘资质分级标准》，对广东省的测绘资质情况进行统计分析。测绘资质的专业标准划分为：大地测量、测绘航空摄影、摄影测量与遥感、工程测量、不动产测绘、地理信息系统工程、海洋测绘、地图编制、导航电子地图制作、互联网地图服务。自然资源部测绘资质管理信息系统及广东省自然资源厅2020年2月底数据显示，广东省具备测绘资质的从业单位有1051家，其中具备甲级测绘资质的有101家，约占全国7.6%（占广东省测绘资质从业单位的9.6%）；具备乙级测绘资质的有223家（占广东省测绘资质从业单位的21.2%）；具备丙级测绘资质的有378家（占广东省测绘资质从业单位的36.0%）；具备丁级测绘资质的有349家（占广东省测绘资质从业单位的33.2%）。广东省各等级测绘资质单位比例如图4.41所示。

广东省共辖21个地级市、20个县级市、34个县、3个自治县、65个市辖区、1116个镇、11个乡（其中7个民族乡）、484个街道办事处。全省划分为珠江三角洲、粤东、粤西和粤北4个区域，珠江三角洲地区包括广州、深圳、佛山、东莞、肇庆、惠州、江门、中山、珠海，其中广州和深圳为副省级城市，深圳为计划单列市，深圳和珠海为经济特区；粤东包括汕头、潮州、揭阳、汕尾、梅州、河源，其中汕头为经济特区；粤西包括湛江、茂名、阳江、云浮；粤北包括韶关、清远。

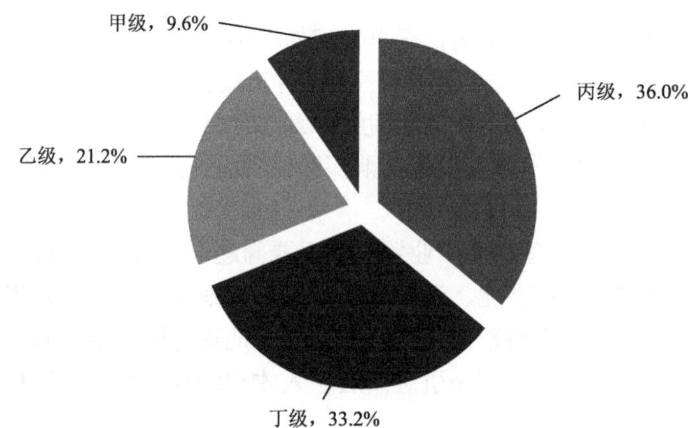

图 4.41　广东省各等级测绘资质从业单位比例

广东省具备测绘资质的从业单位的分布情况如表 4.1 所示。珠江三角洲地区一直是广东省乃至全国社会经济发展的先导区，到 2021 年初，从事地理信息产业的资质单位累计有 706 家，约占整个广东省测绘资质单位的 67.2%。另外，测绘资质单位的布局会受产业发展历史、技术应用经验、产业发展环境等影响，广州市作为广东省的省会城市，取得测绘资质的单位有 257 家，占全省总数的 24.5%，深圳市取得测绘资质的单位有 110 家，占全省总数的 10.5%。其他具有测绘资质的从业单位区域分布包括粤北 82 家、粤东 138 家、粤西 125 家。

表 4.1　广东省具备测绘资质的从业单位的分布情况

地区		单位数量/家	总计/家
粤北	清远	34	82
	韶关	48	
粤东	潮州	12	138
	河源	32	
	揭阳	17	
	梅州	36	
	汕头	26	
	汕尾	15	
粤西	茂名	45	125
	阳江	21	
	云浮	25	
	湛江	34	

续表

地区		单位数量/家	总计/家
珠江三角洲	东莞	62	706
	佛山	67	
	广州	257	
	惠州	68	
	江门	26	
	深圳	110	
	肇庆	36	
	中山	70	
	珠海	10	
总计	1051		

从具有测绘资质的单位来看，广东省内各级测绘资质单位的分布情况是：具备甲级测绘资质的单位，广州最多，有 58 家，占全省的 57.4%，深圳有 25 家，占全省的 24.8%；具备乙级测绘资质的单位，也是广州最多，有 92 家，占全省的 41.3%，深圳有 64 家，占全省的 28.7%。广东省各等级测绘资质单位分布情况如表 4.2 所示。

表 4.2　广东省各等级测绘资质单位分布情况

地区	市县	资质等级	单位数量/家
珠江三角洲	东莞	甲级	3
		乙级	6
		丙级	15
		丁级	38
	中山	甲级	3
		乙级	9
		丙级	30
		丁级	28
	佛山	甲级	3
		乙级	9
		丙级	40
		丁级	15

续表

地区	市县	资质等级	单位数量/家
珠江三角洲	广州	甲级	58
		乙级	92
		丙级	87
		丁级	20
	惠州	甲级	2
		乙级	9
		丙级	41
		丁级	16
	江门	乙级	3
		丙级	12
		丁级	11
	深圳	甲级	25
		乙级	64
		丙级	19
		丁级	2
	珠海	甲级	2
		乙级	3
		丙级	2
		丁级	3
	肇庆	乙级	2
		丙级	11
		丁级	23
粤东	揭阳	乙级	1
		丙级	5
		丁级	11
	梅州	乙级	2
		丙级	11
		丁级	23
	汕头	乙级	4
		丙级	16
		丁级	6

续表

地区	市县	资质等级	单位数量/家
粤东	汕尾	丙级	3
		丁级	12
	河源	甲级	1
		乙级	2
		丙级	9
		丁级	20
	潮州	丙级	5
		丁级	7
粤北	清远	乙级	4
		丙级	16
		丁级	14
	韶关	甲级	4
		乙级	7
		丙级	16
		丁级	21
粤西	云浮	丙级	6
		丁级	19
	湛江	乙级	2
		丙级	21
		丁级	11
	茂名	乙级	2
		丙级	8
		丁级	35
	阳江	乙级	2
		丙级	5
		丁级	14

珠江三角洲地区706家资质单位中甲级测绘资质单位96家、乙级测绘资质单位197家、丙级测绘资质单位257家、丁级测绘资质单位156家。粤东138家资质单位中甲级测绘资质单位1家、乙级测绘资质单位9家、丙级测绘资质单位49家、丁级测绘资质单位79家。粤北区域82家资质单位中甲级测绘资质单位4家、乙级测绘资质单位11家、丙级测绘资质单位32家、丁级测绘资质单位

35 家。粤西区域 125 家资质单位中乙级测绘资质单位 6 家、丙级测绘资质单位 40 家、丁级测绘资质单位 79 家。由此可见，广东省地理信息单位的分布地域性强，主要集中在珠江三角洲。

2. 从业单位经营范围

地理信息产业从业单位经营范围通常受市场规模、技术水平和单位规模三个因素影响。其中市场规模是最核心的影响因素。广东省社会经济快速发展，对地理信息产业不同业务领域的需求也表现出动态发展的趋势，其中作为城市发展规划、项目实施建设支撑的基础测绘服务市场，一直是地理信息产业最主要的市场，业务类型包括大地测量、工程测量、不动产测绘和海洋测绘四项，其中具备甲级测绘资质的单位累计有 95 家（甲级测绘资质的单位共 101 家），有 94%具备甲级测绘资质的单位都开展了测绘服务业务。地理信息系统技术服务市场的发展一直受信息技术的应用水平影响，近年来新一代信息技术的快速发展带动了地理信息系统技术水平大幅度提升，这也让更多单位加入到地理信息系统技术服务的领域，到 2019 年底，广东省从事该业务领域具备甲级测绘资质的单位有 76 家（甲级测绘资质的单位共 101 家），占所有甲级测绘资质单位的 75%。广东省地理信息产业从业单位经营范围如表 4.3 所示。

表 4.3　广东省地理信息产业从业单位经营范围

序号	产业市场	业务类型	单位数量/家				
			甲级	乙级	丙级	丁级	合计
1	遥感数据服务	测绘航空摄影	22	39	0	0	61
		摄影测量与遥感	43	76	49	0	168
2	地理信息系统	地理信息系统工程	75	142	129	0	346
3	测绘服务	大地测量	15	22	0	0	37
		工程测量	87	175	325	248	835
		不动产测绘	81	157	279	248	765
		海洋测绘	23	24	49	41	137
4	制图服务	地图编制	27	63	0	0	90
		互联网地图服务	18	27	0	0	45
5	卫星导航技术服务	导航电子地图制作	6	21	0	0	27

3. 从业人员及人员结构

人才是产业发展的第一要素，近年来广东省地理信息产业能够得到快速发展，最主要的原因是一支高素质的人才队伍加入到这个行业，从事着设备制造、数据获取、技术研发、产品推广、项目管理等各种业务，推动了整个地理信息产业沿着健康持续的方向快速发展。据中国地理信息产业协会统计，到2016年底，广东省地理信息产业从业人员达到20 864人（其中测绘资质单位从业人员20 637人，非资质单位227人。）[20]，受产业特点、技术条件和工作设备等因素影响，这些从业人员几乎都是来自测绘单位的在职员工。从业人员中获得测绘注册师资格的有823人，占总人数的3.9%，与全国平均水平相当；持有测绘作业证的人数有8066人，占总人数的39%。广东省测绘资质单位从业人员情况[21]如表4.4所示。

表4.4　广东省测绘资质单位从业人员情况　（单位：人）

总计	资质等级				测绘作业证持证人数	年内录用应届毕业生	获得注册测绘师资格
	甲级	乙级	丙级	丁级			
20 637	8 961	5 805	3 834	2 037	8 066	1 403	823

广东省一直重视专业技术人才挖掘和培养，建立了一套成熟的人才培养机制，从政务服务、协会支持、单位协助等多种渠道为从业人员提供技能培训和个人职称评审的机会。地理信息产业从业人员的职称评审已经纳入广东省人力资源厅统一管理，建立了完善的个人职称管理系统，制定了职称评审申报指南，让所有从业人员都能够按照统一的标准要求提交申请材料。这些人才培养政策和措施也得到广大从业人员的认可，他们踊跃提交资料，参与各级职称评审。据中国地理信息产业协会统计，到2016年底，广东省地理信息产业的从业人员中，测绘专业技术人员有9807人，约占总人数的60.9%，具有高级职称的有1202人，约占总人数的7.5%，具有中级职称的有2731人，约占总人数的17.0%。与测绘相关专业技术人员有5832人，占总人数的36.2%，具有高级职称的有748人，占总人数的4.6%，具有中级职称的有1243人，占总人数的7.7%[21]。广东省地理信息产业从业人员的职称情况如表4.5所示。

表4.5　广东省地理信息产业从业人员的职称情况　（单位：人）

总计	测绘专业技术人员				与测绘相关专业技术人员				技能人才
	小计	高级	中级	初级	小计	高级	中级	初级	
16 094	9807	1202	2731	3126	5832	748	1243	1083	1477

4. 地理信息教育资源

广东省的测绘地理信息人才培养渠道整体上分可分为专业能力培养、专业技术培训和专项技术培训三种类型。专业能力培养主要是由各级人力资源管理部门为初、中、高级工程师所设置的继续教育，具体内容包括职业道德、政务时事、新兴技术等，由主管部门认可的培训机构或教育机构组织举办，可在线培训，获得职称的技术人员每年都必须参加，并作为职称人员年度考核指标之一。专业技术培训主要是由省、市测绘协会根据行业发展趋势、技术创新情况、市场发展状态，结合广东省本地的实际情况，不定期组织的专业技术培训班，通常由各单位或个人自愿参加。另外，根据注册测绘师管理办法的要求，所有注册测绘师每 3 年需要参加 2 次由中国测绘学会举办的专业技术培训班。在广东省内一般每年开设 4～6 个培训班，每个培训班的规模为 300 人。同时，注册测绘师管理平台也为注册人员提供在线培训服务，可以通过观看视频的方式接受培训。专项技术培训方面主要是由测绘主管部门或地理信息产业相关技术应用管理部门根据新业务的需要开设专门的技术培训班，对从业人员进行新技术、新标准的培训，例如，地理国情普查技术培训班、污染源普查技术培训班、第三次全国土地调查技术培训班等。这类专项技术培训一般针对性较强，参加的人员也相对比较集中，对于相关技术的推广可以起到良好的作用。

广东省高校从 20 世纪 90 年代末开始设置测绘地理信息系统相关专科专业、本科专业和研究生专业，从设立研究生专业开始，逐步设置本科专业及专科专业。目前，已设置测绘地理信息产业相关专业的广东省高校有：中山大学、华南师范大学、华南农业大学、广东工业大学、广州大学、深圳大学、广东工贸职业技术学院和嘉应学院等。设置的专业主要有地图学与地理信息系统、遥感技术、测绘工程、工程测量、房产测量等。北京师范大学珠海分校的土地资源与管理、环境科学与工程、城乡规划、计算机、房地产开发与管理等专业都开设了地理信息系统和应用遥感必修课；广东水利电力职业技术学院的专科设有工程测量技术。

据 2016～2019 年广东省各高校招生计划，统计广东省部分高校地理信息产业相关专业人才培养情况，如表 4.6 所示。这些高校每年累计招生约 830 人。

表 4.6　广东省部分高校地理信息产业相关专业人才培养情况（单位：人）

序号	学校名称	设置专业	专业类型	招生人数	人数合计
1	中山大学	地理信息科学	本科	30	90
		地图学与地理信息系统	研究生	30	
		测绘工程	研究生	30	

续表

<table>
<tr><th>序号</th><th>学校名称</th><th>设置专业</th><th>专业类型</th><th>招生人数</th><th>人数合计</th></tr>
<tr><td rowspan="3">2</td><td rowspan="3">华南农业大学</td><td>地理信息科学</td><td>本科</td><td>30</td><td rowspan="3">68</td></tr>
<tr><td>测绘工程</td><td>本科</td><td>30</td></tr>
<tr><td>地图学与地理信息系统</td><td>研究生</td><td>8</td></tr>
<tr><td rowspan="2">3</td><td rowspan="2">华南师范大学</td><td>地理信息科学</td><td>本科</td><td>50</td><td rowspan="2">58</td></tr>
<tr><td>地图学与地理信息系统</td><td>研究生</td><td>8</td></tr>
<tr><td>4</td><td>广东工业大学</td><td>测绘工程</td><td>本科</td><td>30</td><td>30</td></tr>
<tr><td rowspan="3">5</td><td rowspan="3">广州大学</td><td>地理信息科学</td><td>本科</td><td>36</td><td rowspan="3">101</td></tr>
<tr><td>资源开发与测绘、工程测量与监理</td><td>专科</td><td>60</td></tr>
<tr><td>地理与地图学</td><td>研究生</td><td>5</td></tr>
<tr><td rowspan="2">6</td><td rowspan="2">深圳大学</td><td>地理空间信息工程</td><td>本科</td><td>31</td><td rowspan="2">38</td></tr>
<tr><td>地理信息与智慧城市</td><td>研究生</td><td>7</td></tr>
<tr><td rowspan="2">7</td><td rowspan="2">广东工贸职业技术学院</td><td>测绘地理信息技术</td><td>专科</td><td>191</td><td rowspan="2">340</td></tr>
<tr><td>地籍测绘与土地管理</td><td>专科</td><td>149</td></tr>
<tr><td>8</td><td>嘉应学院</td><td>地理信息科学</td><td>本科</td><td>90</td><td>90</td></tr>
<tr><td>9</td><td>中国科学院广州地球化学研究所</td><td>地图学与地理信息系统</td><td>研究生</td><td>1</td><td>每年计划招生1人</td></tr>
<tr><td>10</td><td>中国科学院广州海洋研究所</td><td>海洋遥感与数值模拟、预测方法</td><td>研究生</td><td></td><td>属物理海洋学专业，未列出该方向具体招收人数</td></tr>
<tr><td>11</td><td>广东省科学院广州地理研究所</td><td>地图学与地理信息系统</td><td>研究生</td><td>1</td><td>在读研究生不足10人，地理信息专业招生一般不多于3人</td></tr>
</table>

注：研究生包含硕士和博士研究生。

5. 在粤中国地理信息产业百强企业

近年来，广东省的地理信息从业单位快速成长壮大，有些企业居全国前列，甚至有些技术和产品处于领先地位。国家测绘地理信息局为了促进地理信息产业又快又好地发展，树立优秀品牌，扩大社会影响，授权中国地理信息产业协会举办中国地理信息产业百强企业的评选活动。广东省上榜的中国地理信息百强企业及排名见表4.7。据《中国地理信息产业发展报告（2019）》，在粤的中国地理信息产业百强企业上榜企业逐年增加，至2019年有12家，占全国12%，仅次于北京的27家，排名第2位。另外，2019年中国地理信息产业50家高成长企业中北京有12家，广东有6家，排名第2位。广东的企业数、产业规模大约居第二位，但产值大约为北京的一半。2019年中国地理信息产业最具活力中小企业中，广东和北京并列第一，均为 14 家。在全国甲级测绘资质单位数排行中，广东也以 101 家排名全国第二，仅次于北京的 146 家。

表 4.7 在粤中国地理信息产业百强企业

单位名称	排名位次				
	2014 年	2016 年	2017 年	2018 年	2019 年
广州南方测绘科技股份有限公司	1	1	—	—	6
广州中海达卫星导航技术股份有限公司	7	8	7	7	8
广东南方数码科技股份有限公司	38	24	23	24	—
深圳市勘察研究院有限公司	32	25	19	20	23
深圳市凯立德科技股份有限公司	23	34	—	—	—
广州城市信息研究所有限公司	44	55	59	62	77
广州建通测绘地理信息技术股份有限公司	83	63	46	40	60
广州奥格智能科技有限公司	47	67	56	59	70
广州中科雅图信息技术有限公司	—	94	38	45	49
广东绘宇智能勘测科技有限公司	—	—	53	49	39
深圳市勘察测绘院（集团）有限公司	—	—	100	46	43
深圳中铭高科信息产业股份有限公司	—	—	—	65	92
深圳市爱华勘测工程有限公司	—	—	—	91	88
珠海欧比特宇航科技股份有限公司					19

6. 全国各省最具活力中小企业占比情况

在中国地理信息产业协会给出的 2019 年最具活力中小企业列表中，在粤企业有 14 家，与北京并列企业数量第一名。图 4.42 给出各省（自治区、直辖市）最具活力中小企业个数对比。得益于广东省发达的电子信息产业，与其他省市相比，广东省地理信息中小企业中民企非常活跃。虽然企业规模不大，所研发和销售的产品价位也不高，但更容易适应市场灵活的需求。目前较常见的产品包括带定位和导航功能的可穿戴健康装备儿童玩具、各类导航产品等。

7. 广东省地理信息产业园区建设

地理信息产业园区是为了促进其产业发展而创立的特殊区位环境，是区域经济发展、产业调整升级的重要空间聚集形式，承担着聚集创新资源、培育新兴产业、推动城市化建设等一系列重要使命。特别是珠江三角洲地区的地理信息产业在全国一直保持着竞争优势，处于先进行列，地理信息产业服务保障和引领带动了广东省经济社会发展。地理信息产业园区建设的重点是进行地理信息、

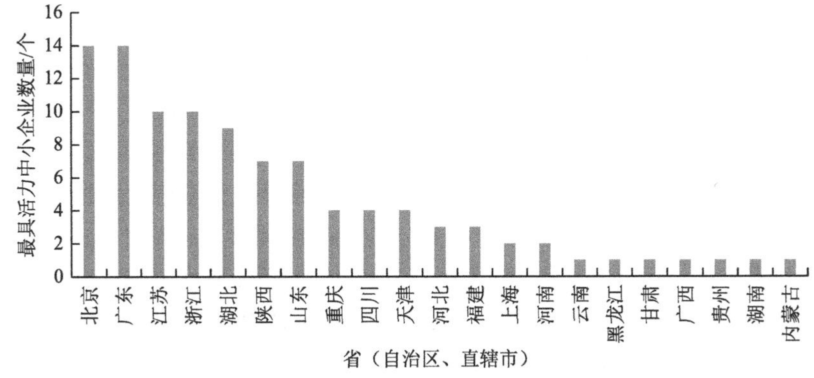

图 4.42　2019 年地理信息产业最具活力中小企业在部分省（自治区、直辖市）分布情况

北斗导航、设备制造等相关产品的研发、制造和技术推广，打造低能耗和零污染的高技术服务业和战略性新兴产业园区。

2012 年，广州地理信息产业园论坛暨签约仪式在广州白云国际会议中心隆重举行，星唯科技、南方测绘、数字政通、苍穹数码、立得空间等 12 家首批行业内的龙头企业与园区签署了入园合作协议，入驻广州地理信息产业园的企业可按国家、省、市、区政策规定享受相应的税收减免和产业扶持。广州地理信息产业园计划投资总额 138 亿元，总占地面积 5000 亩，其中可建设用地约 2500 亩，是华南地区目前规模最大、技术水平最领先的地理信息产业园。广州地理信息产业园园区将分两期建设，一期面积约 1000 亩，以科研设计用地为主；二期面积约 1400 亩，规划包括教育科研用地、商业金融业用地、工业用地等。广州地理信息产业园的建成带动了珠江三角洲、全省及至全国的地理信息产业发展。

广州天河智慧城位于有着火炉山等多个森林公园的天河东北部，是天河区举全区之力建设的“天河智慧城（Tianhe Intelligence Business District）”，被纳入规划的 64 km^2 区域计划 5 年内形成规模，可容纳 30 万居住人口和 10 万就业人口。天河智慧城的定位为“智慧广州的示范区、引领潮流的先行区和幸福生活的体验区”。

广州科学城是广东省广州市黄埔区的一个现代化科学园区，位于白云山生态保护区边缘，东接原萝岗区，北邻白云区，南望珠江，西靠广州新城市中心珠江新城，地处广州知识密集区。广州科学城从 1998 年起重新规划，将 3.7 km^2 的产业园区扩展到 22.74 km^2 的生态城区。1999 年，广州科学城再次扩容，最终形成了 37.47 km^2 的规模并沿袭至今，如今计划再次扩容至 144.65 km^2，扩大约 39 倍，成为广州市发展高新技术产业的示范基地。目前，已有多家地理信息企业入驻广州天河智慧城和广州科学城，如奥格科技股份有限公司等。

广东北斗产业园的建设是以深圳、广州、中山为中心，依托区位、资金、市场机制的优势，形成了以引进、组装、制造卫星导航终端产品为主的产业格局。广东省多个地级市已经或计划布局北斗导航产业，北斗卫星应用产业起步较早的广州、深圳已形成产业集聚；佛山南海区、汕头市和中山市已建成北斗应用产业基地；潮州市提出打造北斗导航产业化基地，河源市提出打造北斗卫星应用产业示范基地。

2011 年 2 月，广东省汕头市与中国空间技术研究院签订了战略合作框架，共同在汕头市建设卫星应用产业园，作为北斗卫星应用在南方地区的重要市场平台和产业孵化基地。汕头卫星应用产业园在打造产业的“汕头特色”过程中将其发展方向定位为北斗时空信息服务产业。广东航宇卫星科技有限公司发挥着汕头卫星应用产业园合作的企业平台作用，其开发的“维景”北斗时空信息大数据平台以时空一体化平台建设为核心，实现卫星定位导航、授时、高分遥感、大数据、云计算等信息服务技术集成，与各产业的业务数据进行融合综合应用服务，逐渐形成面向城市信息资源的北斗时空大数据产业。

2012 年 3 月，中山市政府与中国东方红卫星股份有限公司签订建设北斗卫星产业基地框架协议，中国航天中山北斗物联网产业基地落户中山市南区，分四期建设。北斗卫星产业基地按照“高起点规划、高标准建设、高效能管理”的原则，以智慧、生态、紧凑、融合发展为内核，致力于把基地打造成为产业转型和城市升级的引领区、产城融合和智慧城市的示范区。

2012 年 5 月，广东省北斗卫星导航产业（广州）基地落户无线电集团旗下的广州海格民用产业科技园。广州海格通信集团股份有限公司（简称“海格通信”）规划将现有的北斗导航业务迁入产业园区，开展芯片、模块、天线、整机、系统的研发及产业化，并将通过资本运作收购的导航、通信、物联网等相关企业迁至产业园，统一资源配置，优化集团管理。民用产业科技园重点以国民经济重要部门和产业用户为目标市场，推动北斗大规模民用，促进北斗产业的发展，推动北斗导航相关产业在广东省内形成完整的产业链。

2015 年 11 月，北斗卫星导航定位系统项目在清远市落户，清远市要把北斗应用产业作为战略性产业来抓，推动北斗卫星导航系统的广泛应用和产业发展。清远市的北斗卫星导航定位系统项目主要集中于信息应用领域，除了“两客一危”车辆、校车、政府用车等交通产业领域的应用，还致力于开拓个人定位市场。借助北斗卫星导航定位系统构建“学生安全管控中心”，通过运用北斗导航定位技术，实现家校无缝对接。

广东省发改委印发的《广东省先进制造业发展“十三五”规划》提出，支持佛山等市延伸发展航空装备产业链。此外，佛山市还将重点发展通用飞机总装、部装、飞机零部件生产。从航天配套到无人机，佛山市一些企业选择进入了技术要求更高的专业化高端领域。佛山市上市公司德奥通用航空股份有限公司通过大手笔并购德国企业，吸收国外技术，在通用航空领域闯出了一片天地。

广东省是国内 GNSS 产业配套能力最强、应用市场最为成熟的地区，全国 60%以上的民用车载卫星导航仪出自珠江三角洲，珠江三角洲相关企业数量全国第一。

2016 年 7 月，高通量宽带卫星项目签约落户深圳市宝安区，亚太卫星宽带通信（深圳）有限公司成立，计划在宝安区投资建设国际一流的“高通量宽带卫星通信系统”，2019 年开展卫星通信运营服务。宝安区的“中国天谷”项目是宝安区华讯方舟着力打造的下一代卫星通信国际科技创新产业园，项目投资 70 多亿元，未来计划建成产值超千亿元的卫星通信产业集群。随着产业布局的展开，宝安区还将建设航天卫星科普教育基地。

2016 年 7 月，中国科学院地理科学与资源研究所、广东省科学院、广州地理研究所、越秀区人民政府签订了战略合作协议，共同建设广东地理科技与文化创新创意产业园。广东地理科技与文化创新创意产业园将重点发展地理信息、地理文化、地理智库和地理教育四大核心产业，力争用 3～5 年将产业园打造成为引领中国地理信息文化产业发展的重要战略基地。

为了推动落实习近平主席提出的“中国北斗卫星导航系统落地阿拉伯项目”，2017 年，中国卫星导航系统管理办公室与阿拉伯信息通信技术组织签署了《第一届中阿北斗合作论坛声明》，全面带动北斗卫星导航系统落地阿拉伯国家。海格通信作为北斗代表性企业，参加中阿北斗合作论坛。双方同意在已有的合作基础上，根据阿方发展的优先领域和需求，共同推动实施重大项目合作，共同研究卫星导航在智能交通、国土测绘、精准农业、公共安全等领域中的应用技术和解决方案，不断提升阿方卫星导航领域发展水平。

珠海地理信息产业孵化基地（简称“园区”）位于以智慧产业为主导的珠海市高新区珠海智慧产业园内，由珠海国家高新技术产业开发区管委会主导，由欧比特的全资子公司——珠海金特科技有限公司承建。园区占地约 21 211.83 m^2，总规划建筑面积 81 642.86 m^2。园区建设内容包括 2 栋办公楼、2 栋宿舍楼和 1 层地下停车场。园区于 2017 年 11 月正式开工，2020 年投入使用。珠海地理信息产业孵化基地以欧比特的卫星大数据、地理信息与测绘、智慧城市、人工智能等产业为基础，以广东省国产卫星产业技术创新联盟为依托，吸引遥感、地理信息与测绘相关产业的上、中、下游企业、科研机构及创客群体入驻园区，形成卫星大数据和测绘地理信息产业聚集，实现政产学研用紧密结合，促进地理信息全产业链的规模化发展。园区以孵化企业达到规模化、产业化水平和孵化企业上市为目标，提升珠海地理信息产业的凝聚力、影响力，打造珠海全新的高端产业集群。珠海地理信息产业孵化基地周边集聚中山大学珠海校区、北京师范大学珠海校区、北京理工大学珠海学院布莱恩特学院、北京师范大学-香港浸会大学联合国际学院等多所高等院校，在校大学生 7 万余名，具备优质的人才资源。

珠海地理信息产业孵化基地位于珠海高新区，置身粤港澳大湾区中心腹地，交通网络向北连接广州、深圳，向南与港珠澳大桥相通，尽享港珠澳大桥、深中通道便捷；周边有九州港、珠海港、南沙港、中山港等港口；有广珠城际轨道、粤西沿海高速、京港澳高速，并直接连通珠海、广州、深圳、澳门、香港国际机场。一小时内到达珠江三角洲九市和香港、澳门，尽享粤港澳大湾区一小时经济圈，方便广东地理信息企业和全国地理信息企业入园发展。珠海地理信息产业孵化基地受到政策扶持，入驻高新区，享受优厚政策。

（1）贷款补贴。根据《珠海高新区科技型中小企业融资扶持办法》，符合条件的企业通过银行获得贷款，最高可获得相当于银行贷款基准利率 70%的利息补贴；企业通过小额贷款公司获得贷款，按银行同期贷款基准利率的 50%给予利息补贴，单个企业每年度补贴金额最高 20 万元；企业通过发行债券进行融资，经备案且实际融资规模 50%以上投放在珠海高新区的，按实际融资规模的 1%给予一次性补贴，单个企业补贴金额最高 200 万元。

（2）上市补贴。根据《珠海高新区鼓励企业上市及新三板挂牌办法》，在国内主板、中小板、创业板上市的企业，分阶段给予最高 150 万元的奖励；在新三板挂牌的企业，将分阶段给予最高 80 万元的奖励；对于在境外资本市场上市的企业，满足条件后将获得珠海高新区 100 万元的奖励。

（3）科创补贴。根据《珠海高新区加快推进集成电路设计产业发展扶持办法（试行）》，对符合条件的中小型科技企业进行研发创新、场地补贴支持。

（4）享受园区一站式服务。招商引资，项目洽谈，企业进驻审批，收集各类科技、经济信息和市场情报，推荐投资合作项目，文件翻译、企业工商注册及税务登记“一条龙”服务。

珠海地理信息产业孵化基地提供卫星大数据接入、卫星大数据应用示范、企业生产、科研、市场营销、财务管理、知识产权、标准化等全过程服务；提供培训，对进驻企业进行业务拓展、现代化管理、产业规划方面的指导；提供孵化基地的水、电、设备、通信、环境、保安等一系列物业后勤配套服务；提供孵化基地计算机网络管理、卫星大数据接口管理、相关专业技术信息服务等。

8. 广东省地理信息产业市场环境

广东省作为改革开放的前沿地区，地理信息产业链完整，布局较为合理，增长势头良好，具有明显的地域特色，地理信息产业在广东省的经济建设和社会发展中起到重要作用，处于全国前列。广东省地理信息产业从业单位具有创新、诚信、顽强、智慧、自信和果敢的特色，以准确的市场定位、优质的产品和服务，打造了自主品牌，赢得市场，呈现出产业规模不断扩大、产值逐年提高、产品日益丰富、市场日渐繁荣的良好局面，在服务大局、服务社会、服务民生中发挥了重要作用。

地理信息产业从业单位的性质分为事业单位、国有企业及民营企业，其中事业单位经过几轮改革后，大部分属于公益一类或公益二类事业单位。大多数事业单位或国企都是由传统的测绘单位改制转型的，它们一方面享有政府财政资金补贴，承揽了国家基础测绘及地理信息数据采集任务，另一方面参与市场的经营活动。民企则必须参与市场竞争，才能承揽业务。广东省有一些规模较大、实力雄厚的地信民企在市场中经过多年摸爬滚打，逐步成长，越做越强，然而一般规模的地信民企所占市场份额较小，市场运营成本高，年产值较低，生存艰难，这种局面在短期内难以扭转。

广东省地理信息产业以数据获取及处理、高端装备研制、软件研发及应用服务为主，拥有面向粤港澳大湾区的发展优势，各级政府部门（包括下属单位）是地理信息产品及服务的最大采购商，采购内容主要是数据获取和产品制作、应用管理平台建设。事业单位或国企在承接政府项目上具有明显的优势，与之相对，民企参与政府地理信息项目的机会则少之又少。这样的市场环境，不利于地理信息产业的发展。

地理信息产业结构的调整必须依靠国家的政策和制度，依赖各级政府主管部门的决策。只有加大产业的扶持力度，制定切实可行的措施，才能使企业在地理信息产业市场竞争及科技创新中处于主体地位。政府管理部门有必要明确哪些指令性任务必须由公益类事业单位承担，除此之外，政府投资的项目应该交给市场，提供公平的市场竞争环境，兼顾地理信息产业链的上、中、下游，带动全产业链的发展，促进地理信息企业的自身发展和技术创新；强化地理信息产业的整体实力与科技水平，推动企业兼并重组，优势互补，实现强强联合，力争再培育更多的龙头企业，同时带动一般规模的企业，平稳有序地发展。

二、存在的不足

1. 地理信息产业规模总体偏小，同质化严重

广东省从事地理信息产业的事业单位和国企所占的市场份额较大，年产值在亿元以上的事业单位大多数具有甲级测绘资质。广东省在全国地理信息产业百强企业中总体数量偏少，地理信息基础软件或平台缺乏，核心技术还处于跟踪追赶状态。民营企业大多数是中小型企业，有些中小型企业的核心竞争力较

低，经营规模小，同质化竞争严重，缺乏领军型和创新型人才，而且人员流失严重，抗风险能力弱；有些中小型企业不能直接通过投标方式承揽相关任务，面临生存的压力。

从企业数量上看，大量的企业集中在传统的测绘数据采集和处理方面，同质化严重，供给严重过剩。在核心技术开发、高端设备制造以及创新应用方面，高质量的企业还不够多。

2. 地理信息产业尚未完全市场化

广东省地理信息产业尚未完全市场化，事业单位和国企仍是地理信息产业的主要参与者，有些单位可直接承揽政府计划内的项目；有些单位可通过参与市场竞争承揽业务；等等。据调研，广东省的一些重大项目主要由事业单位和国企牵头，一些实力较强的民营企业也参与了项目实施，还有一些实力较弱的民营企业通过项目协作方式承揽业务。

3. 地理信息产业从业单位分布不均衡，融资难

广东省地理信息的从业单位在地理上分布不均衡，主要集中在珠江三角洲经济发达地区，粤东、粤西及粤北的从业单位较少，且规模小、人员少，技术人才和技术装备缺乏，不能满足当地经济发展和社会各行业的需求。

在经济发达地区，广东省地理信息产业的布局也有不合理之处，如从事高端先进技术装备制造的单位不多；有些单位为了降低成本，配备的人力、物力和财力有限，缺乏竞争实力，容易被市场淘汰。从事研发国产地理信息基础软件的单位较少，基础软件品牌产品不多；购买地理信息产品和服务的主体是各级政府部门，企业和社会大众的市场需求有待进一步拓展；高分辨率卫星影像和高光谱卫星数据、全天候雷达卫星数据等较少，不能满足多云、多雨、多雾地区的自然资源调查和动态监测、应急抢险、防灾救灾等需求。

一些民营企业面临融资难、盈利能力差、业务短缺等问题，亟待政府扶持。

第五章　广东省地理信息产业的“四链”

本章主要从广东省地理信息产业的政策链、产业链、创新链和资金链及其相互关系和应用案例来对广东省地理信息产业进行梳理。

技术创新是一个系统工程，广东省地理信息产业的政策链、产业链、创新链和资金链相互交织、相互支撑、相互促进，只有“四链”融合，才能激发技术创新活力。

地理信息重在应用，因此，无论是处于地理信息产业的产业链上游的数据获取与高端装备研制，还是中游的数据处理和软件研发，都是为了更好地促进下游的应用服务的发展。

第一节　广东省地理信息产业的政策链

一、政策扶持

政策链是指国家、政府和一定类型的政治体制中的执政党为解决同一政策问题而先后制定的在内容上具有一致性，在形态和功能上具有差别性的一系列政策。

目前，地理信息产业发展政策红利依然强劲，国务院发布《国务院办公厅关于促进地理信息产业发展的意见》，从国家战略的高度研究制定扶持和推动地理信息产业发展的具体政策措施。广东省也出台了《广东省人民政府办公厅关于促进地理信息产业发展的实施意见》，保证政策的延续性。广东省以培育“互联网+地理信息+”新业态、开展北斗卫星导航系统应用产业化、卫星遥感应用、数字城市和智慧城市建设、新技术支撑下的地理信息装备研制等工作为重点，推动广东省地理信息产业发展。

中海达在国产海洋探测工作中，优先使用国产海洋探测设备，这离不开政府的政策支持。该公司的双频 GPS 接收测量技术、高精度地理信息数据采集处理技术、超声波测深测量技术等技术达到国内领先、国际先进水平，拥有 GNSS 产品、地理信息产品、海洋产品、系统工程四大核心业务，已成长为国内 GNSS 龙头企业，能为客户提供“硬件+数据+软件+解决方案”的全产业链服务。该公司通过资本运作，布局发展战略，加强在技术、品牌、渠道、团队等方面的建设，营业收入保持持续、健康的增长势头，这主要受益于国家在战略性新兴产业上的政策支持和投资拉动。

广东省是北斗卫星导航系统应用企业的主要聚集地之一，经过多年的努力，北斗卫星导航系统应用已经开始突破“小、散、弱、乱、低”的瓶颈，走上全面转型升级的良性发展道路，逐步形成完整的产业链和产业发展体系。北斗卫星导航系统作为极其重要的国家空间基础设施，保障其安全可靠运行，可以使中国摆脱依赖他国全球导航卫星系统的现状，避免因他国中断此类服务而受制于人的情况发生。但北斗卫星导航与位置服务仍处于初级发展阶段，产业集群建设和市场发展环境尚未成熟。北斗卫星导航系统应用立法处于起步阶段，无论与国外同行相比，还是与自身发展需求相比，差距均非常大。习近平总书记高度重视北斗卫星导航系统的建设与应用，指出“推进北斗系统建设和应用势在必行”。在发展航天事业、建设航天强国，全面推进依法治国的新形势下，加快推进卫星导航系统应用国家立法，建设“法治北斗”刻不容缓。2017 年初，深圳市人民政府、广东省测绘地理信息产业技术创新联盟等单位参与了以“北斗应用国家立法”为主题的高端论坛。论坛通过借鉴美国、俄罗斯、欧盟有关卫星导航定位立法情况，研讨中国卫星导航定位应用现状、存在问题及立法建议，组织起草“关于中国北斗卫星导航应用立法议案的建议”等，为中国北斗卫星导航系统的法律建设出谋划策。

国家和有关部门为推进地理信息产业发展，出台了各种相关规划和政策。如何解读这些规划和政策构成促进地理信息产业发展的政策链、如何应对这些规划和政策在执行过程中出现的新情况和新问题、如何有效落实这些规划和政策等，这些问题值得思考。需要加强对地理信息产业分类统计的研究，切实厘清地理信息产业边界、产业的上下游关系、产业子领域的内容及其相关关系等，将政府促进地理信息产业发展的良好意愿转化为产业发展的强劲动力。政策的延续需要各级政府部门不断地解放思想，树立正确的价值观和政绩观，树立民众对政府政策的信心，对地理信息产业进行科学的统计和分析，提高产业政策制定的针对性和指导性，真正把政策落实到位。

如何发挥企业在创新中的主体地位，仍然需要政府制定更具体的措施，给予更多的支持。国家对地理信息，特别是基础地理信息的安全保密问题都非常重视，制定了相应的安全保密政策。如《中华人民共和国保守国家秘密法》《中华人民共和国测绘成果管理条例》《测绘管理工作国家秘密范围的规定》等，规定了国家基础地理信息的秘密范围，包括绝密级范围、机密级范围及秘密级范围。广东省也制定了《广东省测绘条例》《广东省省级基础测绘项目管理办法（试行）》《广东省测绘技术质量保证体系考核办法（试行）》《广东省测绘成果及资料档案管理考核办法（试行）》等文件。对于地理信息保密政策是否在一定程度上制约了地理信息产业的发展这一问题，管理者、专家、学者、企业、用户都各持己见。为了更好地落实保密规定，安全使用保密成果，要继续完善地理信息共享政策，建立信息共享机制，打破信息壁垒，从根本上解决地理信息成果保密问题，使地理信息成果发挥更大作用，避免一些部门浪费财政资金和资源，搞重复建设。

“大众创业、万众创新”是国家创新驱动发展战略的组成部分，《广东省人民政府关于加快科技创新的若干政策意见》制定了若干政策意见：建立企业研发准备金制度，开展创新券补助政策试点，试行创新产品与服务远期约定政府购买制度，完善科技企业孵化器建设用地政策，建立科技企业孵化器财政资金补助制度，建立科技企业孵化器风险补偿制度，赋予高等学校、科研机构科技成果自主处置权，完善高等学校、科研机构科技成果转化所获收益激励机制，完善高等学校、科研机构科技成果转换个人奖励约定政策，完善科技人员职称评审政策，扶持新型研发机构发展政策，完善高层次人才居住保障政策等，这都是为了加快广东省的科技创新。

广东省委、省政府围绕地理信息产业政策链，还先后出台了《广东省测绘条例》《关于推进国民经济和社会信息化的意见》《广东省信息化发展纲要（2005—2020年）》《广东省人民政府关于加快发展我省现代信息服务业的意见》《广东省人民政府关于切实加强我省测绘工作的意见》《广东省地上地下空间建设用地使用权管理暂行规定》《广东省农村信息化行动计划（2013—2015年）》《广东省人民政府办公厅关于促进地理信息产业发展的实施意见》《广东省基础测绘“十三五”规划（2016—2020年）》《广东省人民政府办公厅关于推动卫星导航应用产业发展的指导意见》等一系列政策，明确了广东省地理信息产业的指导思想、发展原则、扶持和鼓励措施，为创新驱动发展战略提供更好的环境和平台，为进一步提高全省地理信息空间平台，推动大数据建设，加速地理信息产业化的进程奠定良好基础和条件，为促进广东省地理信息产业技术发展提供相关行动计划和政策措施。

广东省各地市级、各县（市、区）政府也相继出台了多项促进地理信息产业健康发展的相关地方规程和政策，从政策上扶持当地的从业单位，鼓励地理信息技术创新发展。

二、政策风险

政策风险是指政府有关政策发生重大变化或有重要的举措、法规出台，引起市场的波动，从而给投资者带来的风险。

首先，从业单位必须遵纪守法，诚信经营。如果从业单位违反了中央和地方各级政府制定的政策法规，就要付出代价，企业可能会面临倒闭，甚至还要承担法律责任。在市场经济条件下，受价值规律和竞争机制的影响，各企业争夺市场资源，都希望获得更大的利益，若使用非法手段，通过恶性的竞争，得到不义之财，就会触犯国家的有关政策，而国家政策又对企业的行为具有强制约束力。另外，国家在不同时期可以根据宏观环境的变化而改变政策，可能一些优惠政策被取消或降低，这必然会影响企业的经济利益。因此，国家与企业之间由于政策的存在和调整，在经济利益上会产生矛盾，从而产生政策风险。地理信息产业的政策性很强，政府部门应根据国民经济发展和人民生活需要，及时出台或调整适合地理信息产业发展的政策法规。

1. 政策的延续性

国家和广东省政府出台了促进地理信息产业发展的若干意见，指导广东省地理信息产业健康发展，但是，有些政策尚未提出地理信息产业中出现问题的具体解决措施。如国家鼓励民间资本进入空间领域，参与卫星导航地面应用系统建设，鼓励民间资本研制、发射和运营商业遥感卫星，提供市场化、专业化服务等，但民营企业在卫星研制、发射运营和数据分发和销售等方面，特别是地理信息产品及遥感卫星数据的分发问题、如何做好数据安全和数据共享兼顾等，仍然需要政策在研发资金、卫星发射场使用、卫星地面站建设等方面给予更多优惠。

在市场方面，政府要进一步营造公平、公正、有序的市场竞争环境，给予民营企业更多的扶持，培育一批龙头企业，带动整个产业发展。

2. 地理信息成果保密规定

地理信息是敏感信息，地理信息成果关乎国家安全。2017 年 4 月 27 日，第十二届全国人民代表大会常务委员会第二十七次会议通过了对《中华人民共和国测绘法》的第二次修订。《中华人民共和国保守国家秘密法》于 2010 年 4 月 29 日在中华人民共和国第十一届全国人民代表大会常务委员会第十四次会议上修订通过，自 2010 年 10 月 1 日起施行。这些法律法规规定了测绘地理信息涉密数据和保密等级等。

随着地理信息技术的发展，现有的地理信息成果涉密范围偏大、保密等级偏高，限制了地理信息的公众应用。有些行业部门之间也会因为使用了基础地理信息脱密后的数据，导致出现与专业数据不配准等问题。

地理信息成果保密有时效性，多数保密数据具有保密期限，有些高精度基础地理信息数据的保密期无期限，这给地理信息成果的使用带来了严峻挑战。对于社会公众而言，虽然他们对地理信息成果的精度要求不高，但用于位置服务的导航数据不能偏离太大，特别是无人驾驶汽车的问世，必须要高精度的电子地图来提供支撑。

一些企业获取保密数据成果的手续烦琐，导致这些企业虽然承担了政府部门的项目，但不能及时拿到基础地理信息数据，不得不重新自行采集基础地理信息数据，或者找一些非专业的地理数据替代正版的基础地理信息产品，严重影响了建设单位的项目质量和数据质量，以及数据的权威性、可靠性和安全性。

政府投资的数据成果得不到最大化的使用；有些企业为了完成任务，不得不花费人力、物力和财力重新获取地理信息基础数据。这些问题，需要相关政策来协调处理。

三、资源产权

资源产权是指行为主体对某一资源环境拥有的所有、使用、占有、处分及收益等各种权利的集合，是指所有和使用资源的权利。资源产权可分为自由的和开放的资源、共有产权或集体产权、私有产权、国有产权四种类型，其中，共有产权或集体产权是指资源使用者形成一共同体，排除外人对资源的占有和使用，并在其内部形成使用资源的规则。由于资源本身的特点，实现其产权要涉及多方面的联系，表现为一种复杂的权利体系，并随着生产力发展、资源价值的变动和信息与交易技术的变化而不断变化。

地理信息资源是基础性资源，在我国信息化建设中起着越来越重要的作用。地理信息资源产权分为共有产权或集体产权、私有产权、国有产权三种类型，这三种类型的资源占有权、使用权，甚至部分处置权和收益权均可转让他人行使。地理信息资源产权把地理信息产品与技术作为财产的一般属性与特殊性，运用价值规律调动产权主体的积极性，其中，又把产权主体应该享有的权利内容看作重中之重。地理信息产业从业单位经营的目标就是要把地理信息资源转化为财产，实现利润的最大化。基础公益性地理信息资源所有权归国家所有，而商业性地理信息资源产权多元化已初步形成。多数商业性地理信息资源产权是在基础公益性地理信息资源基础上加工开发产生的，其产权主体有事业单位、国有企业和民营企业。有些事业单位和国企拥有一定的资源产权，享受多种优惠政策，可将一部分资源再分配；有些从业单位，虽然在行政上已与政府部门脱钩，实际上，他们与政府部门保持着千丝万缕的联系，在获取地理信息资源产权时得到较多的实惠。在地理信息的数据加工、软件平台的研发、地理信息工程的建设以及地理信息咨询与培训等增值服务中，其产权主体既有国企，也有民企。营造一个公平、公正的市场环境与地理信息资源产权政策有密切联系，界定地理信息资源产权归属是发展地理信息产业的前提，制定地理信息产业政策应该特别关注地理信息资源产权。

近些年来，广东省围绕地理信息资源产权的政策问题，所有权、管理权和使用权问题，分类保护问题等方面的研究正在进行中；亟待制定切实可行的地理信息资源产权相关法律法规；提出地理信息资源产权的结构及其功能，以及地理信息资源的知识产权保护策略与建议。《广东省测绘条例》《广东省测绘成果及资料档案管理考核办法（试行）》等文件明确了测绘成果实行有偿使用制度，用于国家机关决策、防灾、减灾、国防建设和社会公益性事业的，可以无偿使用。基础测绘成果和国家投资完成的其他测绘成果，可以无偿使用。因此，制定地理信息资源产权政策的目的是实现地理信息资源转化为社会财富的最大化，调动民营企业投资基础公益性地理信息资源的积极性。

对地理信息产业来说，交换是企业实现利润最大化的手段，收益是企业经营的目的。对地理信息资源产权来说，交换权与收益权都是其核心内容，而产权归属主体多元化是交换的前提。地理信息资源产权政策的制定必须遵循地理信息资源的自然规律性，遵循产权主体需求的价值规律性，协调权利与义务的关系。

第二节　广东省地理信息产业的产业链

从总体上看，地理信息产业链由上游的高端装备研制、数据获取，中游的数据处理、软件研发和下游的应用服务构成，见图 5.1。

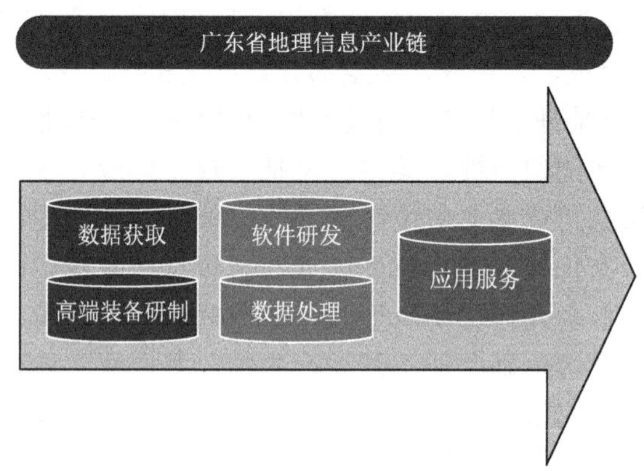

图 5.1　广东省地理信息产业链上、中、下游关系图

由于地理信息产业与多行业相关，与多技术渗透，受国家宏观经济和科技发展的影响较大，因此，地理信息产业链的上、中和下游的划分不明显。例如，通常将遥感卫星获取数据、航空摄影测量获取数据界定为地理信息产业链的上游，从业单位较少。但是，随着无人机遥感的迅速发展，很多从业单位购置了无人机设备，采用无人机低空遥感获得地形地貌数据，采用无人机倾斜摄影技术全自动、高效率、高精度地构建地表全要素三维模型。由此可见，这些从业单位之前主要是做数据处理和数据产品制作的，处于地理信息产业链中游，有了无人机遥感设备和技术后，开始涉足地理信息产业链的上游业务。由于类似的情况很多，有些从业单位在地理信息产业链中的位置是波动的，因此，本书在界定广东省地理信

息产业链上、中、下游时主要依据从业单位的资质认定和核准的经营范围，特别是其主营业务和最具代表性的产品。实际上，有些企业的业务基本涉足了地理信息产业的上、中、下游全产业链。

这些代表性企业基本上都取得了甲级测绘资质、ISO 9001 质量管理体系认证、“高新技术企业”、“创新型试点企业”、“科技小巨人企业”、“知识产权优势企业”、“守合同重信用企业”、“诚信示范企业”等资质与荣誉。

软件类企业还有系统集成资质、CMMI 认证、信息安全管理体系认证、知识产权管理体系认证等。

工程类企业基本上都有 CMA（中国计量认证）资质、工程勘察专业类资质、安全生产许可证、ISO 14001 环境管理体系认证、OHSMS18001 职业健康安全管理体系认证、工程咨询资质等资质，承担业务主要包括工程勘察综合、地基基础工程专业承包、危险性评估、工程勘察劳务类（工程钻探、凿井）、市政公用工程施工总承包、市政设计、全过程工程咨询、工程监测与检测等。只有具备测绘资质及所需的专业资质，地理信息从业单位才能在激烈的市场竞争中获得拓展业务市场、承担更多项目的资格。

此外，有些从业单位为了自身的发展，还取得了一些行业部门的资质认证，如“国家规划布局内重点软件企业”，广东省建设行业资质证书（城乡规划编制），土地规划资质，地质灾害防治施工、勘查、设计资质，地下管线探测作业证书，排水管道非开挖修复作业证书，排水管道检测与评估作业证书等，承担更多行业的业务。

一、产业链上游

广东省地理信息产业链上游主要是数据获取及与数据获取相关的高端装备制造。数据获取是地理信息产业的基础，高端装备是获取数据的基本保障。

数据获取的手段很多，主要包括对原始纸质图形文件、表格的矢量化；使用各种数字化的测量仪器，测绘地形图数据；通过不同的遥感（卫星、航空摄影测量、无人机摄影测量等）平台获取遥感数据；其他数据采集方式。

广东省从事基础地理信息测绘、卫星遥感、航空摄影测量等数据获取业务的主体是与测绘、地理信息及遥感相关的企事业单位及部分民营企业。随着无人系统技术的迅速发展，一些中小型民营企业也涉足了数据获取业务，而涉及高端设备制造的企业屈指可数。处于广东省地理信息产业链上游的代表性企业主要有以下几家。

广州南方测绘科技股份有限公司（简称“南方测绘”），是一家集研发、制造、销售和技术服务于一体的测绘地理信息产业集团，是广东省的标杆企业，是中国地理信息产业的领军企业。南方测绘的业务范围涵盖测绘装备、卫星导航定位、无人机航测、激光雷达测量系统、精密测量系统、海洋测量系统、精密监测及精准位置服务、数据工程、地理信息软件系统及智慧城市应用等。南方测绘制造的一系列国产化、拥有自主知识产权的高端仪器设备主要有测距仪、电子经纬仪、全站仪、GNSS 等，形成了测绘仪器、测绘软件及 GNSS 三大业务板块。其中，电子经纬仪、全站仪及银河系列、创享系列 GNSS 测量系统产销量均位居世界第一，北斗地基增强系统建站数全国第一，测绘成图软件市场占有率超过 90%，成为中国电子测绘仪器的开创者与领导者，跻身世界同行四强。在我国珠峰高程测量中，由南方测绘联合中国电子科技集团公司第二十二研究所定制开发的“高原冰雪探测雷达系统”及南方测绘常州附件工厂定制生产的觇标，成为国产自主研发及制造的、珠峰高程测量不可或缺的设备。测量觇标，使用 GNSS 接收机，通过北斗卫星进行高精度定位测量，使用雪深雷达探测仪探测了峰顶雪深，并使用重力仪进行重力测量。

广州中海达卫星导航技术股份有限公司（简称“中海达”），是国内测绘地理信息技术装备领域的上市企业，是专业从事 GNSS 研发、生产、销售的高新技术产业集团公司，是国产卫星导航接收机的先行者，在国内持续多年开创行业前沿技术，是广东省科学技术厅批复成立的广东省卫星导航与位置服务产业技术创新联盟的秘书处单位。中海达深耕北斗卫星导航产业，以卫星导航技术为基础，融合声呐、光电、激光雷达、UWB 超宽带和惯导等多种技术，已形成“海陆空天、室内外”全方位的精准定位产品布局，可提供装备、软件、数据及运营服务等应用解决方案。VNet8 是目前市场上真正支持北斗高精度的参考站专用接收机，可广泛应用于国土、自动驾驶、移动通信、监测、电力等领域，曾助力川藏高原 500 kV 高压输电线路塔杆监测项目，并成功入选珠峰测量装备清单。中海达为了满足珠峰高程测量的需求，专门成立了珠峰装备保障项目小组，从装备的专业性、稳定度、与高海拔极端环境的适配度等方面进行层层测试、不断改进。在珠峰高程测量过程中，选派技术工程师亲赴现场，全程跟进装备培训，处理测量过程中的技术问题，全力保障珠峰高程测量。

广州市红鹏直升机遥感科技有限公司（简称“红鹏”），是一家专业从事基于无人机遥感探测的产品生产及技术服务的高科技企业，是全国倾斜摄影技术联盟的主要发起单位。红鹏主攻倾斜摄影测量技术，主要产品有高精度倾斜摄影相机（机载光学成像吊舱）、专业级旋翼无人机、旋翼无人机测图系统等，在获取建筑物、树木等地理实体的纹理细节方面丰富了影像数据源信息；高冗余度的航摄影像重叠，为高精度的影像匹配提供了条件，使基于计算机实现自动三维实体重建成为可能。无人机倾斜摄影测量已经成为未来航空摄影测量的重要手段和国家航空遥感监测体系的重要补充，广泛应用在公安、应急、测绘和环保等领域。红鹏曾多次参加鲁甸地震、天津港爆炸、深圳滑坡、金沙江滑坡和雅鲁藏布江滑坡等国内重大灾害的应急救援，为应急救援工作提供了先进的技术产品与技术保障。

2015 年，红鹏的无人机倾斜摄影系统作为唯一指定产品参加了第 32 次南极科考，执行任务的“冰川号”红鹏倾斜摄影无人机系统，共执行了 8 个架次飞行，利用获取的南极长城站站区周边 5000 余张厘米级高分辨率航空影像，制作了首张南极科考站区三维实景地图。2016 年，在第 33 次南极科考中，黑龙江测绘地理信息局的科考队员使用了红鹏自主研发生产的“微型无人机倾斜摄影系统”，在南极开展科考测绘及中国科技第 5 站选址工作。由于南极中山站的地理位置特殊，在此次南极科考中执行倾斜摄影任务的“阳光号”六旋翼倾斜摄影无人机进行了电池低温工作持续时间、负重滞空时间、短线/长线飞行姿态、磁力线影响测试、航线飞行速度影响与姿态、沿磁力线高空全负重飞行等十几项测试内容。克服了天气恶劣及空域复杂等多种不利因素，圆满完成中山站区域倾斜摄影飞行。此次科考拍摄区域约 0.5 km^2，获取数据约 10 GB，为中山站建立高清三维建模实景地图奠定了殷实的基础。在后续的工作中，“阳光号”对南极拉斯曼丘陵其他区域继续进行倾斜摄影航拍。

珠海欧比特宇航科技股份有限公司（简称“欧比特”），是我国宇航 SPARC V8 处理器 SOC 的标杆企业、立体封装 SIP 宇航微系统的开拓者、商业遥感卫星星座运营及卫星大数据应用领航者，是广东省科学技术厅批复成立的广东省国产卫星产业技术创新联盟理事长单位，中国测绘学会大数据与人工智能工作委员会的挂靠单位，是首家登陆中国创业板的集成电路（intergrated circuit，IC）设计公司。欧比特推崇“芯科技、兴中国；小卫星、大数据”的发展理念，主要从事宇航电子、微纳卫星星座、卫星大数据及人工智能技术的研制与相关设备的生产，服务于航空航天、地理信息、国土资源、农林牧渔、环境保护、交通运输、现代金融和个人消费等行业和领域。欧比特建设的“珠海一号”卫星星座分两期实施：第一期制造发射 14 颗卫星，建设 4 个地面接收站、1 个卫星大数据中心、1 个卫星大数据产业孵化园区；第二期制造发射 20 颗卫星，建设 4 个地面接收站和 1 个卫星大数据产业孵化园区。“珠海一号”卫星星座建成后，其空间段星座具备每天对特定目标不低于 8 次的重访能力，0.9 m 分辨率的视频卫星具备视频凝视和图像推扫能力，其多颗 150 km 幅宽的高光谱卫星将具备每 2 天左右完成对全球观测一遍的能力；地面段卫星大数据接收、存储、处理、分发能力将达到每年 7000 TB。截至 2021 年年中，“珠海一号”卫星星座已经发射了 12 颗卫星（4 颗视频卫星、8 颗高光谱卫星），在轨运行正常；其中 8 颗高光谱卫星成为国际领先的高光谱卫星星座，具备 2.5 天对全球扫描一遍的能力；在漠河、珠海、青岛、石河子四地已经建成了 4 个地面接收站，7 副卫星接收天线；在珠海建成了卫星大数据中心；至此，欧比特已具备卫星运控、数据接收、处理、存储、分发等能力。

广州海格通信集团股份有限公司（简称“海格通信”），是国家创新型企业，自 2003 年起连续入选中国软件业务收入前百家企业，A 股上市企业。海格通信是全频段覆盖的无线通信与全产业链布局的北斗导航装备研制企业、电子信息系统解决方案提供商，主要业务覆盖无线通信、北斗导航、航空航天、软件与信息服务四大领域。海格通信拥有北斗导航核心技术、全产业链研发与服务能力，拥有自主研发的国内领先的高精度、高动态、抗干扰等关键技术自主知识产权，在国家重点投入研制的北斗卫星导航系统中取得了系列用户机的研制资格，开发了北斗卫星导航系统高动态、抗干扰、高精度、双模型用户机。海格通信突破“北斗三号”核心技术，包括首发面向“北斗三号”应用的“卫星导航高精度射频+基带全芯片”解决方案，可为测量测绘、智能化无人系统、应急救援和高精度授时及智慧城市等应用提供自主可控的核心产品。随着我国“北斗三号”全球卫星导航系统组网完成，北斗应用将不断拓展，行业市场前景广阔，海格通信以“北斗+5G”加大布局北斗导航、卫星互联网、智能化无人系统等业务领域，进一步提升行业应用和大众应用的市场竞争力。

深圳市凯立德科技股份有限公司（简称“凯立德”），是中国领先的电子地图、导航系统和车载智能终端产品及服务提供商，提供专业化、高品质的地理信息产品和服务。面向移动互联网，凯立德为驾驶者提供消费电子产品、移动互联网及车联网服务、大数据及云服务。凯立德的主营业务分为软件、硬件、数据、服务四大块，专注车载导航技术，以满足车主需求为研发核心。

广东瑞图万方科技股份有限公司（简称“瑞图万方”），是集无人机及智能硬件装备、地图信息平台、车载导航地图与软件于一体的国家高新技术企业，2013年与百度建立了战略和资本合作关系，百度成为瑞图万方的股东之一，并持续为瑞图万方提供最新的导航电子地图及相关技术产品支持。由瑞图万方旗下的北京长地万方科技有限公司实地采集和制作的“道道通”全国连片式导航电子地图，在数据模型和定义上采用了国际、国内相关标准，数据按地理信息系统的方式，分图层组织空间数据和属性数据，实现了向多种商用地理信息系统格式和专业应用系统格式的转换输出，应用前景广阔。

深圳市勘察测绘院（集团）有限公司（简称“深勘院”），是主要从事工程勘察、测绘地理信息、岩土工程设计咨询、地质灾害保护和防治、工程检测与监测、地基与基础施工、文化遗产保护、土地和城乡规划编制、城乡防震减灾，以及海洋资源保护开发、勘察及施工图审查等工作，集生产、服务、科研于一体的综合性现代化企业。业务范围涵盖了城市规划、测绘地理信息、建筑设计、市政与景观、岩土工程、工程管理与咨询六大领域，扩展到全国二十几个省份和地区。

广州市城市规划勘测设计研究院（简称“广勘院”），是华南地区历史最悠久、规模最大、专业最齐全、综合实力全国领先的规划勘测设计高新技术单位，主要有规划、测量、勘察和设计四大专业。测量专业主要负责广州市首级平面和高程控制网的建设和维护、广州市城市基础测绘、广州市建设工程测量、广州市基础地理信息系统的建设和维护，参与多项广州市城市重点工程建设，积累了丰富的城市地理信息资源和翔实的测绘资料，为广州市城市规划建设和社会经济发展提供了基础测绘和地理信息保障。广勘院全力打造“信息测绘”，在满足城市规划建设管理的基础上，改变传统的测绘观念，拓展测绘专业内涵和外延，努力构建集城市地理空间框架数据、社会经济、人文地理信息于一体的“数字城市”综合地理信息体系；致力于发展3S技术应用，提高测绘专业科技水平，应用现代测绘先进科技手段，加大高新设备投入，发展现代测绘技术和与市场需求相适应的测绘信息产品。

广州建通测绘地理信息技术股份有限公司（简称“建通”），是专业从事高精度空间地理信息数据采集、处理及应用系统开发的测绘高新技术企业。建通拥有多套机载LiDAR系统和多波束测深系统，涵盖数据采集、数据处理、GIS系统开发、数据服务与应用等，可快速提供多种比例尺、不同精度的DSM（数字表面模型）、DEM（数字高程模型）、DOM（数字正射影像）、DLG（数字线划图）和3DM（三维模型），以及激光雷达测图软件xLMS、激光点云分类软件xLiDAR，高尔夫助手软件xGolf等地理信息数据成果与应用服务。建通的激光雷达技术成果具备高程精度高、生产工期短、能穿透植被等多项优势，为国土、规划、农业、公路、电力、水利、林业、海洋、考古等行业提供完整的解决方案。

二、产业链中游

广东省地理信息产业链中游主要包括数据处理和软件研发。地理信息产业的数据处理主要包括数据加工、数据产品制作、数据库建设、地图产品编制出版及提供其他增值产品等。广东省从事地理信息数据处理和数据产品制作的单位较多，从事地理信息应用软件平台的单位较少。软件研发是对用户的需求进行调查与功能分析并进行技术研究与系统分析设计、编码、测试、维护等，其核心竞争活动为技术研究、系统设计、产品开发和技术服务。企业对软件研发从业人员的技术学识有一定的要求。处于广东省地理信息产业链中游的代表性企业有以下几家。

广东南方数码科技股份有限公司（简称“南方数码”），是一家集数据、软件、服务于一体的中国领先的地理信息产业服务商，面向数字城市、智慧城市，以数据为基础，以基础测绘、房产、国土、市政、规划等为核心发展的地理信息产业。南方数码研发的南方地形地籍成图与建库软件拥有全国90%的市场份额；iData数据工厂实现一个平台、一套数据、一体化生产；iDataMobile南方地理国情普查外业调绘核查系统实现内外业一体化、跨平台一体化、生产质检一体化、采编入库一体化；房测之友成为房地产测绘产业通过权威机构评测的专业软件，市场占有率较高；南方房地产市场信息系统通过住建部测评，已在全国取得应用；CMS 成为国土资源部推荐使用的城镇建库软件；南方国土资源“一张图”及综合监管平台贯穿土地监测生命全周期。这些技术和产品已得到广泛应用。

广州城市信息研究所有限公司（简称“城信所”），是国内优秀的智慧城市解决方案及 GIS 应用服务提供商，创造了多个第一，例如第一个城市规划计算机辅助设计（computer-aided design，CAD）软件、第一个中小城镇城市管理信息系统、第一个综合地下管线信息系统、第一个规划电子报批系统、第一个城市空间数据建库管理系统、第一个国土产权产籍管理系统、第一个政务地理空间信息资源共享服务平台、第一个交通地理信息共享平台等。城信所在规划、国土、测绘等行业深耕多年，致力于将时空数据和各类业务数据汇聚、管理、融合、可视化、共享及应用；城信所在三大基础技术平台（基础业务平台、地图服务平台、大数据分析及可视化平台）和五大自主研发核心技术（DMap 二维地图引擎、NewBuilder 三维地图引擎、BPM 工作流引擎、地名地址匹配引擎、知识服务引擎）的基础上，构建了多个行业应用平台，例如规划一体化网上政务平台、国土空间信息平台、一张图综合监管与辅助决策平台、交通地理信息支撑平台、智慧城市时空大数据云平台等，为自然资源开发利用和保护监管提供从空间规划、自然资源确权登记、数据共享交换到一体化业务管理平台的整体解决方案；为智慧城市建设提供“时空信息云平台”及规划、建设、国土、管线、环保、交通等行业深度应用解决方案；为数字政府“互联网+政务服务”提供有力支撑。

奥格科技股份有限公司（简称“奥格”），是致力于智慧水务、智慧规划及智慧市政（城建）三大行业的高新技术企业，提供智慧城市基础设施的规划设计、咨询、勘测、软硬件生产、养护、定制开发与集成服务。奥格研发的主要产品有奥格工程建设项目联合审批系统（ACPIS）、奥格工程建设项目业务协同系统（ASI HURD）、奥格政务时空信息云平台（AgCloud）、奥格城市信息模型（CIM）软件（AgCIM）、奥格智慧排水信息系统（AWater iDrain）、奥格多规合一信息平台（APlan MPI）、奥格空间智能分析与情景模拟软件（AISim）、规划电子报批软件（APlan DPA）、奥格智慧市政综合监管平台（ASI MIS）等。奥格研发的产品在智慧城市、数字城市、智慧水务、市政建设、国土规划等行业得到了广泛应用。

航天精一（广东）信息科技有限公司（简称“航天精一”），是一家专业从事 3S 集成与服务的高新技术企业，主要从事测绘服务、信息系统集成服务、数据处理和存储服务、计算机技术开发、网络技术研究与工程服务、信息技术咨询服务、地理信息加工处理、安全技术防范系统设计、施工及维修、三维建模与虚拟现实、地理信息制作与建库、专题信息采集与建库、空间信息共享与服务、空间信息咨询与评价、测绘工程与遥感应用、软件开发与系统集成、航空摄影与影像销售等。航天精一于 2017 年 6 月被北京航天长峰股份有限公司以 51%股权收购，专注于安防 GIS，主要服务于公共安全（公安、武警、边海防）、安监、疾控等相关行业。

三、产业链下游

广东省地理信息产业链下游主要包括地理信息工程应用及服务，广泛应用于自然资源、生态环境、城市规划和建设、房地产、交通、农业、电力与通信、林业、海洋、公安、紧急救援、经济、统计、军事等多个领域和行业内的企业以及社会大众。

地理信息应用服务还包括数据产品销售、GIS 技术培训与咨询及其他地理信息增值服务等。广东省涉及产业链下游业务的从业单位最多，具有代表性的企业有以下几家。

广东绘宇智能勘测科技有限公司（简称“绘宇智能”），是一家专业从事管网服务、测绘服务、遥感服务、数据服务、信息服务、监理服务和规划设计的高科技企业，2016 年，被欧比特收购，成为其全资子公司。绘宇智能是国内领先的“智慧城市”地理信息一体化服务提供商，具有丰富的开发经验，研发了空间规划信息管理平台、“绿水青山一张图”平台、城市设计三维规划平台、智慧管网管理平台、地下综合管廊运维管理平台、智慧水务平台、智慧城管系统、市政综合监管平台、配电房智能运维系统、规划编制信息管理平台、农村土地承包经营权登记管理信息平台、地籍调查管理和监理检查信息平台、城市规划电子报批系统等，具有自主知识产权的软件产品 100 多项，涉足自然资源、住建、规划、农业、水利、环保、海洋、电力、民政和气象等行业和领域。

广东友元国土信息工程有限公司（简称“友元”），是从事自然资源规划管理与空间信息技术应用的国家高新技术企业，是广东省科学技术厅批复成立的广东测绘地理信息产业技术创新联盟的秘书处单位。友元主营业务为自然资源监测与评价、国土空间规划、生态环境保护与修复、测绘工程与数据生产、智慧国土与智慧农业等技术和咨询服务，业务覆盖广东、青海、广西、湖南、江西、四川、重庆、福建、海南等地，先后在以上区域承担多个市县的耕地质量定级与农用地估价试点、耕地质量等别监测评价汇总、耕地质量等级成果年度变更等土地调查评价类项目；土地利用总体规划、土地整治规划、高标准基本农田建设项目等土地规划设计类项目；数据建库和测绘工程等测绘类项目；国土资源、农业农村、林业园林等信息化类项目等。

广州市天驰测绘技术有限公司（简称“天驰”），是专为管线工程服务的科技公司，业务涵盖地球物理勘探、测绘地理信息、岩土工程、给排水探测检测、排水管道清淤及非开挖修复、电力工程、燃气工程、通信工程、工程管理、系统建设等。天驰研发了地下管线信息管理系统、工程基础数据管理系统、排水管道信息处理系统、管道电子标识管理系统、工程项目管理系统、高速公路风险源信息管控系统、土地调查与房产测绘管理系统等；研发的“天驰作业模式”和“天驰作业流程”、管线高精度探测技术和超深管线验证技术，获得了国家多项自主知识产权，在市政、水务、通信、能源等行业中得到了广泛应用。

广东蓝图信息技术有限公司（简称“蓝图”），专注于海洋与渔业领域的软件开发、系统集成、数据采集加工、海域使用论证、规划编制等相关业务，客户覆盖国家海洋局及分局、沿海省、市、县等近百家海洋与渔业政府和事业单位，参与多项海洋行业国家标准制定，累计获得 10 余项省部级 GIS 相关科技和工程奖项。2016 年，由北京海兰信数据科技股份有限公司以实际控股 65%的方式完成了并购，蓝图成为海兰信集团控股子公司。蓝图在综合管控、海域管理、监视监测、环境保护、防灾减灾、执法监察、海岛管理、应急指挥、经济规划、海洋科技、渔业管理等细分领域拥有较完善的解决方案和较多的成熟项目案例，其中，海岛动态监视监测在国内拥有较高的市场占有率。蓝图参与国家及部分省市的智慧海洋规划与建设，以感知设备、海洋观监测管理信息系统、集成共享系统为切入点，打造海洋大数据平台，深度挖掘动态海洋信息服务应用，提供基于卫星遥感、无人机遥感、海洋观监测等的定制化海洋数据服务。

广州都市圈网络科技有限公司（简称“都市圈”），是国内领先的时空大数据（多源三维数据、行业专题数据）服务提供商，2013 年，中海达收购都市圈部分股权并对其增资，都市圈成为中海达旗下子公司。都市圈依托中海达先进测绘装备全产业链优势，以“智慧城市”、大数据和测绘地理信息为基础，以大数据分析为手段，以创新应用价值为目标，为智慧城市建设提供“绘城市、定蓝图、精治理、智决策、悦生活”五个方面的软件产品、解决方案与技术服务。都市圈已经成为华为技术有限公司认证解决方案的合作伙伴，双方在时空云平台、社会治理、综合信息可视化平台等领域展开深度合作，为更多企业用户提供相关解决方案。目前，都市圈已上架华为 Marketplace 的行业解决方案、华为政务云与都市圈城市时空信息与云平台解决方案、网格化智慧治理平台解决方案、华为政务云与都市圈智慧城市综合信息可视化平台解决方案等。

深圳市腾讯计算机系统有限公司（简称“腾讯”），于 2004 年在香港联合交易所主板上市，2013 年成立专门部门进行导航与位置服务及高精度地图研发。2014 年以来，收购了拥有甲级导航测绘资质的科菱航睿空间信息技术有限公司、投资了高精度地图服务商四维图新，为腾讯提供高精度定位导航服务。之后，腾讯依托四维图新收购合肥杰发科技有限公司，实现了车载芯片领域的业务布局。2016 年，腾讯成立腾讯自动驾驶实验室，实验室在 360°环视、高精度地图、点云信息处理与融合定位等前沿领域都做了尝试和探索。在 2017 腾讯全球合作伙伴大会上，腾讯宣布推出车联“AI in Car”系统，基于安全、内容、社交、大数据、AI 等腾讯自有技术优势，为合作伙伴提供生态能力引入、定制化解决方案。腾讯具有电子地图服务甲级测绘资质，从事地理信息相关的产品开发与服务，包括腾讯地图与地理信息、地理信息系统工程、互联网地图服务、位置服务等基于地理信息的一系列服务，腾讯地图为用户提供矩形地图、街景地图、智能语音、卫星地图、室内景及微信引入等产品和服务。

第三节　广东省地理信息产业的创新链

一、技术优势方面

创新链是指围绕某一个创新的核心主体，以满足市场需求为导向，通过知识创新活动将相关的创新参与主体连接起来，以实现知识的经济化过程与创新系统优化目标的功能链节结构模式。创新链由要素整合、研发创造、商品化、社会效用化四个环节组成。

技术创新是以创造新技术为目的或以科学技术知识及其创造的资源为基础的创新。技术创新是企业竞争优势的重要来源，是企业可持续发展的重要保障。技术创新既要在生产技术、新技术研发、推广应用上创新，也要在产品上创新。科学是技术之源，技术是产业之源，地理信息产业的创新建立在技术创新的基础之上。

广东省地理信息产业技术水平居同行前列，在全国率先建成了基础地理信息数据库、省级信息化测绘体系、基础地理空间信息服务平台，并建立了基础测绘的信息化数据获取与更新、成果管理、服务保障和基础设施建设机制，实现测绘技术自动化、测绘成果数字化、测绘服务网络化。广东省多家地理信息公司拥有多项自主研发的高科技产品，并获得全国相关产业的好评；具有丰富的地理信息系统开发经验和拥有自主知识产权的 GIS 应用平台，例如城市地下综合管线平台、城市规划信息管理平台、规划三维辅助决策分析系统、城市规划电子报批系统、不动产管理平台、可视化监管平台、通信网络资源管理系统、无人机三维地理信息系统、气象淹没分析系统等。

2012 年，北斗城市应用示范项目落户中山，该项目包含基于北斗导航技术的城市应急管理、城市综合执法管理、城市智能交通管理和人身安全保障服务四大信息系统，以及一个北斗应用系统公共开发平台。该项目的实施，完善了广东省卫星导航应用产业链，促进北斗产业的进一步发展。2015 年 12 月，中国首个具有完全自主知识产权的北斗精准导航和精密定位服务系统，在广东完成连续运行卫星定位导航服务系统 88 个基准站及其运行控制中心的北斗升级改造工程，向广东用户提供高精度北斗定位导航在线服务。

“多规合一”是指将国民经济和社会发展规划、城乡规划、土地利用规划、生态环境保护规划等多个规划融合到一个区域内，实现一个市县一本规划、一张蓝图，解决现有各类规划自成体系、内容冲突、缺乏衔接等问题。广东省是较早开展“多规合一”的省份，多家从业单位参与了“多规合一”项目实施，从试点到推广，掌握了多项新技术，积累了丰富经验，取得了多项科技成果。2014 年 8 月，全国开展市县“多规合一”试点工作之后，中央全面深化改革领导小组进一步部署，开展省级空间规划试点。广勘院在广州市、厦门市“三规合一”工作的基础上，结合佛山市南海区、榆林市、湖州德清县、临湘市等地“多规合一”的试点工作经验，承担了宁夏回族自治区的“多规合一”项目。宁夏回族自治区是中国第一个以省级行政区为单位开展“多规合一”工作的地区，广勘院针对宁夏回族自治区现有的规划管理问题，以主体功能区规划为基础，以战略规划为引领，以“四上四下”为路径，以信息联动平台为支撑，以控制线体系为抓手，全区统筹，实现了宁夏回族自治区的“多规合一”，为宁夏回族自治区政府向中央全面深化改革领导小组申请“全国空间规划（多规合一）省级试点”奠定了良好的基础。

2014 年，广州市规划局（现广州市规划和自然资源局）启动了开发地铁沿线地下空间的专题研究，在广州 14 个地块开发地下空间，总面积 553 万 m^2，相当于 10 个珠江新城的地下空间面积。目前，广州地下空间开发主要集中在人流密集、商业氛围浓厚的城市中心区，规划中的地下空间，主要位于环城高速以外的区域，利用 LiDAR 技术，基于机载 LiDAR 点云与影像技术等，提供了一套快速获取空间信息的实施方案。

广东省地理信息产业的技术创新以企业为主体，企业利用创新平台，如国家级和省级工程技术研究中心、工程实验室、重点实验室、博士后工作站等，承担国家级和省级重大科技专项，取得多项成果，包括地理信息类专利、地理信息类计算机软件著作权登记等。

在历年的地理信息科技进步奖和中国地理信息产业优秀工程中，第一完成单位为企业的居多，企业与企业、企业与高校、企业与科研院所等产学研协同创新项目居多，应用开发类项目居多。这说明地理信息产业的科技创新与经济发展紧密相关，科技成果转化步伐不断加快，科技已成为推动产业快速发展的强劲动力。表 5.1 是 2011～2019 年中国测绘学会、中国地理信息产业协会、中国卫星导航定位协会和广东省科技厅公布的广东省地理信息企业获奖情况：获得测绘科技进步奖特等奖 2 项、一等奖 13 项、二等奖 41 项、三等奖 25 项；获得地理信息科技进步奖特等奖 1 项、一等奖 24 项、二等奖 113 项、三等奖 55 项；获得卫星导航定位科学技术奖 • 科技进步奖特等奖 1 项、一等奖 11 项、二等奖 36 项、三等奖 10 项；获得广东省科学技术奖一等奖 14 项、二等奖 29 项、三等奖 64 项。

表 5.1　2011～2019 年广东省地理信息企业获奖情况　（单位：项）

奖项名称	特等奖	一等奖	二等奖	三等奖
测绘科技进步奖	2	13	41	25
地理信息科技进步奖	1	24	113	55
卫星导航定位科学技术奖·科技进步奖	1	11	36	10
广东省科学技术奖	—	14	29	64

高层次创新团队日趋年轻化，高职称人才和高学历人才向企业流动越来越多，成为企业科技创新的主力军。下面以具有代表性的设备研制企业及“海上、陆地、空中、地下”地理信息企业的技术优势为例。

2019 年，南方测绘组织全国高等学校大学生参与测绘技能大赛，“南方测绘杯”测绘技能大赛分为“虚拟仿真数字测图”和“测绘程序设计”。总经理马超入选国家“万人计划”科技创业领军人才、荣膺首届“全国十大测绘科技创新人物”。南方测绘建立了工作站、成立了南方北斗应用研究院，主要研究方向包括：北斗 CORS 基站算法，行业应用、大众应用的北斗高精度多传感器融合算法，室内外一体化高精度导航定位，5G 条件下北斗高精度应用，北斗在无人驾驶中的应用，机器人定位等。南方测绘以“互联网+空间信息”为核心，海量二三维空间信息为基础，结合物联网、大数据、人工智能、虚拟现实等前沿技术，构建自身的技术、产品体系，聚焦时空信息在多行业中的深度应用，致力于推动时空价值的广泛实现，已形成以研发、市场、行业三大中心为核心的组织架构，研发人员占比超过 70%。南方测绘的“大地理信息”战略主要方向包括：无人机航测、三维激光、监测项目、室内定位导航、数据工程、一般航测 6 方面，其中，南方天巡 MF2500 复合翼无人机产品得到专家的高度评价，整体达到国际先进水平；南方无人机航测项目实施面积已超过 60 000 km^2；南方激光可提供各比例尺测绘 4D 产品的解决方案，累计实施项目超过 300 个；中国第一款相位式超长测程全站仪 NTS-382R15/20，实现免棱镜测距 2000 m，创造了国产全站仪新高度。

2020 年，南方测绘与中国电子科技集团公司第二十二研究所定制开发的高原冰雪探测雷达系统和南方测绘定制研发的觇标成为了 2020 珠峰高程测量不可或缺的主力设备；在高端智能设备的研发和生产上取得突破，智能全站仪、5G 创享 RTK 设备、地面三维激光扫描仪 SD-1500、机器人全站仪、智航无人机航测系统、位移栈专业型一体化监测系统、VLX 穿戴式室内定位导航装备等陆续推出；基于打造全空间三维城市底座的发展理念，研发了基于施竣工 CAD 图纸的建筑物建模、激光点云智能建模、地质结构建模、地下管网管廊三维建模等相关三维建模产品，实现全空间一体化三维建模能力的跨越提升，高保真、高效率、智能化建模水平业内领先；持续进行自主平台及系列产品研发，打造全空间三维地理信息平台 SmartGIS；研发了面向新型基础测绘、国土空间规划、CIM 等方向的多款特色产品，平台及系列产品国产自主可控，获得多项专利。

南方测绘还获得了教育部颁发的 2 项“1+X”职业技能等级证书，分别为“测绘地理信息数据获取与处理”和“测绘地理信息智能应用”，为测绘地理信息教育、行业教育做贡献。

中海达被评为国家知识产权优势企业，其研发人员在 2020 年达到 1543 人，占员工总数 54.68%；截至 2020 年底，获得知识产权 1353 项，其中，授权专利 424 项、软件著作权 785 项、商标 144 项。其中，RTK 设备全部核心部件实现国产化，替代进口产品；攻克三维激光核心技术，打破进口设备垄断；突破无人机飞控技术，机载定位精度达到厘米级；突破海洋声呐关键技术，改写海洋探测装备格局；突破超宽带定位技术，室内定位精度达到厘米级；“全球精度”系统 Hi-RTP 发布，定位精度将实现全球范围 4 cm，重点区域 2 cm；研发北斗高精度射频芯片“恒星一号”，自主技术，打破国外垄断和制约。中海达相继建立了广东省中海达卫星定位与空间智能感知院士工作站、广东省卫星导航（中海达）工程技术研究中心和省重点实验室和博士后工作站等。中海达还将构建时空大数据生态链，不断巩固北斗+精准位置应用解决方案。

2019 年中海达的技术创新成果累累，例如：“高精度位置服务协作网项目联合研究中心”筹建，首个“科技减灾”项目落地柬埔寨。以此为契机，依托国际机构的合作纽带，持续在“一带一路”沿线国家推动相关基础设施项目，为“一带一路”沿线国家提供更多的北斗技术服务。中海达围绕车载定位导航模块、地基/星基一体化增强系统、全频段 GNSS 接收天线和高精度地图数据四个方向，提出了自动驾驶领域的解决方案。在第十届中国卫星导航学术年会展会现场宣布“全球精度”系统 Hi-RTP 行业合作正式启动，从 2019 年 5 月 1 日起，“全球精度”系统 Hi-RTP 的 L 波段通信卫星正式开始租用。中海达的高精度卫星导航测绘装备及自主研发的核心部件、“海陆空天、室内外”全方位覆盖的全产业链发展、深化北斗系统的服务等备受关注。

2020 年，中海达航测装备与北斗接收机成功助力南极科考和珠峰高程测量。南极科考方面，中海达系列产品 iFly D1 电动无人机、Qpad X8、Qmini A7 北斗高精度移动平台、iCam Q5mini 倾斜载荷跟随南极科考队参与我国第 36 次南极考察首次“双龙探极”；珠峰高程测量方面，中海达提供包括 8 套北斗接收机 VNet8 在内的装备物资，全程助力珠峰高程测量登山队成功登上珠峰峰顶，完成珠峰高程测量任务，让世界见证了国产测绘装备的硬实力和高水平。

2020 年，中海达的自动驾驶车载高精度定位技术与业务实现了重要突破。按照车规标准设计部署的高精度组合定位技术方案实现了星基与地基增强技术融合在车端的应用，同时，中海达导航系统天线和定位模块的设计和生产已通过 IATF 16949 车规标准认证，并率先与多家汽车制造企业、汽车零部件供应商及自动驾驶方案商就智能驾驶量产车型车载高精度项目进行合作，开始定点小批量出货，逐步实现产业化推广。

2020 年，在产品研发方面，中海达推出了自主研制的国产智喙系列 PM-1500 机载激光测量系统，并顺利完成首台交付。该系统是一款高点频、高线频、高效率的国产化机载激光雷达，可满足中低空高精度高效率测绘的需求。自主研发 iFLow 系列声学多普勒流速剖面仪、iBoat BS 系列智能无人测量船、iSide 系列侧扫声呐、iBeam 系列浅水多波束测深系统、HD 系列超声波测深仪五大系列产品，成功入选水利部发布的《水文测报新技术装备推广目录》。

欧比特在国家提倡“民营企业参与国家空间基础设施建设”战略的指引下，积极参与国家空间基础设施建设，针对航空航天、地理信息、智慧城市等领域对高时空分辨率卫星大数据的迫切需求，建设“珠海一号”卫星星座，实施产业创新升级。“珠海一号”卫星星座建设项目得到了国家相关部委和省委、省政府的高度重视和大力支持，被广东省发改委列为 2016 年重点推进项目，被国家发改委列为 2016 年第三批专项建设基金投资项目，被国家航天局纳入试点推荐项目。卫星研制及发射组网是一个巨大的系统工程，需要充分论证，缜密设计，需要整合全产业链专业团队的合作。为此，欧比特成立了由 6 名院士及 12 名行业专家组成的专家技术委员会，指导“卫星空间信息平台”工程的建设。目前，“珠海一号”高光谱卫星是全球领先的商业遥感卫星。欧比特面向计算量大、前端分析算法日趋复杂、边缘计算低功耗要求等新一代 AI 处理系统应用，积极开展 YULONG410、YULONG810 两代多核异构 AI 芯片的研制、测试验证及应用开发等系列工作。其中，YULONG810 芯片主要由 4 个主控处理器（CPU-SPARC V8）核、8 个图像处理单元（GPU）核和 8 个神经网络加速器（NNA）核组成，片内通过 AXI 总线实现各模块的互联互通，片上集成 H264/H265、JPEC2000 等片上外设。多核异构 AI 芯片配备功能强大的神经网络加速器（NNA），支持市场主流平台，在 1 GHz 主频条件下可以达到 12TOPS（12 000 000MOPS）的定点运算算力，对前端 AI 系统实现实时高效的人工智能信息处理意义重大。在 AI 算法及深度学习应用领域，欧比特充分发挥其人工智能技术研究院的研发实力，广泛展开产学研合作，在卫星大数据快速处理、人脸识别与智能图像分析等技术方面独树一帜。欧比特“绿水青山一张图”项目基于“智慧珠海综合服务平台”及现有成果，结合遥感数据的采集、处理和服务，建成遥感监测数据产品服务体系，丰富“智慧珠海综合服务平台”的数据服务和服务内容，在自然资源、生态环境、海洋监测、交通管理、环境保护等领域有着广泛应用，面向政府各业务部门提供遥感监测产品服务。欧比特自主研发的海鸥 G3 固定翼无人机和海鸥 D6 六旋翼无人机，可搭载单镜头传感器、多镜头传感器及激光扫描雷达等高精尖航测设备获取空间信息，与测绘、地理信息、卫星遥感等数据共同构成空间大数据服务。欧比特目前已获得科技成果奖多项、自主知识产权 500 余项。2017 年，欧比特跻身泰伯智库全球空间信息上市企业全球 TOP100；2019 年，欧比特研制运营的“珠海一号”高光谱卫星建设及应用获地理信息科技进步奖一等奖和测绘科技进步奖一等奖。

欧比特的全资子公司广东铂亚信息技术有限公司专注于人脸识别、智能图像分析、智能交通、系统集成、智慧城市等技术的深度研发，与国内外领先企业同步推出前端智能能力的软件定义智能摄像头、高算力智能视频图像分析盒、3D 人脸识别面板等多款前沿产品，在行业内创造了多个第一，荣获广东省科技进步奖一等奖。其自研的监狱区域管控管理系统、视频图像身份分析系统、智慧机场解决方案，以及智慧城管综合解决方案、智能交通解决方案等广泛应用于公安、监狱、交通、机场等众多行业和场所。

欧比特的全资子公司绘宇智能成立了广东省多元规划与地下空间管理工程技术研究中心，并获得国家专利及授权 30 余项、软件著作权 80 余项、项目成果奖 30 余项、科技进步奖 10 余项等。绘宇智能积极培养和引进高级技术人才和管理人才，专业技术人员占 90%以上，研发空间规划信息管理平台、“绿水青山一张图”平台等自主知识产权的软件产品 100 多项。

技术创新是南方数码发展的动力，也是推动信息化事业发展和提升客户价值的保障。南方数码积极参与省、市、区各级组织的科技攻关项目，拥有完全自主知识产权的“南方政务 GIS 平台”“南方国土资源管理电子政务平台”“南方房产信息管理平台”等 20 多个软件产品通过“软件产品登记”和“软件著作权登记”，近 200 个政务 GIS 系统正在多个政府部门的信息中心稳定运行。

城信所连续多年入选中国地理信息产业百强企业，获科技部科技进步奖、建设部重点推广项目、地理信息科技进步奖、中国地理信息产业优秀工程金奖等国家重点奖项 100 余项，承建 1000 多个项目在全国各地稳定运行。城信所是国家认证“国家规划布局内重点软件企业”，广东省认定的“高新技术企业”“知识产权优势企业”“守合同重信用企业”“诚信示范企业”，广州市认定的“创新型试点企业”“科技小巨人企业”，具有甲级测绘资质、系统集成二级资质，通过 CMMI5 认证。城信所作为智慧城市领域的优秀企业，2017 年顺利成为华为解决方案伙伴，携手推出智慧城市“时空信息云平台”联合解决方案，合作建设智慧龙岗时空信息服务平台。2019 年通过华为鲲鹏技术认证，联合推出华为与城信所时空大数据平台联合方案。2020 年通过知识产权管理体系认证，结合自身优势，为宁波市建设疫情防控综合监管平台，为新冠疫情群防群治提供支撑。

截至 2020 年底，奥格连续多年入选中国地理信息产业百强企业、广东省自主创新示范企业、广州市创新型试点企业，具有甲级测绘资质、CMMI5 级、系统集成三级资质认证。拥有北京大学数字中国研究院智慧市政工程中心、广东省智慧水务（奥格）工程技术研究中心。依托自身技术、资质和人才基础，奥格成功参与国内数百个智慧城市实施建设信息化项目，并于 2017 年正式加入华为智慧城市生态圈，并成为阿里的战略合作伙伴。奥格持续专注智慧城市领域应用基础研究与技术应用创新，2018 年承担了国家重点研发计划“城镇公共安全立体化网络构建与应急响应示范”项目子课题“社会治安和公共卫生事件网格化侦察与应急支持”。奥格城市信息模型（CIM）解决方案在科研、实施和实验室建设方面都处于国内领先的地位，先后承担工信部 BIM 软件与 CIM 平台集成开发公共服务平台、广州市城市信息模型（CIM）平台建设试点、南京市城市信息模型（CIM）平台建设试点、北京大兴国际机场临空经济示范区（廊坊）城市信息模型（CIM）平台等建设任务。奥格已成为腾讯 WeCity 的重要生态合作伙伴，共同打造“数字孪生城市”。奥格城市信息模型（CIM）平台是以 Web3D 为核心引擎，有机融合 GIS、BIM、地理空间信息模型、大数据、物联网、智能感知、自动识别等技术而研发的具有中国特色的数字（智慧）城市信息模型软件。软件具有模型计算与案例推理、视频流数据读取与自动识别、影像数据地物提取、感知设备数据监测与自动预警、快速定制开发等功能，从“规”“设”“建”“管”四个维度满足住建、规划、水务等领域项目全生命周期的应用、行业专项定制开发乃至城市级应用，支撑智慧城市的建设。奥格累计承担国家火炬计划、科技型中小企业技术创新基金、广东省科技计划、广东省重大科技专项、广州市产学研协同创新、广州市创新创业领军服务人才等 10 多项国家、省、市级重点科技项目，研究成果申请专利和软件著作权多项、发表论文数篇。

红鹏积累了丰富的航空摄影测量服务经验，截至 2020 年 5 月，获得 108 项相关专利，其中发明专利 14 项，处于国内领先、国际先进水平。2010 年在国内率先研发了第一套轻型多镜头倾斜相机，使得国内倾斜相机第一次小于 20 kg，首次开创了轻型多角度倾斜摄影技术的先河，第一次让倾斜摄影技术摆脱了大型航测飞机，极大地降低了使用倾斜摄影技术的门槛和成本。

红鹏自主研发的系列倾斜摄影相机，包括大型、轻型和微型系列，分别适用于大型飞机、轻型飞机（动力三角翼）和无人机，大大降低了倾斜摄影的使用门槛，并开创了用户自行生产地理数据的先河。其中微型倾斜摄影相机是红鹏全球首创的产品，实现了多台测量级相机的统一控制、统一存储和统一供电，支持一键式拷出全部相机影像。相机间空间关系严格准确，多重防水抗摔保护，抗强电磁干扰，流线型密封式整流罩设计，可以在恶劣作业环境下正常工作。最小微型倾斜相机重量不超过 2 公斤，可轻松搭载电动多旋翼无人机进行倾斜摄影。

友元在土地利用规划管理、土地整治规划设计、耕地质量监测评价、“三旧”

改造数字监管等领域取得专利 3 项，计算机软件著作权登记 83 项，登记软件产品 12 项，高新产品 20 项；友元已获得科技成果奖 24 项，包括中国地理信息产业优秀工程金奖 1 项，地理信息科技进步奖一等奖 1 项、二等奖 9 项、三等奖 2 项、广东省科学技术奖二等奖 3 项，国土资源科学技术奖二等奖 1 项，测绘地理信息教学成果奖二等奖 1 项，广州市优秀测绘地理信息工程奖二等奖 1 项，等等。在科研合作方面，友元为国土、规划、农业、林业、市政等多个领域的政府机构相关业务提供技术支持，是华南农业大学、青海大学、中南林业科技大学、嘉应学院等高校土地利用工程、土地资源管理、地图学与地理信息系统、计算机科学与技术、农业信息化等学科的教学科研实践基地。友元充分整合政府机构的需求与应用优势、高校的人才与技术优势、团队与管理优势，构建了一个政产学研用协同服务与创新的有机整体，已在耕地质量监测评价、土地整治规划设计、土地利用规划管理等领域，取得了大量研究与应用成果。

天驰在管网地理信息技术方面优势明显，2019 年，被广东省科学技术厅认定为广东省地下管线探测工程技术研究中心，发表的《剖面观测法在超深管线探测中的应用》获得“大升杯”优秀论文一等奖；“港珠澳大桥珠海连接线工程地（水）下管线探测”项目获得广东省优秀测绘地理信息工程奖三等奖；“应用于超深管线探测的竖直探头剖面法技术”项目获得国土资源（广东）科学技术奖二等奖；“电法探测优化关键技术研究及工程应用”项目获得广东省土木建筑学会科学技术奖二等奖等。天驰获得“立体的地下管道精确探测方法”发明专利，“一种管线标示探测器”“一种下压式超深地下管线探测仪”等实用新型专利及“地下管线交变磁场数据信号采集分析软件”著作权。

航天精一坚持技术创新，先后研发了多套具有自主知识产权的 GIS 软件、GPS 外业调绘软件及 GPS 专业测量车，其中有 17 项软件申请了计算机软件著作权登记。航天精一与多家科研、教育机构合作，是中国资源卫星应用中心授权的中巴资源卫星数据免费用户；是华南师范大学、华南农业大学、广州大学的教育实习基地，具备人才资源储备，汇集行业领域优秀人才。

深勘院将科技创新作为未来跨越式发展的战略支撑，聚焦“智慧城市建设、城市地下空间、城市公共安全、生态环境保护”四大发展方向，践行“做城市健康安全的守护者”，发展成为国内领先的智慧城市和工程建设信息服务与整体解决方案供应商。深勘院 2002 年被授予全国城市勘测工作先进单位；2002 年、2003 年、2007 年三次入选全国勘察设计 100 强单位；2006 年，被评为优秀勘察设计企业；2008 年，被授予市援建地震灾区先进集体；2009 年，被授予“全国工程勘察与岩土行业国庆 60 周年十佳技术自主创新企业奖”；2010 年，被授予“深圳对口支援 5.12 汶川特大地震甘肃灾后重建优秀企业”；2011 年，被评为深圳市优秀勘察设计企业和“十一五”深圳市建设科技先进单位。自成立以来，深勘院完成各类工程三万余项，荣获国家、部、省、市级优秀工程奖和科技进步奖500余项，国家级、省部级荣誉和奖励80余项，发明和实用新型专利40余项，计算机软件著作权50余项。深勘院主编和参编国家标准、行业标准和地方标准、手册共40余册，拥有26项专利和27项软件著作权。2016～2018年连续三年被评为中国地理信息产业百强企业。2019年被评为40纪念改革开放1978～2018优秀民营企业。2020年，深勘院还承担了深圳改革开放展览馆项目的岩土工程勘察和测绘工作，深圳改革开放展览馆将成为国际一流、中国特色、深圳气派的大型综合现代化展览馆，也将是深圳又一个重要地标。

瑞图万方的技术优势和业务包括：智能感知产品，实现空间资源动态监测软硬件自主化研发和定制；地图数据及平台，提供地图数据和地理信息平台解决方案；车载导航系统，已为国产及中外合资的大多数车厂，如福特、奔驰、广汽、一汽、陕汽、长城、江淮等提供服务；专业航飞服务，提供定制化的可见光、激光雷达、光谱数据等集成数据采集和融合处理服务。通过多年来的技术研发和自主创新，瑞图万方已建立了具有自主知识产权的技术体系，已拥有专利44项、软件著作权108项，起草和参与国家标准编写6项。瑞图万方建立了博士后科研工作站、广东省省级企业技术中心，2015年入选“广东省战略性新兴产业骨干企业”，并在2016～2019年获得“广东省创新型企业”称号。瑞图万方还获多个科技进步奖项，如2019年获得中国汽车工业科学技术进步奖特等奖；获得教育部科学技术进步奖一等奖等等。

凯立德在技术创新方面始终抓住专业导航技术与核心用户需求两个出发点，大力推行科研，不断推陈出新。凯立德先后承担了10多项国家级研发项目，包括国家863计划项目、国家火炬计划项目、创新基金项目、电子产业发展基金项目等。凯立德荣膺国家科技奖项20余项，包括卫星导航定位科学技术奖一等奖、地理信息科技进步奖等。

二、获得专利方面

1. 获得专利优势

广东省地理信息产业从业单位在获得专利方面的优势主要体现在获得专利的数量上。经调研和查阅资料统计，获得专利的主体是基于地理信息高端装备制造及数据获取、数据处理及地理信息系统研发和地理信息应用服务的龙头企业、百强企业和一些注重科研经费投入和研发的单位等，这些从业单位非常重视知识产权的保护。截至2019年底，广东省企事业单位获得地理信息产业相关专利共10 236项，占全国地理信息产业相关专利总数的12.24%。

总体上看，广东省地理信息产业相关专利的变化趋势与全国变化趋势相同。以 1986 年为开端，按时间段划分，1986～1994 年处于产业的萌芽期，开始出现少量与地理信息产业相关的专利，年平均申请 2.33 项。1995～2004 年，与地理信息产业相关的专利开始呈现小幅增长态势，专利申请数呈逐年递增，平均每年申请近 40 项，该时间段是广东省地理信息产业的初步发展期；2005～2019 年，随着各项新技术的发展和互联网应用的迅速增长，专利申请数量迅速增长，平均每年申请量约 650 项，总数量达到 9846 项，该时间段是广东省地理信息产业的高速发展期。图 5.2 给出 1986～2019 年广东省地理信息产业相关专利数量变化趋势。

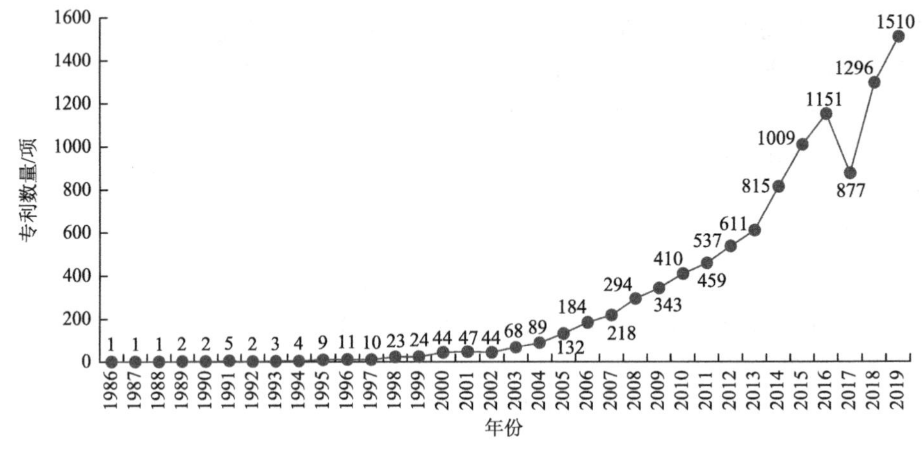

图 5.2　1986～2019 年广东省地理信息产业相关专利数量变化趋势

图 5.3 给出 1986～2019 年广东省地理信息产业专利的关键词分布情况，广东省地理信息产业专利关键词与全国关键词分布总体趋同，但略有差异。其中，全球定位系统（包含关键词“GPS”“定位系统”“位置信息”）与地理信息系统（包含关键词“地理信息”“GIS”）分别占关键词总量的 56%与 10%，代表最活跃的两类专利申请技术。“遥感影像”这一关键词在全国趋势中出现，占比约 8%，在广东省该词未出现，但“位置信息”“服务器”“电路板”“电子设备”“LED”“移动终端”“摄像头”等关键词在广东省趋势中的出现频率较高，表明广东省地理信息产业的下游产品、应用市场与装备研发具有特色与活力。

在发明专利类型方面，广东省的分布与全国趋势类似，如图 5.4 所示，1986～2019 年广东省地理信息产业实用新型专利总计 5364 项，发明专利 4221 项，外观设计专利 651 项。

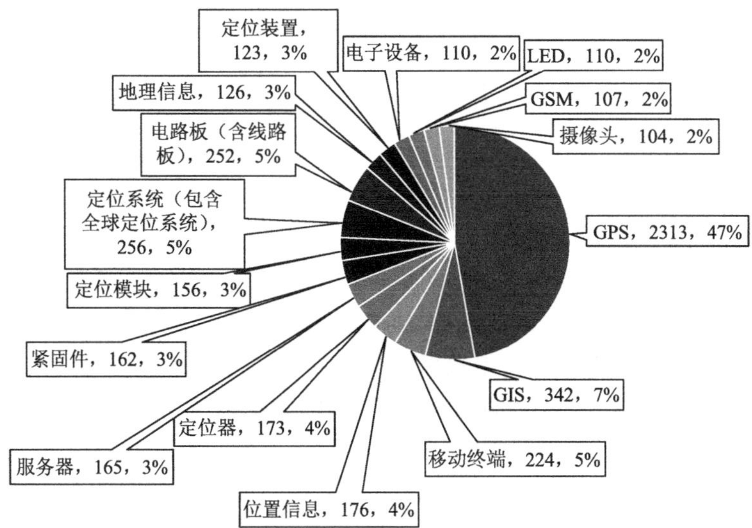

图 5.3　1986～2019 年广东省地理信息产业专利关键词分布

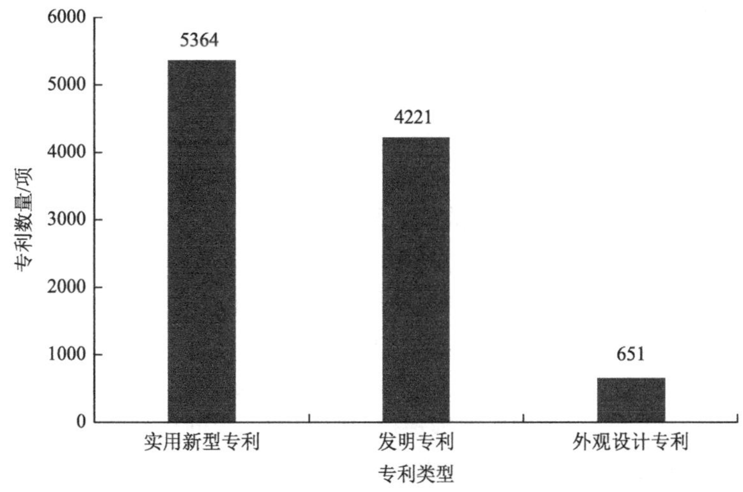

图 5.4　1986～2019 年广东省地理信息产业相关专利类型统计情况

2. 获得专利劣势

广东省地理信息产业的从业单位在专利获取方面尚有不足，主要表现在以下几点。

1）同质化竞争

从业单位之间同质化竞争现象较为突出，同一类的地理信息软件平台特色不明显，功能和性能相近，模仿多于创新；同一类的地理信息硬件设备在外观设计、包装与服务、营销手段上相互模仿，以至于产品的技术含量、使用价值逐渐趋同。随着客户对产品和服务的技术要求越来越高，原来采用外业数据采集，内业数据处理、加工、销售等传统生产模式的从业单位，缺乏创新意识和创新能力，没有及时调整生产模式、改造旧工艺、增加新业务、研制新产品和提供新服务，导致产品在低水平上重复与竞争，同质化现象较为明显，申请专利的数量少。

2）技术创新能力有待提升

虽然，有些企业研发的具有自主知识产权的 GIS 应用平台软件，在功能和性能上也能够与国外同类软件相比，有些 GIS 应用平台软件甚至替代了国外产品，但是，GIS 基础软件在整体技术水平、核心技术上仍与国外有差距，处于尚在追赶国际先进技术的状态，缺乏新理念和前瞻性，获得专利的数量有限。GIS 应用平台软件结构复杂，没有统一标准。市场是多元化的，不同的用户对 GIS 应用平台软件的需求不同，未来 GIS 软件的竞争是技术的竞争。因此，企业要在技术创新上下功夫，掌握核心关键技术；要在高端装备研制、数据自动化处理、数据成果精准表达以及 GIS 应用平台软件的稳定性、可靠性、界面和操作方法等多个方面有重大突破，缩小与国外 GIS 应用平台软件的差距。

三、技术创新及科技成果转化方面

科技成果转化是指为提高生产力水平而对科学研究与技术开发所产生的具有实用价值的科技成果进行的后续试验、开发、应用、推广，直至形成新产品、新工艺、新材料，发展新产业等活动。

广东省地理信息企业的技术创新及科技成果转化主要是在企业内部，自主研发、自主生产、自主销售或应用服务。大专院校及科研单位的技术成果主要停留在发表论文、获得专利权或著作权等，真正做到技术转让，为企业提供技术支撑，生产新产品的不多。因此，广东省地理信息企业的技术创新及成果转化能力不足，一直制约着地理信息产业发展。造成这些问题的原因有发展环境因素，也有企业自身的因素。政府提出自主创新、集成创新、引进消化再创新，而企业往往注重引进，既没有消化也没有再创新。此外，对技术创新人员缺乏有效的激励机制，新技术获取渠道不畅通，也是其中的原因。

社会的需求促进了广东省地理信息产业的技术创新，例如，位置服务需求使得基于位置的移动 APP 迅速发展、数据快速更新需求促使小卫星和无人机等数据获取技术较快发展。随着移动互联网、物联网、云计算、大数据、人工智能、无线传感器及无人机等新技术的兴起，地理信息与之融合，极大地提高地理信息实时获取、快速传输和综合处理的能力，改变了地理信息的应用方式，建立了地理信息企业的核心能力。广东省地理信息产业市场需求大，虽然广东省有全国知名的龙头单位，如南方测绘、中海达、欧比特、南方数码、广勘院、奥格、城信所、建通、友元、天驰、深勘院、凯立德等，但总体来说，龙头企业的数量还不够多，企业规模总体偏小，原创的、具有自主知识产权的专利产品，新技术研发和推广应用等产业活动主要局限于企业内部。有些企业还不能做到自主掌控一项科技成果从创意、研发到试生产、再到规模化生产、产品销售或成果推广应用等的全过程，解决这些问题可以采取厂企合作、校企合作、产学研合作等多种合作方法，促进知识和技术在这一过程中流动、转化、增值。

为加强地理信息企业的创新意识，提高其创新水平，2015 年国家测绘地理信息局出台的《关于加强测绘地理信息科技创新的意见》突出了企业在创新中的主体作用，提出要扩大企业在科技创新决策咨询中的话语权，吸纳企业参与测绘地理信息科技规划、标准和政策研究制定；强化科研院所和高校对企业技术创新的源头支持；鼓励企业研发关键共性技术和装备；支持企业开展新装备的规模化定型生产、调试和培训服务；支持企业建立成果转化机制，推动科技成果转化、校企合作、产教融合、优势互补。

地理信息已经广泛应用、服务于我们的生活、工作中，并带来便利。如电子地图、卫星导航、遥感影像等地理信息产业链上的新生事物正在创造奇迹，其技术创新及成果转化的效益已经显现。广东省新型地理信息服务体系包括：数据获取、数据处理及数据产品制作服务，位置服务及基于空间数据的其他信息服务等；地理信息产业的最终目的就是服务，服务于政府各部门和各产业、服务于国民经济建设、服务于广大民众。

地理信息软件是推动地理信息获取、处理、管理和网络化分发服务软件产品的集成，重点发展基于下一代互联网、移动互联网等，适应云计算技术、时空技术、三维技术等新技术的地理信息系统软件产品。

地理信息位置服务从室外走向室内，虚拟化从个人走向汽车端，形成互联网与车联网结合的趋势，逐渐发展成以移动通信网络、互联网和车联网为支撑，融合实时交通信息、移动通信基站信息等的综合导航定位动态服务。

遥感技术在精度上提高遥感数据的分辨率，在应用上加强遥感数据的社会化应用。在社会化应用方面，继续加强遥感数据在国土资源、农业、林业、水利、气象、海洋、环境、减灾等领域的应用，引导遥感数据应用市场从政府、企业向社会公众领域拓展，进一步拓展遥感数据在网络地图服务、电子商务等方面的应用。

在科技创新方面，按照市场主导、自愿结合的原则，有效利用高校、科研院所的创新资源，形成多学科、多领域、多部门、开放式的集团作战、协同创新，密切结合产学研各个领域、各个环节的沟通联系和协作，建立产学研协同创新机制。广东省科学技术厅为此批复成立了广东测绘地理信息产业技术创新联盟。通过联盟实现以企业为主体、产学研结合、典型引路和示范推广结合的地理信息产业技术创新模式，建立广东省地理信息产业技术创新链，推动广东省地理信息产业技术创新和可持续发展。

第四节　广东省地理信息产业的资金链

资金链是指维系企业正常生产经营运转所需要的基本循环资金链条，是企业现金流在某一时点上的静态反映，现金—资产—现金（增值）的循环，是企业经营过程的需要，企业要保持这个过程循环是良性的、不断运转的。资金链一般包括资金投入链、资金运营链、资金回笼链三个链条。

资金投入链主要与企业筹资能力相关，而企业的筹资能力最终由资金运营链决定。

资金运营链是企业资金链的灵魂，是企业业务运营在资金链上的反映。如果资金运营链出现问题，如企业的流动比率、速动比率过低，营运资产不能满足企业经营发展的需要，则企业的资金链会变得脆弱。

资金回笼链反映了“资产—现金（增值）”的现金流动，是企业的重中之重，如果企业出现资金只出不进，严重影响企业的正常运行，就有可能出现资金链断裂。应收账款的顺利回收与否，直接决定着企业资金回笼链的安全程度。

一、财政资金投入

政府投资项目是指利用财政预算内资金及其他财政性资金全额投资或部分投资的固定资产投资建设项目。

测绘涉及国家安全问题，测绘的空间数据与国家安全密切相关，维护国家安全是重要的社会公共事务；测绘涉及国家主权和领土完整、公共安全和公共利益；测绘涉及国家、各类组织和人民群众利益及国民经济多个行业。测绘工作是经济社会发展和国防建设的一项重要的基础性工作，是准确掌握国情省情、提高管理决策水平的重要手段。

基础测绘是指为国民经济和社会发展，以及为国家各个部门和各项专业测绘提供基础地理信息而实施测绘的总称。基础测绘必须在全国或局部区域按国家统一规划和统一技术标准进行。测绘行政管理是政府对测绘方面的社会公共事务的管理及相应的内部管理。

改革开放以来，广东省地理信息工作紧紧围绕广东省经济社会发展大局，努力探索与社会主义市场经济相适应的地理信息工作新路子，取得了明显成效。地理信息产业发展已纳入国民经济和社会发展规划，必须突出工作重点，加大监管力度，加快推进“数字广东”建设，促进地理信息产业健康快速发展，切实提高地理信息的服务保障水平，确保广东省经济社会又好又快发展。广东省的测绘地理信息管理由广东省自然资源厅负责，基础地理信息的经费由广东省财政支付。使用财政资金的测绘项目和涉及测绘的其他使用财政资金的项目，有关部门在批准立项前应当征求广东省人民政府测绘地理信息主管部门的意见，如果有适宜测绘成果的，应当充分利用已有的测绘成果。基础测绘地理信息成果和使用财政资金完成的测绘地理信息成果，可无偿向行政机关决策和社会公益性事业提供；各相关部门要向自然资源管理部门提供本部门的专业地理信息，用于基础地理信息的更新，切实提高地理信息资源的使用效率。政府投资的测绘地理信息项目应大力提高测绘地理信息公共服务水平，加大测绘地理信息公共产品的开发和应用力度，充分发挥测绘地理信息在社会管理、经济建设、群众生活、应急指挥等方面的基础性、服务性作用。加快研究、发布公众版地形图，加强公益性地图编制，加大公益性地图网站的建设力度，提高测绘地理信息成果社会化服务水平。实施基础地理信息公共平台建设，大力推进连续运行卫星定位服务系统的社会化应用，提高地理位置信息和卫星定位服务保障能力，支持智能交通、电子导航、手机定位等新兴服务业，促进地理信息产业的发展。

省级财政对基础测绘和地理信息项目的经费每年都有预算，按计划拨付。例如，2017 年，广东省财政对基础测绘投入 13 920 万元，事业事务投入 4179 万元，其他测绘事务投入 2737 万元，其中包括部分广东省地理信息产业的资金投入。2021 年年初，广东省财政厅发布了《关于安排 2021 年省级“十四五”基础测绘专项资金的通知》（粤财资环〔2021〕14 号），明确了“十四五”基础测绘项目从 2021 年至 2025 年，总预算为 97 480 万元，其中，2021 年度使用经费为 18 000 万元。项目总体目标是：到 2025 年，建成科学高效的新型基础测绘体系，形成现代化测绘地理信息服务保障新格局，保持广东省基础测绘事业走在全国前列，实现保障重大战略实施更加充分精准、服务社会民生更加广泛显著、支撑自然资源管理更加高效有力、助力数字经济新业态更加安全繁荣。

广东省地理信息项目经费以政府财政资金为主，政府投资的基础测绘和地理信息项目通常采用招标方式购买服务，企业通过投标方式承接项目，并通过实施项目，为政府部门提供服务来获得报酬。

各级地方政府的基础测绘和地理信息项目的经费由本级政府财政负责。近些年来，广东省各级地方政府都加大了对基础测绘和地理信息项目的资金投入，特别是珠江三角洲经济发达地区，每年投入资金数亿元，年度资金投入呈持续增长趋势；粤东、粤西及粤北地区对基础测绘和地理信息的资金投入有所增加，但与经济发达地区相比仍显不足。

从业单位获取财政资金支持的方式主要是通过申报各级政府的科技项目，而政府的科技项目大部分由大专院校和科研院所承接，一些企业与大专院校或科研院所联合申报科技项目，参与的机会更多。

二、民间资本运作

1. 企业融资

融资就是地理信息企业从有关渠道采用一定的方式取得经营所需的资金的活动。企业运用各种方式向金融机构或金融中介机构筹集资金，采用直接或间接的方式向货币资金的持有者融资，使得资金在持有者与需求者之间流动。这种流动是双向互动的过程，既包括资金的融入，也包括资金的融出。广东省发达的信息产业、精密制造业基础和完善的产业配套为广东省地理信息产业发展奠定了基础。广东省一些实力强的地理信息企业具有一定的融资能力，资金链畅通。这些企业除了承接政府采购项目外，也会通过研发和制造产品，在市场销售收回投资成本、赚取利润等模式，继续扩大生产。有些企业则利用民间资本运作，采用兼并、重组、收购、并购等方式在证券市场融资，强强联合，不断发展壮大。

广东省地理信息相关企业在主板、中小板、创业板及新三板上市公司约有50家，并购、收购、重组的企业发展较快。如2015年，中海达成立广州中海达投资发展有限公司，募集设立6亿元产业并购基金，在2016～2018年，先后完成了并购长沙星索导航技术有限公司，参股安徽科微智能科技有限公司、北京博创联动科技有限公司，收购都市圈、西安灵境科技有限公司、深圳全球星电子有限公司、深圳中铭高科信息产业股份有限公司、贵州天地通科技有限公司，成立广东满天星云信息技术有限公司、广州中海达天恒科技有限公司等多家子公司，整合Satlab团队和原国际贸易团队，重组中海达国际组织架构和改组广州海达安控智能科技有限公司等多项重组并购工作；2016年，合众思壮全资收购了广州思拓力测绘科技有限公司；2016年，欧比特全资收购了绘宇智能和上海智建电子工程有限公司，成立全资子公司；2016年，北京海兰信数据科技股份有限公司以实际控股65%的方式完成对蓝图的并购，蓝图成为北京海兰信集团控股的子公司，在海洋生态环境监测及监督方面业绩显著；2018年，北京航天长峰股份有限公司收购广东精一规划信息科技股份有限公司51%的股权，广东精一规划信息科技股份有限公司更名为航天精一（广东）信息科技有限公司，在公安部门大力推广地理信息技术；2019年，欧比特接受珠海格力金融投资管理有限公司入股，且珠海市人民政府国资委成为欧比特的实际控制人。

2. 企业自筹资金

自筹资金具有广泛性、分散性和灵活性。自筹资金的来源广泛，名目繁多，使用范围广泛。企业自筹资金主要有企业现有盈余和股东注资两种形式，其中，企业现有盈余包括企业所得税后提取的盈余公积金和未分配利润。企业自筹资金还包括向银行贷款、发行企业债券、举借外债等。

地理信息产业从业单位的经营活动所需资金包括科技研究费用和企业发展资金，主要来源有民间借贷、利润结余等自筹方式。如欧比特是广东的民营企业，在创业板上市，通过增资扩股，自筹资金进军航天和测绘地理信息领域。欧比特具有宇航电子核心技术（嵌入式处理器 SoC 芯片、立体封装 SIP 模块/系统、EMBC 宇航总线控制系统）、智能图像分析技术、人脸识别技术、微纳卫星星座、卫星大数据服务平台、微型飞行器/智能武器系统、可穿戴的、电子的、自主研制生产的核心产品，力图开展国际、国内航空航天产品服务合作，使欧比特公司成为国际认知度高的、国内一流的卫星大数据平台运营商和商用宇航公司。2017 年，欧比特搭载发射了“珠海一号”01 组微纳视频卫星；2018 年 4 月，发射了“珠海一号”02 组微纳视频卫星和高光谱卫星，2019 年 9 月，发射了“珠海一号”03 组微纳视频卫星和高光谱卫星，现有 4 颗视频卫星、8 颗高光谱卫星在轨运行。计划后续几年还将完成 22 颗微纳卫星（主要包括视频卫星、高光谱卫星、雷达卫星和红外卫星）的发射任务，“珠海一号”完成卫星星座组网后将大幅提升数据采集的空间分辨率和时间分辨率，为国防建设和经济建设提供全方位的卫星遥感数据服务。

2014 年 5 月，腾讯以 11.73 亿元投资了四维图新，成为其第二大股东，这为腾讯开展高精度地图研发做了铺垫，有助于其抢占高精度定位导航服务市场。腾讯还依托四维图新收购了杰发科技，实现了车载芯片领域的业务布局。

2017 年，海格通信收购了高新技术飞机零部件制造企业“驰达飞机”，开始拓展航空航天领域的业务。

南方测绘在多行业地理信息应用解决方案方面，其自筹资金研制的 GNSS 北斗导航产品、先进的测绘仪器、绘图仪、地理信息软件产品等市场占有率高，效益明显。精准位置服务效益超过 2 亿元，精密测量/精密监测效益超过 1.5 亿元，软件数据工程超过 1.5 亿元。

中海达对科技基础设施建设投入大，建设占地面积超 3000 m^2、科研仪器总值超 2000 万元的研发基地，有 4 个专题研究实验室和 1 个工程实验室，可以完成 GNSS 卫星导航领域从算法到应用产品的研究和开发。从产品研发、检测，数据系统集成运行、技术参数的检测，到恶劣环境试验等均配有先进仪器和设备，拥有海洋探深器、微波暗室、远场天线测试系统等大型设备 100 多套。实验装备达到国内领先、国际先进水平。中海达创造了一系列国际一流的GNSS品牌，科研、生产等各环节能力稳步提升。中海达研制的北斗接收机VNet8，8套测量装备全部无偿支持珠峰高程测量，所需装备的研发、测试、运送和相关人员保障等，共投入费用超过百万元。

中海达在创业板上市，持续获取优质资本融资，累积融资超过20亿元。第一轮融资5.8亿元，主要用于旗下测绘公司、海达数云、苏州迅威、都市圈的并购、增资等；成立产业并购基金9亿元，投资地理信息、智慧城市、科技旅游等产业；第二轮融资5.25亿元，主要投入于高精度卫星导航核心模块、智慧城市GIS、高端海洋装备、机械精密控制系统等产业化项目、“空间信息数据采集装备生产扩能项目”、科技部分股权收购等。

奥格主营业务与规模持续攀升，发展良好。2016年、2017年、2018年主营业务收入分别为1.33亿元、1.56亿元、1.95亿元，净利润分别为408.58万元、536.87万元、790.00万元，研发投入分别为1277.68万元、1441.53万元、1617.00万元。主营业务收入、利润、研发投入持续增长，营运管理与成本控制在同行业中持续领先，有良好的相关收入、成本和利润的财务指标，保障了研发和项目的顺利实施。强大的合作伙伴群体及丰富的推广应用成功案例是奥格的另一大优势。目前，奥格在“多规合一”业务领域的典型成功案例总数超150个，覆盖国家级、省级“多规合一”试点及其他市、县，推广项目多次获得地理信息科技进步奖、中国地理信息产业优秀工程金奖、优秀城乡规划设计奖等行业奖项。在智慧排水、三防、河长制等水务业务领域的典型成功案例总数超50个，涵盖“排水防涝管理”“三防应急指挥管理”“排水管线管理”“河长制管理”等智慧水务信息化项目，覆盖华南、华东、华中、东北、西南地区的30多个城市（地市和区县）。

天驰不断加大研发投入，据2021年5月其官网信息，近年来立项研发项目达70多个，获得专利41项，软件著作权37项。其技术研发涵盖管线探测、勘测物检、GIS、勘察等。

三、存在的问题

1. 资金投入不足

从整体上看，各级政府对地理信息产业的资金投入是有限的，民营企业得到政府资金的支持相对较少，而且承担服务的利润也不高，有的企业承担了服务项目，因不能及时收回项目款导致亏损，甚至破产，这些问题直接影响企业的生存和发展。资金投入不足主要表现在：

（1）在地理信息产业方面的财政投入相比其他产业少，无法满足各部门、各行业及社会大众对地理信息应用的需求，导致有些亟待完成的项目因资金短缺不得不分年度计划实施。由于广东省各地方财政收入不同，同一个项目，在不同地市，企业承揽项目的收费相差很大，使得一些企业都集中在经济发达地区承揽项目。

（2）有些地理信息企业资金回笼不足，应收账款不能及时回收，资产与其高速增长不匹配，多采用滚动式发展，即用挣来的钱扩大再生产，失去了很多发展机会；同时，地理信息产业固定资产少，没有抵押，企业贷款少，制约了企业的发展和技术进步。企业需要进行高效的资本运作，才能使自身更快、更好、平稳、持续地发展。

（3）有些政府部门的项目要求企业垫资，或拖欠支付，严重影响了企业的现金流，增加财务成本。

（4）产业集群间的融合度不高，供应链金融对产业集群的贴近式服务不强，地理信息民营企业仍然存在融资难、融资贵和融资渠道单一等问题，限制了民营企业融入产业集群的深度和广度，从整体上延缓了地理信息产业发展的速度。

（5）有的地方或者产业存在市场壁垒，招投标流于形式。企业之间相互压低价格，中标价大大低于成本价，这种恶性竞争，很难保证中标企业正常实施项目，得到合理收益。

2. 投资政策扶持力度不够

广东省地理信息产业亟待投资政策的引导和资金的扶持，以及市场环境的改善等。广东省各级政府每年投入地理信息产业的财政资金不能满足日益发展的地理信息产业的需求，民间资本投入地理信息产业尤为重要。在市场经济环境下，资本是所有产业发展的核心要素。但民间资本十分有限，一方面投资商对地理信息产业的前景采取观望态度；另一方面民间融资成本较高，地理信息产业的投资回报率较低，且周期长。

2014年，国务院正式对外公布国发〔2014〕60号文件《国务院关于创新重点领域投融资机制鼓励社会投资的指导意见》（简称《指导意见》）。《指导意见》的第二十四条内容如下：“（二十四）鼓励民间资本参与国家民用空间基础设施建设。完善民用遥感卫星数据政策，加强政府采购服务，鼓励民间资本研制、发射和运营商业遥感卫星，提供市场化、专业化服务。引导民间资本参与卫星导航地面应用系统建设。”一方面，《指导意见》鼓励民间资本进入空间领域、参与国家民用空间基础设施建设和卫星导航地面应用系统建设，鼓励民间资本研制、发射和运营商业遥感卫星，提供市场化、专业化服务；

另一方面，政府支持企业通过并购、参股等方式进入地理信息产业，鼓励地理信息企业兼并重组，优化资源配置。企业除了可以通过上市、挂牌、参股、兼并重组进入资本市场来运作资本以外，还可以通过地理信息企业间的并购，提升利润空间。

《广东省人民政府关于加快科技创新的若干政策意见》指出："运用财政补助机制激励引导企业普遍建立研发准备金制度。对已建立研发准备金制度的企业，省市县财政通过预算安排，根据经核实的企业研发投入情况对企业实行普惠性财政补助，引导企业有计划、持续地增加研发投入。"如中海达收购都市圈之后，在地理信息的应用服务上加大投入力度，拓展了公司的业务。

跨界融合也是企业壮大的突破口，这能使企业优势互补、强强联合。如欧比特是以航空航天控制芯片为主营业务的公司，全资收购了绘宇智能和上海智建电子工程有限公司两家公司，目的是拓展卫星大数据的平台建设、管线探测、测绘工程、地理信息系统开发与智慧城市建设等方面的业务，涉足地理信息全产业链，通过资本运作，铸造核心能力。

第五节　广东省地理信息产业"四链"融合应用服务案例

广州地理信息产业围绕产业链部署创新链，围绕创新链完善资金链，相互有机融合，本节从企业的技术储备、研发经费投入、承担的项目、参与的人员、用户的需求和满意度、产生的经济效益、获得的知识产权或著作权、有待改进和提高的关键技术等方面展开，介绍"四链"融合应用服务的典型案例。

一、激光雷达（LiDAR）研究与应用

1. 城市 LiDAR 测绘地理信息技术体系研究与应用

1）市场需求

广勘院为满足用户需求，承接了多个城市 LiDAR 的课题研究和项目实施，如"基于地面 LiDAR 技术的竣工验收测量""基于多源数据三维可视化规划管理测量技术体系研究""古建筑园林三维激光测量建模关键技术研究与应用""城市道路建构筑物激光雷达测绘关键技术及应用"等。

广勘院的"城市 LiDAR 测绘地理信息技术体系研究与应用"是基于机载 LiDAR 点云与影像快速获取城市地理信息的新型解决方案，建立了城市 LiDAR 生产技术体系。该研究内容主要有：组织制定了广州市城市规划基础地理信息数据

标准（包括 1∶5000 和 1∶10000）及地理信息模板化封装；研究 LiDAR 数据空对地一体化获取与处理；研发城市机载 LiDAR 测图系统软件；测量和绘制广州市从化区 1985 km^2 的数字正射影像、数字高程模型、1∶5000 数字地形图，制作了从化地区高精度三维地形地貌模型。

2）城市 LiDAR 技术的推广应用

（1）城市 LiDAR 技术在广东古建筑数字保护方面的应用，如在“东莞可园”“中山纪念堂”“黄埔古港”“何仙姑祠”“广钢新城历史风貌区”等古建筑中采用城市 LiDAR 技术。在古建筑拆建、复建领域，先后完成了“国立中山大学石牌校门原型测绘”“越秀山游泳场跳水台三维激光扫描”等多个项目中应用。

（2）城市 LiDAR 技术在街道建筑立面整治方面的应用，如在广州市“名村名镇”规划整治地面 LiDAR 扫描测量、“东濠涌景观绿化激光扫描建筑立面测绘”、“增城市派潭镇与正果镇扶贫开发立面测量”、“梯面镇规划整治激光扫描测量”等多个项目中应用。

（3）城市 LiDAR 技术在道路桥梁品质化提升方面的应用，如在广州市区的海印桥、海珠桥、江湾桥等大桥的平立剖面图测绘项目中应用。

（4）城市 LiDAR 技术在城市管理方面的应用，如在“广州市绿化专题数据采集项目”“广州市数字化城市管理平台深化建设之基础数据建设项目”“数字化城市管理三维实景影像采集和城市管理部件普查”等多个项目中应用。

（5）城市 LiDAR 技术在规划验收测量工程方面的应用，如在“广州新白云国际机场建设工程综合测量”“广州市南丰国际会展中心规划验收测量”“基于三维激光扫描技术的广州万博 CBD 商业广场规划验收测量”等多个大型工程项目中应用。

3）用户满意度

（1）城市 LiDAR 技术成果在古建筑保护、修缮、复建，美丽乡村建设，城市双修，城市管理等领域得到推广应用，为工程设计、施工、预算提供了准确可靠的决策支撑，得到了广州市文物局等用户的高度评价。

（2）广勘院与同济大学联合，与柬埔寨吴哥与暹粒保护管理局（Authority for the Protection and Management of Angkor and the Region of Siem Reap，ASPSARA）签署了“数字吴哥”文化遗产保护科技合作协议，研发的“点云与影像融合的世界文化遗产精细测绘及数字重建——以柬埔寨吴哥古迹为例”，应用于柬埔寨吴哥古迹保护项目，践行了“一带一路”倡议的沿线历史文化研究，提升了中国在文物建筑保护领域的国际影响力。

4）知识产权或著作权

广勘院与同济大学、广州大学、北京建筑大学、北京市测绘设计研究院、武汉市测绘研究院、天津市测绘院等多家单位联合编制了测绘产业标准《古建筑测绘规范》（CH/T 6005—2018），填补了国内外古建筑测绘领域的技术标准空白，为规范产业应用提供了技术标准支撑。

“城市 LiDAR 测绘地理信息技术体系研究与应用”项目设计合理、技术先进、功能完备，在机载 LiDAR 测图整体技术方面处于国内领先水平，在建筑物投影差自动改正、基于点云的等高线快速生成等方面达到了国际先进水平，获得了专家的好评，并获得了多个奖项。

2. 建通的 LiDAR 技术在多个行业的应用

建通十分重视研发、技术创新与合作交流：成立了“广东省广州建通 LiDAR 摄影测量院士工作站”，与华南师范大学共建“广东省智慧国土工程技术研究中心”，牵头组建了“广州测绘与空间信息应用产学研技术创新联盟”等。

2006 年至今，建通已成功应用 LiDAR 技术完成国内外工程 300 多项，总面积 20 多万 km^2，涉及行业包括公路、国土、电力、水利、考古、海洋、农业、林业、石油、数字城市及管线等。在专注 LiDAR 技术的应用与开发的同时，建通还在倾斜摄影、无人机测量、管线探测、海洋测量、不动产统一登记等方面进行研究及应用。

在公路领域，建通利用高清晰影像数据和高精度三维地形数据进行平、纵、横断面设计，并基于激光点云数据进行断面切割，自动成图，直观呈现三维设计成果模拟和方案的比较。大大减少了外业测绘的工作量，保证了设计的科学性，提高了工程预算的精确性。如在连霍高速洛阳至灵宝（豫陕界）段改扩建工程中，采用了机载三维激光雷达测量技术，该项目获河南省优质测绘工程一等奖。

在电力领域，建通利用机载 LiDAR 技术获取高精度地理数据，应用高精度 DEM、高清晰 DOM、精细电力塔线三维模型等数据，研发了输电线路运维三维 GIS 系统，该系统可进行多种专业测算及应用，为获取工况模拟、应急辅助决策提供可靠信息，最终为实现智能电网提供空间技术支持。如建通承担的中国南方电网超高压输电工程项目，获得了全国优秀测绘工程奖金奖。

在数字城市建设方面，建通采用高密度激光点云生成高精度 DSM 及构建城市精细 3DM，使对地形地物的判读、空间信息的量测与获取更加准确和便捷，应用于城市规划、城市三维景观等多领域。如建通承担的《三亚市 1∶2000 比例尺地形图信息化测绘及入库项目（标段二）》获得全国优秀测绘工程奖白金奖。

在土地确权方面，建通基于机载 LiDAR 航空摄影，获取高分辨率 DOM，为土地确权提供高精度工作底图，查清地块空间位置、面积等情况，加快了工地确权的工作进度。

在数字水利建设方面，建通融合高精度 DEM 和高清晰 DOM 等数据，制作三维电子沙盘，既可漫游浏览流域的水系和河道信息，还可获得等高线、河道剖面图和坡度等信息，便于设计人员从整体上了解流域的地形地貌，更加精细地控制工程投资。

此外，机载 LiDAR 技术在地理国情普查与监测、林业资源调查、考古发掘、管道选线等领域也有广泛应用。

展望未来，在国家产业政策支持和市场需求巨大，以及在智慧城市和大数据时代建立的大背景下，地理信息产业将迎来跨越式发展。

二、高端装备研制

1. 测绘地理信息高端装备研制

1）市场需求

南方测绘根据市场需求，专注测绘地理信息高端装备研制，如卫星导航定位装备、高速铁路精密测量仪器、无人机航测仪、移动扫描测量仪、精准测量仪器等。南方测绘坚持自主创新，陆续实现了测距仪、电子经纬仪、全站仪、GNSS 等一系列测量仪器的国产化；全面面向数字城市和智慧城市建设，以数据为基础，以基础测绘、房产、国土、市政、规划等行业为核心，发展地理信息产业，产品及服务贯穿产业链，已有上千个政务管理系统在各级政府和行业管理部门稳定运行。

2）技术储备

创新是企业发展的驱动力，南方测绘现有专职技术人员超过 600 人，拥有 3 个省部级研究中心和 1 个院士工作站；拥有南方地理信息、南方卫星导航和南方精测院三个企业级研究院，以及北京、武汉、常州（常州科力达和常州瑞得）、广州五大测绘装备研发制造基地，并与武汉大学等高校和科研院所建立了合作关系，在增强企业自主创新能力的同时，加快建立以企业为主体、市场为导向、产学研相结合的技术创新体系。南方测绘注重科研，以科技促创新，已经承担了多项国家 863 计划、国家发改委的重点项目、国家科技支撑计划、北斗重大专项等项目。

人才激励机制是促使企业和个人从事技术创新、为社会创造价值的原动力。技术创新的根本在于人才的创新，吸引和留住人才是企业技术创新的保证。为了最大限度地发挥员工的创造性，推动企业技术进步，南方测绘制定了相应的激励管理办法、技术和管理骨干人员五年特殊奖励制度等。根据对新产品的跟踪和产业化后所产生的经济和社会效益，从物质和精神上体现科技创新和多劳多得的原则，形成工作中的良性竞争创新模式，并通过把人才“送出去”参与重大项目建设的方式，激励人才成长，推动技术创新。

南方测绘与东南大学、北京林业大学、广东工业大学等科研单位保持紧密合作关系，北斗/GPS 接收机的定点生产（original equipment manufacturer，OEM）主机板、高铁等项目产品的开发正在进行中。OEM 主板是 GNSS/GPS 接收机的核心部件。该电路板具有接收 GNSS/GPS 信号、处理信号、输出观测信号和定位结果等功能。2013 年，南方测绘联合武汉大学建设的“空间信息智能感知国家测绘地理信息局工程技术研究中心”通过可行性论证，成为国家测绘地理信息局下属的第二个工程技术中心。

南方测绘与司南导航合作兴建的上海北斗产业园，产能效率大幅提高，年产北斗高精度板卡及接收机达 100 万片（台）。

3）研发经费和人员投入

南方测绘每年投入 2000 多万元用于技术研发。南方测绘不断进行人力资源结构调整，涉及全国 30 家省级分公司、100 余家地市级分公司、1000 余家子品牌经销代理商、9 家直属海外分公司及办事处，500 余家区域代理商。根据不同岗位的需求配备技术人员，现有在岗员工 3339 人，其中硕士研究生学历占 4%、本科学历占 47%、专科学历占 31%、中专学历占 8%、高中学历占 5%、其他学历占 5%。

4）获奖成果及应用服务

南方测绘承担了多项省部级、市、区科技攻关项目，多次获得了国家、省部级、市级政府和科技部门的奖励。南方测绘进行多方面的创新，全方位地引领测绘技术装备的“中国智造”潮头，创始人马超总经理获得了“2016 中国感动测绘人物”。2018 年，南方测绘被评为中国产学研合作创新示范企业。

南方测绘从 1989 年创立以来，潜心自主创新，打破国外垄断，推动国内测绘装备制造业大变革。从模拟测量到数字化测量，再到信息化测绘，南方测绘创造了多个第一，让中国高精度的测量装备从无到有，再到广泛普及，树立了世界行业排名第四的中国自主测绘品牌。2013 年，获得中国测绘地理信息最具影响力品牌奖；中国卫星导航定位协会授予南方测绘中国卫星导航与位置服务行业五十强企业的称号；“森林信息化调查技术开发及应用”项目，获得 2014 年教育部颁发的技术发明奖；2014～2017 年，“DL2003 高精度数字水准仪”“国产小型化智能 RTK 测量系统”“无人机航测影像处理系统”“地下工程和深基坑无人值守实时监控系统”项目获得测绘科技进步奖三等奖。

南方测绘的“天行 HO1300 八旋翼无人机”采用碳纤维复合材料，确保强韧、稳固的机身结构，超简约电机系统，高性能处理核心，GNSS 定位系统，集多种性能于一体，可搭载单镜头相机、全景相机、多光谱相机、三维激光扫描仪，起飞重量可达 10 kg，可根据用户航测任务的需求，定制两轴或三轴云台，搭载各种传感器，满足不同的航测需求。“天行 HO1300 八旋翼无人机”获得 2017 年地理信息科技进步奖，“六旋翼无人机”获得 2018 年测绘地理信息自主创新产品证书。

在高精度卫星导航产业发展中，南方测绘率先突破核心关键技术，推动北斗高精度应用产业化发生巨大变革，2014年，获得北斗行业应用示范奖和推动产业发展杰出贡献奖。同时，南方测绘进军高铁精密测量，研发出了多项拥有自主知识产权的高精密铁路测量系统和技术，为中国高铁的建设和运营保驾护航。“时速350 km高铁CRTSⅡ型板式无砟轨道施工技术和关键设备”获得2008年四川省科技进步奖一等奖；南方测绘参与的“基坑工程风险管控关键技术研究”项目获得2020年度广东省工程勘察设计行业协会科学技术奖一等奖；参与的“岩溶地区基坑工程智能感知系统研发与应用”项目获得2020年（第八届）广东省土木建筑协会科学技术奖一等奖。这些奖项充分证明了南方测绘的基坑工程风险管控的技术经济指标先进，技术创新成果达到行业领先水平。

南方测绘的新产品开发和项目实施，既能满足市场的需求，又能促进行业的技术发展。例如南方测绘承担的“长沙市房产地理信息系统工程项目”是长沙市住建委房屋产权监理处的重点工程，通过项目实施及应用，在行业中具有示范效应。

5）用户满意度

南方测绘秉承为用户提供星级服务的宗旨，迅速行动，负责到底，务实的服务态度得到了用户的认可。

6）效益及自主知识产权

南方测绘的地理信息应用解决方案、GPS和北斗导航产品、高端测绘装备制造、地理信息软件产品等占有很高的市场份额，南方测绘多年来的经济效益和社会效益明显，是地理信息产业的龙头企业。

（1）南方测绘拥有105项专利技术，其中发明专利9项、实用新型专利68项、外观设计专利28项，拥有产品著作权的产品82个，产品登记证47个。

（2）研发成果。南方测绘能把握用户需求并持续创新，在技术与解决方案创新方面走在了行业的前列。2006年，南方测绘针对CASS软件提出“骨架线”概念，解决成图与GIS建库的统一问题；2008年，南方测绘提出“数据质量监理”的理念，开发了相应的软件，自动化处理，确保高质量的GIS的数据；2009年，提出测绘地理信息整体信息化管理的理念，以成图、GIS建库为核心，开发了sMap、sInfo 等管理软件，解决基础数据管理、图形管理、测绘地理信息行业办公自动化等问题；在房产GIS方面，提出了“以图管房、以图管档”的理念，为满足个人住房信息化建设的需要，提出了“精确房管”的理念；在国土GIS方面，推出了基于移动定位设备的移动执法系统和基于“一张图”的国土信息综合监管平台。地理国情普查工作开始，为协助地理国情普查生产队伍高效、实用地进行野外调查、核查，集中力量研发“南方地理国情普查外业调绘核查系统”，并应用在国家测绘地理信息局组织的“全国地理国情普查软件采购项目”中，承担了2个标段的任务。

7）有待改进和提高的关键技术

（1）研发智能化的测量仪器装备和高性能的测绘数据处理软件，提高算法的稳定性和计算速度，及测绘地理信息结果的实时性。

（2）加强研发适用于地下空间数据获取的装备，提高地下空间数据的准确性和精准度，对地下空间数据进行实时检测。

（3）加强对专业技术人员关于大数据、人工智能、区块链等新技术的培训，提高人才素质、整体业务水平和创新能力。

2. 高精度倾斜相机研制

红鹏一直专注无人机航空摄影的研究，是无人机航空遥感技术的先行者，是集航飞、航摄和数据生产于一体的地理信息产品及真实三维数字地图产品的制造商，是无人机倾斜摄影产品与服务的专业提供商。红鹏研制的高精度倾斜摄影相机（机载光学成像吊舱）、专业级旋翼无人机、旋翼无人机测图系统等产品及技术水平处于全国同行前列，并广泛应用于国土规划、灾害应急、智慧城市、智慧旅游、文物保护等领域。如红鹏潜心研制的小金牛高精度多视角倾斜相机（AP3400R）是一款三相机协同旋转拍摄的数据获取设备，一个曝光周期可获取近 2.9 亿像素影像，且飞行及建模效率与传统五镜头方案相比均有成倍提升，特别适用于采集地籍测量等高精度三维地理数据。

1）市场需求

红鹏倡导产业发展模式的转变，改革传统的测绘工具，打通三维模型与传统测绘之间的壁垒，共建全国三维测绘生态圈，满足国土、水利、电力、交通、农业、林业等领域对快速获取三维数据、实现生态空间和土地空间的监控管理的需求。从 2004 年在行业内首次提出利用低空高分辨率航空影像建立真三维模型的概念与标准，到小金牛高精度多视角倾斜相机（AP3400R）问世，多年来，红鹏研制的新型无人机航空摄影、倾斜摄影技术和装备，为多领域、多用户提供服务。

2）技术储备

近 20 年来，红鹏潜心研发无人机航空摄影和倾斜摄影技术和产品。2010 年，红鹏在国内率先研发出第一套轻型多镜头倾斜摄影平台；为广州亚运会安保提供了低空高分辨率航空影像建立高精三维模型、安保路线推演系统和通视分析服务；2011 年，武汉大学合作研发半自动三维建模技术；2012 年，推出三维自动建模技术和产品；2013 年，在国内率先研发出基于大飞机的外挂式倾斜摄影平台，提供航空摄影三维自动建模服务；2014 年，红鹏发布微型无人机倾斜摄影系统新技术，经专家鉴定该技术达到了国际先进水平；并将无人机快速三维建模技术应用于鲁甸地震灾区应急救援；2015 年，参与中国第 32 次南极科考，完成了首张南极科考站区三维实景地图制作；推动全国倾斜摄影技术联盟开展倾斜摄影百城巡展活动，在全国范围内推广倾斜摄影技术；2016 年，红鹏参与第 33 次南极科考，为南极科考第 5 站选址工作提供了 3 架红鹏无人机倾斜摄影系统等。

红鹏注重技术研发，关于高精度倾斜相机的原理设计及技术的实现，红鹏进行了大量的研发与测试工作，独立完成了外观设计、模块布局设计、控制主板设计、相机镜头定制、整体组装生产、外业飞行测试等内容，荣获 108 项专利，其技术水平在行业内处于领先地位，研发了具有自主知识产权的产品。红鹏还取得了多项科技成果奖，如 2015 年，“微型无人机倾斜摄影系统”获得地理信息科技进步奖三等奖；2017～2018 年，获得地理信息科技进步奖二等奖与三等奖；2019 年，获得中国专利优秀奖、测绘科技进步奖二等奖等。

3）应用服务

红鹏的产品和技术应用广泛，如应用于广州亚运会安保服务；无人机快速三维建模技术应用于地质灾害应急救援，参与中国第 32、33 次南极科考等。红鹏自主研发的产品及技术，在房地测量领域做出了贡献，如利用高精度倾斜相机参与了全国多个地区房地测量项目的数据采集与处理任务，为客户提供了精度达标、价格合理的高精度三维模型数据服务。

除此之外，考虑高精度三维模型带来的海量数据问题，红鹏高精度倾斜相机通过精密设计、反复实验，探索出了具备极低数据冗余的影像拼接方式。

4）效益及自主知识产权

红鹏从 2018 年开始进行高精度倾斜相机的生产与销售，累计出货数百台，获得了数千万元的营业收入。与传统五镜头倾斜相机相比，红鹏独创的影像拼接方式，可在实现同样精度及效果的前提下，显著减少所需数据量，进一步加快项目工期、降低数据获取与处理的成本，提高了房地测量项目的工作效率。

截至 2019 年底，红鹏累计共获得 103 项专利，其中，发明专利 14 项。在相关领域中有些技术处于国内领先水平，有些技术处于国际先进水平。

5）用户满意度

红鹏的理念是使命、战斗、信义、创新，为客户提供微型倾斜摄影和快速自动建模等服务，创造中国微型倾斜航空摄影品牌，得到了用户的认可。

6）有待改进和提高的关键技术

（1）相机智能化程度有待改进。虽然，在高精度倾斜机机 AP3410Ri 中，红鹏已经可以利用手机 APP 对相机进行参数设置，与之前的产品相比，智能化程度有所提高。但是，就客户的实际体验而言，红鹏现有产品的智能化程度有待进一步优化、改进，真正实现“自动调参”等功能的智能化。

（2）相机模组的研发能力需加强。目前，红鹏使用的是成熟可靠的相机模组部件，但是，对于更为高水平的产品设计而言，研发团队需要具备相机模组级别的设计与研发能力，才能研发出更符合客户需求、更具备专业性与稳定性的高精度倾斜相机产品，实现完全意义上的自主开发、技术可控。

三、地理信息技术在数字城市建设中的应用

1. “时空信息云平台”的应用

1）市场需求

随着改革开放的不断深入和社会主义市场经济的迅猛发展，地理信息技术在数字城市建设中的应用逐渐增多，用户对 GIS 平台建设的技术要求越来越高，而现有的数字城市、智慧城市建设和空间信息服务开发中存在数据采集成本高，无法跨部门、跨产业共享信息，更新维护手段落后，功能单一，缺乏深层次的应用服务等现象。地理信息系统如何适应新形势的需求，加强 GIS 管理，提高公共服务水平，已经成为各级政府面临的重大课题，因此，“时空信息云平台”的应用具有很大的市场前景。

城信所是一家致力于为智慧城市提供解决方案及专业服务的地理信息服务提供商，其研发的“时空信息云平台”致力于帮助城市规划、建设和管理者提供具有创新性和标杆性的软硬件一体化完整解决方案。“时空信息云平台”在梳理归纳已有的数据成果资料，统一转换至国家大地坐标系的基础上，扩充影像、地形、数字高程模型等数据资料，形成“空、天、地”全覆盖、一体化的完备数据体系。同时，“时空信息云平台”完善了地名地址数据、民生兴趣点数据，实现城市规划区范围内的地名地址和民生兴趣点精细化全覆盖，以满足普通群众对网上逛城市的需求等。时空信息云平台的建设以计算存储、数据、功能、接口和知识服务为核心，形成服务资源池，建立服务引擎、地名地址引擎、业务流引擎和知识引擎，构建“时空信息云平台”，连同时空大数据的数据引擎，通过云服务系统，面向不同对象，为各种业务应用按需提供大数据支撑和各类服务。

2）关键技术

“时空信息云平台”在华为政务云解决方案的基础上对平台层进行了优化。该解决方案在全面整合城市已有的信息资源基础上，打造一个充分感知、互联互通、融合共享、业务协同、按需服务的一站式云服务平台，实现城市数据软件、管理、服务和应用的集成，解决城市信息资源管理、社会信息资源管理和城市系统部门协同共享等问题，为建设广泛互联、深度应用、信息服务的智慧城市提供基础支撑平台。

（1）平台的总体架构。

基础设施层：采用“分布式存储、逻辑式集中、一站式服务”的架构，基于华为虚拟化平台和基础设施云管理平台将资源池化，建立统一的服务器资源池、

数据存储池和网络资源池，通过虚拟化技术将基础设施中的各种资源进行整合，形成支撑“时空信息云平台”运行的云环境中心。

数据层：将历史与现状的基础地理信息数据、历史与现状的公共专题数据、智能感知的实时数据和空间规划数据经过汇聚、空间处理后，基于统一的元数据库，在时间序列框架体系下按时期有序存放。通过数据引擎，建立全空间信息模型，实现地上、地下、室内、室外、虚实时空大数据一体化管理，进行一系列的数据管理分析。

平台层：通过各类服务引擎，提供数据服务。平台以数据服务、功能服务、接口服务、基础设施服务和知识服务为核心，形成服务资源池，建立服务引擎、地名址引擎、业务流引擎和知识化引擎，通过云服务系统，为各种业务应用提供服务。

应用层：提供统一门户、在线地图服务和个性化定制，并结合各行业各领域应用需求，支撑建设各政府、企业、公众的各类智慧应用。

（2）平台的优势。

汇聚共享、数据活化：基于专业的非侵入业务式的数据汇聚交换和ETL技术，大数据一站式动态更新管理，保障质量，全面盘活。

资源编码、有机融合：全面支持四大库、二三维、建（构）筑物、地名地址、街景、导航、时态、物联网和非结构化数据，基于CSW资源目录技术，资源多主题、多维度和多时态统一编码，静态动态有机融合。

挖掘数据，直观表达：聚合各类数据形成自身时空大数据中心，打造标准大数据体系，并基于数据进行价值挖掘，丰富的大数据可视化方式让数据多维联动表达，不需要太多语言，使用一页图让浏览者直观感受。

应用托管、专注创新：在平台中可创建应用、接入应用或者托管应用，简单快捷，让用户更专注于业务上的增值与创新。

按需定制，灵性服务：丰富的时空信息服务接口，本地化按需定制、聚合和组装，支持订阅式、自动推送分发等多种应用模式，事务触发式数据同步机制，泛在、灵性的服务。

云端支持、智能运维：支持云环境，可申请云环境资源，降低成本，基于云计算资源监控调度，智能化运维管理，高效安全。

（3）平台的能力调用。

城信所的“时空信息云平台”与华为FusionSphere云平台进行深度融合，通过统一调用华为底层接口发放纳管华为虚拟机，实现虚拟机快速部署发放、虚拟机管理、虚拟机资源快速扩容以及时空云平台资源监控。华为FusionSphere虚拟化软件和云管理平台，能够帮助政府客户提高数据中心基础设施的资源利用率，成倍缩短业务上线周期，成倍降低数据中心能耗，同时，具备高可用和强恢复能力，实现故障时的快速自动化恢复、业务不中断，降低数据中心运营成本，提高运行可靠性。

调用的华为接口包括：租户获取认证授权〈Login〉，获取认证 token；操作虚拟机〈Server〉，包括创建虚拟机、获取虚拟机列表、获取虚拟机详细信息、启动虚拟机、停止虚拟机、软重启虚拟机、硬重启虚拟机、删除虚拟机、批量启动虚拟机、批量停止虚拟机、批量软重启虚拟机、批量硬重启虚拟机、批量删除虚拟机、远程控制单台虚拟机、获取虚拟机网卡信息、获取虚拟机规格信息、更新虚拟机、调整虚拟机规格、确认虚拟机规格调整；操作规格〈Flavor〉，包括获取所有规格列表、创建规格、删除规格、获取单个规格详细信息；操作端口〈Port〉，包括获取网络列表、创建网卡、删除单个网卡、获取端口列表、创建端口、查询单个端口、删除端口、删除虚拟机网卡、绑定端口到虚拟机、更新端口；操作镜像〈Images〉，获取镜像列表；操作卷〈Volumes〉，获取卷列表；操作物理机〈Project〉，获取物理机信息列表；获取指标〈Meter〉，包括获取虚拟机磁盘 I/O 读出速率、获取虚拟机磁盘 I/O 写入速率、获取虚拟机磁盘 I/O 读命令次数、获取虚拟机磁盘 I/O 写命令次数、获取虚拟机网络流入速率、获取虚拟机网络流出速率、获取虚拟机 CPU 总量、获取虚拟机 CPU 使用情况、获取虚拟机内存总量、获取虚拟机内存使用情况、获取虚拟机磁盘总量、获取虚拟机磁盘使用情况、获取物理机主机 I/O 读取速度、获取物理机主机 I/O 写入速度、获取物理机主机网络读取速度、获取物理机主机网络写入速度、获取物理机发送包速、获取物理机接收包速。

3）用户满意度

城信所研发的“时空信息云平台”为政府部门各类 GIS 应用提供基础支撑服务，避免基础 GIS 软件、公共地理数据以及基础 GIS 功能开发等时空信息资源的重复投资；为政府宏观决策、城市规划与建设、城市管理与公共安全，以及各业务部门的管理工作提供科学可靠的时空信息支持，将有效减免重大危险事件等带来的经济损失；实现跨部门、跨系统的业务协同，实现政府管理由粗放、落后方式向高效、敏捷、精准方式的转变，提升政府的科学管理与智能决策水平；有效整合各项资源，挖掘分析各类信息，为政府部门提供全面的、个性化及多样化的专题服务，转变政府服务模式，提升公共服务水平。

城信所每年都会对公司的主要项目进行客户满意度调查，用户对其项目管理、需求管理、实施能力、系统等都给出了满意以上的评价，城信所提供的服务得到了客户的认可，在业界被列入 500 强。

4）效益及自主知识产权

城信所“时空信息云平台”（包括主要技术模块）的年均收益在 1000 万元左右，通过软件产品销售和在平台上搭建对企业和公众的增值服务估算，市场容量有 50 亿元，市场需求相当可观，主要来源于以下几个方面：

（1）软件系统方面收益。“时空信息云平台”提供了各种功能接口，包括数据交换、地图浏览、空间分析、大数据挖掘分析等，如果基于这些平台功能，将来建设涉及时空信息的产业应用系统时将节省相当大规模的软件购置、开发与维护的费用与时间。

（2）时空大数据采集与整理方面收益。建立有效的空间数据共享和更新机制，避免政府资金的重复投入，效果非常突出。

（3）时空信息服务市场化方面收益。通过“时空信息云平台”的建设，整合原本分散的各种资源，为地理空间信息服务市场的发展与壮大提供了坚实与可靠的平台，促进如车辆导航监控、基于位置服务、公共地理搜索等应用的发展，形成良性发展的地理空间信息价值链，培育一批地理空间信息服务提供者与消费者。

城信所以信息资源整合为核心，提供各种基于地理空间基础信息之上的产品及应用服务。主要包括：数字城市综合支撑平台、政务信息资源集成应用平台、城市地理空间信息公共平台、专题信息资源集成应用系统（城市规划、国土资源、房地产、环境保护、社会经济、市政设施等）、城市三维虚拟仿真软件系统、地下管线普查过程监理、城市综合应急联动指挥管理系统、政（商）务辅助决策支持系统、遥感影像数据管理及工程服务等。在开拓创新的宗旨指引下，城信所的业务不断延伸到更广阔的视野。整合异质异构的数据资源，协同不同体系的应用系统，实现资源全面整合和共享，消除“信息孤岛”与“数字鸿沟”，为服务型政府的高效管理及科学快速决策提供了有力的技术保障。城信所以务实、合作、开拓、创新为宗旨，不断实现技术上的领先与突破，为数字城市的发展提供一流的专业服务和解决方案。

城信所已在城市建设领域开展信息技术应用，承担了多个项目（包括“九五”攻关重中之重项目），拥有软件著作权132项，申请相关专利10余项，其中，近10年来，与“时空信息云平台”关键技术相关的有10项。获得了建设部科技进步奖一、二、三等奖，科技部、建设部重点推广项目以及广东省、广州市科技进步奖。

2. 城市排水防涝系统的应用

1）市场需求

为落实解决城市排水防涝问题，保障人民群众生命财产安全，国务院办公厅下发《国务院办公厅关于做好城市排水防涝设施建设工作的通知》（国办发〔2013〕23号），通知要求：“2014年底前，要在摸清现状基础上，编制完成城市排水防涝设施建设规划，力争用5年时间完成排水管网的雨污分流改造，用10年左右的时间，建成较为完善的城市排水防涝工程体系。”

针对我国城市基础设施总量不足、标准不高、运行管理粗放等问题，为加强和改进城市基础设施建设，国务院发文提出若干条意见，针对城市排水防涝领域，再次强调：在全面普查、摸清现状基础上，编制城市排水防涝设施规划。加快雨污分流管网改造与排水防涝设施建设，解决城市积水内涝问题。传统排水解决方案存在许多问题，如 GPRS 传输安全性低、网络覆盖深度性欠佳、运维困难等。随着智慧城市的发展，物联网、云计算、大数据等新技术的广泛应用，奥格研发了“奥格智慧排水防涝信息系统”，该系统成为智慧城市建设、提高信息化管理水平的标志之一，为推动行业创新、增进民生福祉、提升社会价值、保护环境资源助力。

“奥格智慧排水防涝信息系统”的建设实现了防洪应急工作智能化，在整个防涝管理过程中，各单位均可借助该系统获取气象、水文、交通、内河、路面、管网等包括视频、水位和流量在内的实时信息，为现场处置工作提供及时有效的信息保障，水位超限时立即报警提醒，做到早发现、早处置；借助已建立的部分城市市区防涝预警水力模型，仿真分析排水管网运行和城市路面内涝风险，为防涝应急预案的制定、优化和提前布防提供技术支撑。

在应急调度方面，“奥格智慧排水防涝信息系统”可以进行事前应急预案管理、物资人员管理；事中启动预案、人员布防，利用在线监测或现场上报涝情信息，发布共享；事后进行一雨一报总结、涝情回顾、工作考评及应急预案优化；通过信息系统进行防涝工作流程再造，优化了城市防涝“市、区联动，三段式管理”工作机制；通过信息的汇聚共享，提高城管、交警、气象、水文、建设等各部门间的实时联动效率，形成科学高效的防涝应急一体化指挥体系，实现防涝指挥体系一体化。

“奥格智慧排水防涝信息系统”利用移动 APP 对工作人员进行移动考勤、轨迹巡查和绩效量化，利用信息化技术对工作人员进行全程工作记录；同时，通过系统对各单位全流程防涝工作落实情况（包括汛前排查、预案准备、物资落实及后期总结、整改等）进行跟踪、督办，健全完善防涝工作奖惩等管理制度，运行绩效考核办法，督促各单位自我约束、主动作为，实现防涝监督考核精细化。

“奥格智慧排水防涝信息系统”运用微信、门户网站等平台，将年度内涝点信息、历次涝情实时情况（包括内涝区域、积水深度等）及时向市民发布，同时与交警部门充分协作，利用市区道路交警诱导指示系统发布内涝实时信息。下一步计划与区市各新闻媒体建立更顺畅的沟通联动机制，第一时间将涝情信息通过媒体向公众发布，实现防涝信息公众服务品质化。

2）技术储备

奥格致力于智慧水务、智慧市政、智慧规划、智慧国工四大行业的信息技术，深耕多年，技术储备厚实，科研能力强，下面以微服务技术为例。

微服务技术是一种新型软件系统架构设计风格，是将一个软件系统拆分成多个小型服务，这些小型服务都在各自独立的进程中运行，服务之间通过基于 HTTP

的 RESTful API 进行通信协作；被拆分成的小型服务各自围绕着系统中的某一项或一些耦合度较高的业务功能进行构建，并且维护自身的数据存储、业务开发、自动化测试案例及独立部署机制。

微服务的技术特点有以下几点。

（1）服务组件化：组件是一个可以独立更换和升级的单元。在微服务架构中，服务是一种进程外的组件，它通过 HTTP 等通信协议进行协作。服务独立开发、部署，可有效地避免因一个服务的修改而引起整个系统重新部署这一问题的发生。

（2）按业务组织团队：每一个微服务都是针对特定业务的宽栈或全栈实现的，既要负责数据的持久化存储，又要负责用户的接口定义等各种跨专业领域的职能。因此，当面对大型项目时，对微服务团队的拆分按业务线的方式进行，一方面可以有效减少服务内部修改所产生的内耗，另一方面团队边界可以变得更为清晰。

（3）做“产品”的态度：实施微服务架构的团队中，每个小团队都应该以做产品的方式对其产品的整个生命周期负责。用做“产品”的态度来对待每一个微服务，持续关注服务的运作情况，并不断地分析，帮助用户来提升业务功能。

（4）轻量化通信机制：在微服务架构中，服务由于不在一个进程中，组件间的通信模式要使用更加轻量化、更粗颗粒度的通信协议，例如使用 HTTP 协议的 RESTful API 或轻量级的消息发送协议来实现信息传递与服务调用的触发。

（5）去中心化治理：微服务架构采用轻量级的契约定义接口，因此，架构系统中的组件可针对其业务特点选择不同的技术平台。

（6）去中心化管理数据：在微服务架构中除了将原数据库中的存储内容拆分到新的同平台的其他数据库实例中之外，也可以把一些具有特殊结构或业务特性的数据存储到一些其他技术的数据库实例中。

（7）基础设施自动化：在微服务架构中，必须从一开始就构建持续交付平台来支撑整个实施过程，该平台至少需要提供自动化测试、自动化部署两个功能。

（8）容错设计：在微服务架构中，快速检测出故障源，并尽可能地自动恢复服务是必须要被设计和考虑的。通常，在每个服务中都要设计监控和日志记录的组件，如控制服务状态、断路器状态、吞吐量、网络延迟等关键数据的仪表盘等。

（9）演进式设计：一般需要以演进的方式进行微服务软件系统的构建，在初期系统以单体系统的方式来设计和实施。随着系统的发展或者业务的需要，会将一些经常变动或是有一定时间效应的内容进行微服务处理，并逐渐地将原来在单体系统中多变的模块逐步拆分出来，而稳定、不太变化的就形成了一个核心微服务，并存在于整个架构之中。

3）研发经费和人员投入

“奥格智慧排水防涝信息系统”为 2019 年开发产品，研发经费算法采用广东软件行业协会颁布的《软件开发项目概算指南（V1.0）》任务估算法，依据软件工程的概念、国内软件开发行业的惯例及经验值，以及不同任务，软件开发工作可分为设计、编码、测试，将各任务分解至若干密不可分的子任务，对每项子任务在软件开发过程中的设计、编码、调试各阶段工作按比例分配人员及开发时间，每个人员的工作量之和就是该任务的工作量。最后将各个任务的工作量进行累加，即得到软件项目的总工作量。

4）应用服务

"奥格智慧排水防涝信息系统"在城市水灾、黑臭水体、农村污水等排水防涝场景中应用广泛，全面支撑城镇排水与防涝的设施普查、规划建设、业务审批、养护管理、在线监控、应急调度、水力分析的全生命周期管理；提供排水设施普查、水务感知仪器仪表生产、供排水设施管理信息系统、在线监测和应急调度系统等软硬件一体化的整体解决方案和服务，辅助智慧城市改善城市环境、提高城市宜居性。

"奥格智慧排水防涝信息系统"最终形成了125个成果，包括防涝预警一张图、时空数据库、两套网络及五大核心应用。

（1）防涝在线监测系统：整合共享多部门在线监测数据，查看气象预警、气象图、降水格点、雨量监测、天网视频、交警视频、自建重要点位视频、泵站监测、管网节点监测、河道水位监测等实时数据，实现防涝在线监测。

（2）排水模型分析系统：建立城市市区一定范围内排水模型，形成全市内涝风险图，并分析内涝成因，辅助应急预案的优化。

（3）防涝应急指挥系统：优化城市防涝工作"市、区联动，事前、事中、事后三段式管理"的运行机制。

（4）排水管网信息系统：排水管网信息系统主要用于城市排水管网的数据管理、查询分析，为在线监测、排水模型分析、防涝应急调度提供基础数据支撑。

（5）排水设施管理系统：实现排水设施养护管理业务的信息化，市政设施维护工程管理的可视化。

5）用户满意度

奥格为水务行业服务多年，从开始的项目性，升级到内部产品化，与合作伙伴进行一些合作，进行外部产品化，最后努力做到把产品平台化，更加优化。奥格不仅是智慧基础设施服务供应商，也是智慧雨洪管理的先行者。奥格在智慧排水防涝方面的努力，更是得到多方面合作伙伴的认可，如杭州市市政设施监管中心智慧排水系统平台建设项目（一期）、南宁市市区防涝预警监控信息系统项目、萍乡海绵城市设施管控平台软件开发及服务项目等，都受到了用户的好评。

6）效益及自主知识产权

“奥格智慧排水防涝信息系统”的效益体现在提高了城市防涝减灾的有效性、及时性、全面性和协作性，提高了城市综合管理能力与城市灾害的预防能力、决速处置能力和办事效率，降低了内涝灾害的破坏程度，减少了群众生命财产损失；用现代化信息技术管理城市排水防涝，可以减少管理人员的投入频次和数量，显著提高城市防涝减灾工作质量，降低城市综合管理成本；城市内涝预警监测系统应用智能分析技术，相当于配置了“永不疲劳”的值班人员，对监测范围内的信息实时识别并及时报警，有效减少管理部门的日常工作量；根据内涝情况灵活调动救援力量，最大限度地利用了城市管理资源，既节约了巡查经费，又提高了信息获取的及时性与准确性，保护群众的经济利益；对防涝工作成员单位进行工作监督，通过一雨一报、涝情回顾等进行工作考评，实现内涝、水情、排水管线等信息的共享；通过统计分析，可以优化城市排水防涝工程设计和规划，为设计部门提供数据支持，防止建设冗余和过度投资，将城市各区道路开挖与道路检测审批在防涝预警监控信息系统上录入并审批，统一管理，免去各区专门建设道路开挖与道路检测的审批环节，节约费用。

奥格从自主知识产权、技术创新、功能性能指标、经济效益、用户评价等方面对 GIS 平台开发精益求精，仅城市排水防涝方面的软件著作权就有 22 项。“奥格智慧排水防涝信息系统”连续两年获广东省优秀软件产品，获得 2019 年广东省 TOP15 名牌软件；同时，奥格城市信息模型（CIM）软件 AgCIM 是基于三维 GIS 和 BIM 等技术集成的 CIM 平台，支持大场景三维模型和 BIM 模型的存储管理和高性能查询展示，满足“规、设、建、管”等应用，推动工程建设项目审批制度改革，从行政审批提效向新技术辅助技术审查提速转变，实现“多规合一”的智能化、空间管控精准化、项目审批协同化、实施监督动态化，发挥信息化在创新规划理念、改革规划方式、完善规划体系中的重要作用，推进数字城市的建设。

7）关键技术及改进措施

“奥格智慧排水防涝信息系统”的架构是基于互联网、物联网、云计算、大数据技术，建设设施完整、拓扑清晰、位置准确的排水设施“一张图”，能够实现市、区、街镇三级排水设施精细管理、动态更新、实时监测和智能控制，实现污水流向和雨水流向全过程可视化查询、追溯与分析，为处置污水溢流、暴雨内涝等应急事件提供有效支撑，为排水空间规划、设计、排水设施改造与接驳提供决策支持。“奥格智慧排水防涝信息系统”支持对接合作伙伴的云平台，如华为云平台等。

从整体上看，国家对于软件信息安全非常重视，产品原依托众多国外成熟的产品搭建。今后，平台建设必须结合国产成熟的信息化平台升级改造，如国产的数据库、国产的中间件，以及国内自主研发的计算机服务器操作系统等。

从关键技术上看，目前模型应用在国内尚属于试点阶段，距离大规模使用还需要较长的时间。随着各种传感设备技术的提高及5G技术的普及推广，云计算的能力提升，实时的大数据结合模型分析应用场景将更加贴近现实，这一关键技术的提高将是整个智慧排水系统真正实现“智慧”的核心。

3.“智慧排水综合管控系统”的应用

1）市场需求

随着我国城市化进程不断加快，城市地下管线普及率越来越高，保持及提升地下管线的功能，建立地下管线系统成为维护城市地下生命线的重要保障之一。精准治污、科学治污、依法治污、加强排水防涝管理是全国当前开展的重点工作。建立智慧排水综合管控平台是实现智慧排水防涝管理的基础，同时，也是实现生态环境保护和智慧城市建设的重要组成部分。绘宇智能秉持智慧先行的排水管理理念，采取治污治涝、一河一策，研发了绘宇智能地下智慧管网、智慧排水信息化管理系统、绘管通成图系统等“智慧排水综合管控系统”。

“智慧排水综合管控系统”通过控源截污、清淤清障、管网修复、水岸同治等技术手段，实现海绵城市、碧水长流的治水管水目标。

2）技术储备

绘宇智能在实践中掌握了深埋管线探测、水下海缆管线探测和非开挖修复等核心技术，拥有多类先进管道检测仪器。聚焦管网，拓展排水防涝设施普查、排水管网探测、排水管道清淤检测、非开挖修复等业务，研制了成套的地下管网“探测—检测—修复”全生命周期的产品，成为管线探测行业的先行者。“智慧排水综合管控系统”提供了城市综合地下管线探测、箱涵摸查、专项管线服务。自主研发的智慧管网平台，提供从成图入库到数据采集更新的管网全生命周期信息化解决方案，打造智慧地下空间联合网，为摸清城市地下管线情况、加强地下管线建设管理、增强城市应急处置的能力提供重要支撑和保障。

绘宇智能具有丰富的有限空间作业经验，在水环境治理、给排水管道检测、非开挖修复、管养维护等方面已建立完善的流程体系，能为决策部门提供第一手参考资料，为管道运维提供全面的技术支持。通过远程采集数据，进行信息传输，获取排水管道内部信息。例如，QV检测（管道潜望镜检测），对污染水体进行溯源，从源头解决雨污混接、黑臭水体问题，还大自然一片绿水；CCTV检测（闭路电视监控系统检测），对管道进行病害调查，防止出现塌陷及水浸问题。绘宇智能针对有不同缺陷类型和缺陷程度各异的管道提供合理的非开挖修复方案，有效地解决了一些管道缺陷问题，对防止城市出现道路塌陷和内涝隐患、提高排水管道的运行能力有所帮助。

3）系统简介

“智慧排水综合管控系统”基于“物联感知、信息共享、科学决策、精细管理”

的设计理念，以物联网、大数据、移动互联网、GIS等现代信息技术为核心，通过建立排水管网、排放口等前端监测感知网，整合排水设施、污水治理、养护管理、行政审批等数据资源，形成排水管理“一张图”，基于水力分析模型，实现内涝风险评估、管网现状能力评估等决策分析，推动排水运行管理向标准化、可视化、集约化、联动化、智能化方向发展，持续提高排水综合管理水平。

“智慧排水综合管控系统”以地理信息技术实现排水设施的可视化管理，以物联网技术实现排水设施运行状态实时监测，以移动互联网技术实现排水设施养护的移动巡查管理。从真正意义上实现城市排水管理的规范化、精细化、智慧化，为提高城市基础设施智能化水平、加快城市排水智慧化进程、促进社会经济的发展出力。

“智慧排水综合管控系统”的预警、报警信息通过微信或者短信的形式自动推送至用户手机上，可以第一时间做出调度响应，避免事故的发生。

4）系统构成

“智慧排水综合管控系统”的功能主要包括排水设施管理、档案资料管理、移动巡查、管网缺陷管理、在线监测、应急指挥调度管理等业务需求，进一步提升综合处置和应急救援能力，为城区安全度汛提供强大的技术支撑。“智慧排水综合管控系统”由“一网、一库、一平台、一模型、一体系”构成。

“一网”，排水管网前端感知监测网：对高风险渗漏、淤堵、错接、溢流管段及易发生水体污染的河道进行运行安全风险评估。选择高风险的区域，通过安装部署雨量监测终端、积水监测终端、管道水位监测终端、河道水位监测终端等设备，对排水管网流量与液位、易积涝点、河道水位、泵站运行状态及河道水质等状况进行实时采集与传输，实现动态监测。

“一库”，排水设施数据库：整合基础地形、遥感影像、三维实景、排水管网、泵站闸门、雨水口、排放口等数据资源，建立排水设施数据资源库，形成排水综合管控“一张图”。

“一平台”，排水综合管控平台：建设排水管网地理信息系统、巡检养护系统、在线监测系统、应急指挥系统等，实现排水设施管理的数字化、可视化、智慧化。

“一模型”，水力分析模型：充分利用产汇流模型、排水管网模型、地表淹没模型、河道模型等，在模拟设计的降雨条件下，开展建设区域地表径流及管网排水能力现状分析，包括内涝风险模拟、管网现状能力评估、泵站及调蓄等设施规模优化等，根据分析结果（包括地表积水范围、水深、流速和汇流路径等）进行内涝风险评估。

“一体系”，运维管理体系：建立标准规范、信息安全、日常养护管理、内涝应急预警体系。

5）应用服务

（1）疫情防控专题应用。

城市疫情防控展示：基于地图直观展示区域内的疫情点、疫情小区、定点救治点、集中隔离点的位置分布，并提供详细的疫情信息展示，如疫情小区名称、楼栋数、确诊病例、疑似病例、隔离人数等信息。

排水管网分布展示：利用二、三维一体化技术直观展示疫情点、疫情小区、定点救治点、集中隔离点周边的地下管网分布，让疫情管理人员快速掌握疫区污水排向，科学制定地下防线方案。

重点防控位置展示：基于排水管理“一张图”展示预处理固体废弃物堆放点、生化系统污水外露面、污泥处理系统、污水收集管网系统、污水泵站等重点防控位置。

污水管道水位监测：利用物联网技术对重点疫区、定点救治点、集中隔离点排污管的污水水位进行实时监测，对高水位的污水井进行系统和短信报警，避免高危区污水外溢造成传播隐患。

排放口水质监测：以在线自动检测为主，实时监测出水水质情况，包括 pH 值、浊度、氨氮、COD 等，确保出水达标排放。

排污影响区域分析：利用排水水力模型对高危区污水影响区域进行分析，分析结果，按照影响效果在地图上用不同颜色进行渲染，直观展示高危区污水影响区域，为高危区排污病毒防控提供决策依据。

（2）排水管理典型应用。

排水设施资产管理：提供全面的排水设施资产管理工具（排水管道、雨水井、检查井、泵站、水闸、涵洞等），图文并茂地展示排水设施资产信息，方便、快捷地基于电子地图实现定位、查询。

排水设施档案管理：提供全面的排水防涝设施档案管理，除按国家标准普查的设施基本资料外，还提供了如管道清障信息、管道检测信息、管道 CCTV 检测影像信息、工程档案信息等功能。

排水管道缺陷管理：对排水管道开展 QV 检测或 CCTV 检测后，系统辅助实现对排水管道缺陷分布、缺陷评估、缺陷信息查看等功能，使管理人员及养护人员更便捷地掌握排水管道缺陷情况。

排水设施养护管理：提供科学养护管理能力，提供基于计划养护和日常巡检两种养护管理方式，规范养护流程，明晰管养主体，变被动养护为主动养护，结合移动巡查通，及时发现井盖丢失等排水设施问题，大大提高城市排水设施养护水平。

（3）移动 APP 巡检应用。

利用移动 APP 管网巡检系统，巡检人员通过 GPS 定位，及时发现排水管道及附属设施有损坏、缺失或有危及安全运行的情况。

（4）排水运行在线监测。

通过物联网、SCADA、三维仿真等技术，实时监控水闸、泵站、管网等设施工况，实现城市易涝点的管理，通过部署液位仪、液位尺、高清摄像头等方式，重点监控城市易涝点积水情况，结合城市防汛预案，实现智能化泵闸联动控制，为防涝指挥提供科学依据。

（5）排水管网水力模型。

基于暴雨洪水管理模型（storm water management model，SWMM）降水-径流模拟模型，以城市排水设施数据为基础，结合管网监控数据和气象雨情状况，实现对城市汇水区智能划分、排水网管、管点饱和度分析，为管网规划、防涝预测提供决策依据。

（6）防涝应急抢险调度。

根据气象预报信息启动相应防涝应急预案，通过短信/微信通知抢险人员，实现灾前提前布防，通过抢险队伍与设备物资调度实现灾中应急抢险，通过“一雨一报”“一雨一档”实现灾后恢复总结。

针对当前严峻的疫情，绘宇“智慧排水综合管控系统”将保证污水处理厂、污水收集管网、污水泵站等排水设施正常运行；避免病毒通过污水管网外溢传播；避免病毒通过污水泵站扩散传播；避免病毒通过污水处理厂扩散传播；保障在污水处理厂、污水管网收集系统、污水泵站工作的全体员工不受病毒感染。

6）效益及自主知识产权

绘宇智能在城市排水智能化方面秉承“把项目做成技术，把技术做成艺术”的理念，不断地进行技术创新和改进，提供“智慧排水”的地理信息新产品和新服务。绘宇智能的“智慧排水综合管控系统”已经在全国一些省市得到广泛应用，如珠海市、惠州市、贵阳市经济技术开发区、昆明市等，并取得了一定的社会效益和经济效益。目前，绘宇智能在管道探测领域拥有30余项软件著作权、20余项专利；管线项目获奖15项，其中国家级获奖8项；年探测管线2.5万千米，综合实力位列全国前列。

4. 超深管线探测技术在城市地下管网探测中的应用

1）市场需求

地下管线探测技术服务作为测绘行业的一个分支，从20世纪90年代开始发展，到目前为止已经涉及全国所有大、中城市及部分小城市，在城市规划、基础建设、国家地理信息系统建设等领域发挥越来越大的作用。

目前，地下管线探测的核心技术仍然是以电磁感应法（管线探测仪）探测为主，高频电磁反射波法（探地雷达）探测为辅。这主要是两个方面的原因：一方面是我国早期地下管线除排水外绝大多数是金属材质的；另一方面是由于电磁法探测原理能很好地适应当时技术的发展条件，较其他方法率先实现了应用仪器的轻便化、探测结果的灵敏化和精确化及设备生产的经济化，从而使效率高、经济效益好的探测服务行业得以生存和发展。

我国管网的信息化工作从 20 世纪 90 年代初期才开始，并且我国的管网信息化工作至今尚未达到全覆盖，存在数据不够全面和精准的情况。特别是对于埋深超过 5 m 的地下管线，还未能掌握其准确位置及埋深信息。

传统的电磁法地下管线探测设备，只能够对地下埋深 5 m 以内的金属管线进行有效定位和定深。随着非开挖管线施工技术的广泛应用，地下管线埋设越来越深，超过 10 m 甚至 20 m 埋深的长距离穿越管线越来越多。如何准确探测这些管线的位置及深度，为后续工程设计和施工提供准确的地下空间信息，成为一个难题。

天驰针对这一管线探测难题而提出的超深管线探测技术，不仅探测深度大（最大探测深度可达 50 m）、精度高（精度是行业标准的 5 倍以上），而且是一种使用寿命长、环境污染低、无辐射的应用技术。该技术受到工程领域的广泛欢迎，市场前景巨大。

2）技术储备

天驰一直耕耘于地下管线探测领域，从 2010 年起，天驰成立了以总经理为主导的技术研发团队，专门攻克在地下管线探测领域遇到的难点和盲区。目前，天驰在超深管线、超大管线及非金属管线探测等技术难点上取得了突破，并在工程探测实践中取得了良好的效果，获得用户一致的好评。

导向仪示踪探测法、陀螺仪惯性定位法、浅层地震法、高密度电法、磁测井法等方法是应用于超深管线探测的常规手段，在具备这些探测手段的基础上，天驰自主研发了“竖直探头剖面法探测技术”“立体的地下管道精确探测方法”两项分别针对超深金属、非金属管道高精度探测的创新技术，并均已成功应用到工程项目生产中。

（1）剖面法探测技术。

主要应用于超深金属管线（埋深＞5 m）的探测。通俗地讲，就是在地面上用水平剖面观测法对目标管道进行预定位，再在目标管道旁侧钻进一条竖直通道，采用分离式低频电磁波探头（有效探测深度可达 50 m）在竖直方向上采集数据，求出目标管道的位置和埋深。

①信号加载方式。对于埋深超过 5 m 的金属管线，信号加载的方式对探测效果影响很大。对于超深金属管线，一般使用大功率的发射机，信号加载方式包括单端连接、双端连接。

为了尽量避开浅部管线的干扰，在布设长导线时，不要让导线靠近干扰管线，以免其他管线受到电磁场激发产生二次干扰，影响目标管道信号的获取。因浅部管线均匀分布在目标管道两侧，可采用架高信号传输线来尽量减小对浅部管线的激发。

②水平剖面法探测技术。水平剖面法是将接收机垂直于管道走向，在地面上每隔一定距离采集地下管道发出的电磁信号，利用软件对信号进行反演分析的过程。采用剖面观测法，即在目标管道上方，垂直管道走向进行水平剖面观测，剖面中心点尽量靠近目标管道中心在地面的投影，剖面线长度一般设定为目标管线埋深的2～3倍。然后将接收机频率调节至与管道产生二次场的频率一致，并固定接收机增益。记录水平天线接收信号强度，点距0.2～0.5 m，剖面长度20～50 m（点距和剖面长度视目标管道埋深而定，一般点距取埋深的五十分之一，剖面长度取3倍埋深）。剖面布设在地势平坦且尽量少旁侧管线干扰的地段，每隔20～50 m布设一条剖面（视地面平整条件而定）。

③竖直剖面法探测技术。竖直剖面法适用于对深度精度要求较高的金属管线，将水平剖面装置“下沉”至靠近目标管线，并绕目标管线顺时针旋转90°就成为竖直剖面法。

进行竖直剖面法探测前，需运用水平剖面法对目标管线进行预定位，并初测目标管线的初步埋深，而后通过在目标管线旁侧钻孔，在管线垂直方向上利用分离式低频电磁波探头观测磁场强度的变化情况，分析判断目标管线与孔位的平面距离和探头的峰值位置，最终判断目标管线的平面位置和埋深。

④竖直剖面法的探测精度水平。竖直剖面法探测精度与管线埋深H无关，只与钻孔与管线的水平距离L有关。一般取$L=（0.2～0.3）H$，故竖直剖面法的定位定深精度能比行业规范精度标准提高3～5倍，完全满足用户要求。

（2）全方位电法探测关键技术。

全方位电法是依据德国的一套先进地质勘探技术理论，由天驰自主研发的一种新技术，其装置方式沿用高密度电法设备，但探测是以立体的方式，能够从地表和井中全方位地实施探测，其探测能力为在周边40 m的范围内，高精度地确定管道在地下的埋深和延伸方向，并且不会受到电磁干扰，以及管道交叉和重叠的干扰。

①全方位电法基本原理。全方位电法的工作方式和特点，一是探测精度高，可避开地下管线或地下工程等进行多方式和多角度的施测；二是避免了传统的管道探测容易受到电磁波干扰、管道上下和左右重叠等干扰的影响；三是有先进的探测方式，能在探测中发现精细的目标体。

②全方位电法达到的技术水平。全方位电法依托其自身的理论和探测方式的改进，可以将原来的探测精度（17%～33%）大幅度提高到5%，有效解决建设工程中的技术难题。

全方位电法探测使用的是直流电，其在地下管线探测的过程中不会产生电磁波，也不需要接收感应电场信号，它是通过地下各部位的电阻率值差异来探明地下管道的。即探测时向地下提供直流电，通过电法仪器探测地下各个部位的电位差和直流电数据，通过反演得到等视电阻率曲线剖面图，通过多条垂直地下管线方向的测线确定地下管线的埋深、位置和管径大小。

由于电位差和直流电数据是用来计算等视电阻率值的，近间距并行管线和多电缆管道在直流电法的等视电阻率曲线剖面图上，都是各自独立的“异常”，不会相互影响。非金属管道在等视电阻率曲线剖面图上显示的是“高阻异常”，也能够准确地被探测到。

与其他探测技术相比，全方位电法在超深非金属管线探测方面具有得天独厚的优势。

3）应用案例

超深管线探测技术在城市地下管网探测中的应用作为测绘地理信息服务的一个分支，从 20 世纪 90 年代开始，已经发展到全国所有的大、中城市及部分城镇，在城市规划、基础建设、国家地理信息系统建设等应用中发挥越来越大的作用。

（1）宁波海底国防光缆埋深及走向高精度探测：该项目工作范围在蟹浦化工区老海塘到新海塘之间，在输变电工程施工过程中，发现有一条由西往东走向的海底光缆，该海底光缆埋设方式为海底沉管，高程未知，管线在正常使用。该管段甲方利用多种常规手段均无法探明，导致施工被迫停滞。

2018 年 6～7 月，天驰应邀赴现场踏勘后，迅速做出响应，利用水平剖面法与竖直剖面法相结合的技术，对目标光缆实施高精度探测，成功精确探测 32 个管线点，管线探测路由长度 2.2 km，圆满解决了甲方的施工难题。

（2）广南梅供水管工程横穿天然气管高精度探测：该项目位于珠海市香洲区猪母涌边，相关管线资料显示，在测区内存在一条燃气管道，管径为 D660×17.5 mm，管材为钢 X65，穿过猪母涌，待建供水管正好与现有燃气管道的位置相交。天驰为保证施工过程中的管线安全，急需对 X65 燃气管道进行探测。

2018 年 7 月，利用竖直剖面法探测技术，在管线交叉位置附近精确探测 3 个管线点，探明目标燃气管道最大埋深达到 17.8 m。

（3）珠海超深燃气管道探测：珠海琴韵至澳门莲花 220 kV 超高压电缆线路 C28～C31 段水平定向穿越段详细探测项目位于珠海市横琴新区环岛东路，目的是探明一组 12 孔超深供澳 220 kV 高压电缆，共 9 条电缆，3 条备用空管，沿道路水平定向钻施工，穿过“T”字路口，顶管长度约 140 m，顶管设计最大埋深约 11 m。

天驰采用“水平+竖直剖面法”“全方位电法”相结合，对目标电缆进行综合探测。完成对 12 条目标电缆套管的准确探测，确定 12 条电缆套管是分为 3 组路径进行牵引的，最深点的管底埋深达到 15.2 m。

4）研发经费和人员投入

天驰每年投入研发费用约 1000 万元，其中，超深管线探测技术年均研发投入超过 200 万元，约占公司年研发投入的 20%。截至 2019 年底，天驰进行研发和相关技术创新活动的科技人员有 82 人，占公司全体员工数的 30%。其中参与“时空信息云平台”相关技术研究开发的人员年均超过 30 人。

5）用户满意度

2018～2019 年，天驰对一些主要项目进行了客户满意度调查，用户对天驰的服务态度、服务质量和技术能力方面均有高度评价，认为非常满意的比例超过 90%。天驰提供的服务受到行业内各单位的普遍认可。

6）效益及自主知识产权

天驰平均每年承接的超深管线探测项目在 50 个以上，年均收益约 1000 万元。主要服务对象涉及市政、水务、电力及燃气部门，以及相关的设计、施工单位等。天驰拥有与超深管线探测关键技术相关的软件著作权和发明专利 6 项。

四、“绿水青山一张图”与示范应用

“绿水青山一张图”是基于欧比特的卫星大数据，从城市管理的宏观层面，对山水林田湖草等自然资源实现动态监测，再结合无人机倾斜摄影数据、城市监测数据和地面传感器的实时监测数据，实现空、天、地一体化，地上、地下一体化的全方位城市自然资源信息展示和监测。“绿水青山一张图”一方面通过遥感影像变化监测，掌握城市生态环境变化情况和趋势，另一方面通过地面部署的传感器采集的监测数据，为管理者在自然资源、空间规划、国土资源、城市管理、生态环保、农业农村、精准农业、智慧海洋、应急管理、防灾减灾、智慧交通等行业与领域提供翔实的数据和技术支撑。

“绿水青山一张图”得到了珠海市政府的大力支持，率先在珠海市自然资源、生态环保、农业农村、应急管理等多个部门示范应用，解决了传统手段难以解决的问题。“绿水青山一张图”的快速覆盖能力、大视野遥感、高光谱定量遥感、大数据融合、人工智能分析等特色，极大地丰富了数字政府和智慧城市的服务内涵，实现了定量遥感与城市综合监测服务的全面覆盖及实质性应用，大大提高了政府管理的快速响应水平。其“1+5”（1 年建设、5 年运营应用）的业务模式得到了全国一些省市政府部门的关注和支持，欧比特已经在全国成立了事业合作伙伴联盟。而且，还极大地促进了卫星大数据产业的发展。

1）“绿水青山一张图”简介

（1）空天地一体化的数据展示系统。

“绿水青山一张图系统”可展示卫星影像数据、航拍数据、地面三维建模、传感监测数据、地下三维数据等；可展示欧比特卫星数据，包括国土资源等相关的"山水林田湖草"数据，可查看国土资源监测、水资源监测、湿地分布监测、海洋水质监测等。除了这些卫星数据外，还可以查看其他卫星数据，包括 GOOGLE 影像数据、高德影像数据、BING 数据、"天地图"数据等。

"绿水青山一张图"支持加载各种航拍数据、无人机倾斜摄影数据，可加载地面三维数据，可加载地面传感器数据（包括水位、水质、摄像头等数据），可加载地下空间数据（如地下隧道、综合管廊、地下人防、地下管线等数据），通过大数据展示，实现空、天、地及地下一体化数据的展示。

（2）大屏展示子系统。

自然资源专题大屏：通过遥感影像提取的各类自然资源的监测数据成果，结合物联网监测数据，监测国土资源、湿地分布、森林资源在监测周期内的变化情况生态环境专题大屏：通过遥感影像提取的各类生态环境的监测数据成果，结合物联网监测数据，对水、大气、土和排放口污染源等进行分析和统计，对珠海市的生态环境进行综合性监测，即内陆水系水质以及在监测周期内的变化情况、饮用水水源地富营养化程度以及饮用水水源保护区的风险源变化、城市裸土的分布情况、城市空气质量监测、城市入河污水排放口水质监测和排放企业规模监测以及排放口分布监测。

城市管理专题大屏：通过遥感影像提取的各类生态环境的监测数据成果，结合物联网监测数据，对城市的综合管网、排水管道、园林绿化、城市违建的变化进行监测，即查看全市的综合管网信息和分布；利用物联网传感设备对城市排水管道系统的河湖水位、排水管道水位、城市积水点水位和排水泵站进行实时监测；对城市园林绿化的变化进行监测；对疑似城市违章建筑物进行检测；对城市建筑工地的面积和分布进行监测。

（3）智慧城市一张图三维应用系统。

专题数据加载：加载通过遥感影像提取的各类监测数据成果，根据不同的性质，构成不同的专题数据；通过专题的切换，快速加载、浏览、查询和定位专题数据。

专题综合看板：通过分析遥感影像提取的专题监测数据成果和物联网监测数据，形成直观的专题综合看板。在看板上，可以实时掌握自然资源的现状、历史数据、变化情况等，也可以结合监测数据分析未来变化趋势。结合传感器采集的监测数据，对城市运行数据和市政设施的运行状态数据（如河湖水位、水质、空气质量、管道压力、流量等数据）进行实时监测和分析，帮助城市管理者更快速、更直观、更科学地把控城市的运行情况。

（4）卷帘和多屏对比分析功能。

通过卷帘功能和多屏对比功能，可以在地图中直观观察到不同时期数据的变化情况。

（5）三维浏览。

浏览各种三维建筑模型，如通过二维建筑面自动拔高生成的白模建筑、3DMax生成的精细模型以及倾斜摄影快速建立的三维模型等。

浏览三维管线模型：查看地下三维管线数据、查询管线的属性数据。

（6）在线监测。

通过物联网传感器设备，实时监测雨量、河湖水位、管道水位、管道流量、排放口水质等，并在“绿水青山一张图”中实时显示，越界报警等。集成各种视频监测数据，在“绿水青山一张图”中实时调用监控视频，查看现场实况。

（7）综合分析。

城市控高分析：根据城市建筑高度管制要求，对建筑物进行限高分析，生成限高面，对不符合要求的建筑物进行直观的展现。

淹没分析：通过淹没分析功能，根据某区域洪水涨势速度，动态模拟洪水涨到指定高程的淹没过程，为防洪救灾提供一定的参考，淹没分析结果可为河流区域的水利工程或建筑地选址提供依据。

道路三维开挖分析：通过道路三维开挖分析功能，分析地下管线分布和层叠情况，更进一步了解地下管道和传感器分布情况。

2）“绿水青山一张图”的特色

（1）融合了遥感影像数据、无人机倾斜摄影数据、地表三维建模数据、地下管线数据，实现了空天地数据的一体化展示；

（2）系统结合了城市运行的监测数据和城市市政设施的传感监测数据，既实现了宏观层的自然资源变化监测，又实现了微观层的设施运行状态数据监测；

（3）系统基于三维平台进行开发，实现了地上、地下，二维、三维一体化的数据展示；

（4）系统实现了与城市管理相关的业务分析功能、数据的可看可查、数据的深度分析，可为城市规划、城市管理提供强大的决策支持，帮助全面地感知城市的运行和状态，快速主动发现和解决城市运行中的问题，提高城市的运营管理水平。

五、地理信息技术在国土空间规划与管理中的应用

地理信息技术在自然资源部门中的广泛应用，改变了自然资源管理的方式方法，提升了自然资源管理的水平，实现了自然资源管理的信息化、规范化、现代化、精细化和科学化。多年来，友元应用地理信息技术为城镇建设和耕地保护、国土空间规划和国土资源管理等提供决策支持和应用服务；从2016年起，友元着手建立土地资源大数据及高性能服务平台，通过对土地资源数据和社会经济数据的动态处理和挖掘、土地利用的适宜性和效益分析与评估等，提出了国土空间规

划和管理等解决方案；还参与了多个市县级“多规合一”和空间规划的试点工作，成立了国土资源部建设用地再开发重点实验室和广东省土地利用与整治重点实验室的项目实施，并取得了一些成果，下面简要介绍地理信息技术在国土空间规划与管理中的应用。

1）市场需求

土地规划指一个国家或某一地区范围内，按照经济发展的前景和需要，对土地的合理使用所做出的长期安排，旨在保证土地的利用能满足国民经济各部门按比例发展的要求。2011 年，我国第一个国土空间开发规划，实施了主体功能区规划，推进主体功能区建设。2019 年，党中央国务院发文明确提出，建立国土空间规划体系并监督实施，将主体功能区规划、土地利用规划、城乡规划等空间规划融合为统一的国土空间规划，实现“多规合一”。国土空间规划是国家空间发展的指南、可持续发展的空间蓝图，是各类开发保护建设活动的基本依据。

国土空间规划要按照国家空间治理现代化的要求进行系统性、整体性、重构性构建，要从规划层级视角，对应我国的行政管理体系，分为国、省、市、县和乡五个纵向层级，注重各层级规划之间的统筹与传导，国家级规划侧重战略性，省级规划侧重协调性，市县级和乡镇级规划侧重实施性。新一轮的国土空间规划包括总体规划、详细规划和专项规划，即总体规划强调综合性，详细规划强调实施性，专项规划强调针对性；分成规划编制审批体系、规划实施监督体系、法规政策体系和技术标准体系。

友元编制的国工空间规划与管理解决方案是以“数字化”推动空间规划体系构建，使编制的国土空间规划成为可感知、能学习、善治理和自适应的智慧型规划；围绕国土空间规划的“编、审、管、评、服”全流程，以技术积淀为支撑，结合试点探索和实践验证，形成了全流程覆盖的产品解决方案。

规划编制：服务于国土空间规划编制工作，强化“以数字驱动”的辅助编制手段和编制成果的标准化，基于国土空间规划大数据资源，对人口、自然等资源开展分析评价、资源环境承载力及国土开发适宜性评价，为规划编制提供科学依据。

规划审查：服务于国土空间规划审查工作，包括成果的规范性审查和技术性审查，强化“以规则驱动”的辅助审查手段，从“国家—省—市—县—乡”逐级满足自上而下的功能定位、指标控制、边界管控等方面的传导性审查和刚性审查，实现基于审查要点的辅助成果审查。

用途管制：面向国土空间规划实施工作，对涉及国土空间用途管制的相关内容，提出规划业务管理规则，形成功能服务供规划实施应用集成，落实国土空间规划要求。

规划监督：服务于国土空间规划实施监督工作，基于国家级-省级-市县级的国土空间规划实施评估指标体系，定期对规划实施情况进行实时监测、定期评估和及时预警，并依此对承担国土空间规划实施的责任主体进行绩效考核。

2）技术储备

友元基于地理信息技术，研发了多项在国土空间规划与管理中的地理信息系统。

（1）建立支撑国土空间规划大数据体系。

国土规划业务涉及庞大数据资源，没有数据就没有空间治理的本底。友元在梳理数据资源目录、制定数据建设标准、结合物联网和互联网等新技术，整合数据资源的基础上，开发了“国土空间规划大数据体系”。

①研发国土资源基础数据开放标准体系和接口技术。

国土资源数据来源多样、结构复杂，涉及的专业学科众多，需要采用统一的数据标准进行存储、管理与服务。研究国土资源基础数据开放标准体系和接口技术一方面需要研究相关数据标准与接口技术，另一方面面向数据及大数据环境下新生的应用需求建立相关数据服务、共享标准和接口。友元首先将国土资源大数据分成基础地理数据、耕地保护数据、建设用地数据、社会经济数据 4 个大类及多个二级分类，然后梳理已有的测绘标准、地理信息标准、国土资源标准及现有大数据技术标准等，研发了符合国土空间规划要求的数据标准与接口。

②多形式非结构数据管理和检索技术。

国土资源数据由文本、声音、图像等多种数据格式组成，采集、分析、查询处理的数据种类繁多、表现形式多样。国土资源数据管理与检索技术对传统的单模态结构化数据库提出了巨大挑战。针对国土资源数据的多形式非结构数据管理和检索的困难，基于资源描述框架（resource description framework，RDF）设计了一套面向国土资源数据的高效数据组织、管理和检索技术。包括国土资源数据分割算法、国土资源大数据索引与查询技术、国土资源大数据快速更新与一致维护算法等。

③大数据智能处理技术算法库。

国土资源数据智能处理的核心在于对国土资源管理多源异构数据进行分析、挖掘，揭示数据隐藏的价值，因此，研发建立大数据智能处理算法库，对海量、异构、不完整的土地资源数据进行融合挖掘技术，提高空间规划和土地利用的适宜性和分析与评估的可靠性；建立面向国土业务的大数据智能处理算法库首先要对分类、聚类、关联性分析、属性约简、数据抽样等经典算法进行集成，然后研究面向土地资源数据处理的缺失值填充、土地知识迁移、主题内容推荐、土地利用分类、耕地质量评价等分析与挖掘算法。

（2）建立国土空间规划指标模型体系。

友元依据新一轮国土空间规划的需要，研发了国土空间规划指标模型体系，启用规划监测和评估的指令，将国土空间规划管控指标逐层落实到位，为规划的编制、监测、评估、预警等业务建立相关模型，提供技术支撑和科学管理。

（3）搭建“国土空间规划监测评估预警系统”。

友元研发的“国土空间规划监测评估预警系统”是构建国土空间数字化生态的基础和抓手。建立覆盖国土空间规划编制、审批、实施及监测、评估、预警全过程的信息化应用体系及应用系统，是实现空间治理能力的重要任务。

（4）领域知识表示、识别和推理技术。

由于国土资源数据本身组成要素很多，涉及领域较广，为了能够对国土资源数据进行较好的管理和正确表达，以及统一土地资源数据中相关的术语、名词、概念以及知识，友元全面梳理了土地领域相关的样本知识、专家知识、模型知识和理论知识，整合土地领域知识的表示和识别体系，构建土地领域知识库。在此基础上，根据不同领域的需求，构建不同的知识推理模型，为多种类型的国土项目做出客观的事先预测、事后评估，从而更好地做出规划决策。

（5）可视化分析技术。

针对国土资源大数据海量、抽象的特征，利用可视化技术将其转换成图形，以直观、可交互的方式展示数据，帮助人们观察得更深入。友元从已有可视化技术入手，针对空间数据可视化方面存在的问题展开研究，形成国土资源大数据可视化技术方案，支持数据及建设用地潜力分析、耕地质量与数据检核等数据挖掘与分析结果的可视化，实现多源数据接入与实时数据展示，在此基础上，针对地理信息数据可视化实时性、灵活性等方面的需求，重点研究矢量瓦片和无标度拓扑结构相结合的空间数据可视化技术、无盲点的时空数据可视化技术，形成可视化技术体系，集成多组件库，实现国土资源数据的存储可视化、元数据可视化、分析结果可视化、数据服务可视化和国土资源大数据一张图等。

3）研发经费和人员投入

友元在为自然资源部门提供服务的过程中组建了专门的技术团队，配备了先进的仪器设备和专业技术研发人员，投入了一定的研发经费，培养了一批专业骨干。2016 年，组建了专门的大数据管理技术团队构建国土资源大数据，开发了国土资源大数据高性能服务平台，该平台已在多个市县国土部门应用，并提供运维服务。

4）应用服务

友元为自然资源主管部门提供应用服务的案例较多，例如：

（1）土地适宜性评价应用。

土地适宜性评价应用主要是应用地理信息系统的统计分析能力，根据相应的数学模型，利用自然、经济、社会已有的数据资源，针对土地的单因素与多因素进行土地适宜性评价，提高评价的效率和科学性，较好地促进土地利用的规范化和合理化。

（2）资源环境承载力评价应用。

资源环境承载力评价应用是基于地理信息系统评价区域资源环境承载力，为建设用地供给空间配置和社会生产力布局提供科学依据。若中心城区资源环境承载力的综合评分较高，则说明该区域拥有较发达的社会经济发展水平和资源利用效率，在严格加强环境治理和提高生态建设水平的前提下，社会经济建设布局的重点可适当向中心城区倾斜。

（3）永久基本农田划定应用。

永久基本农田划定应用是依据土地利用现状数据、地形数据、耕地质量数据、测土配方施肥数据、遥感影像数据等，采用地理信息系统统计分析功能，将连片耕种、质量较高的耕地划入基本农田，尤其是将已竣工或正在实施的高标准基本农田建设项目中尚未划入基本农田的一般耕地划入永久基本农田，确保基本农田质量。

（4）补充耕地项目应用。

补充耕地项目应用是依据光温水数据、耕地后备资源数据、土地利用现状数据、地形数据、遥感影像数据、水系数据、道路数据，借助地理信息系统在地理分析中的优势，从连片程度、开发成本、交通便利程度、耕作便利程度等方面评价耕地后备资源，并按照占补平衡的要求提取补充耕地项目。

（5）存量建设用地开发应用。

存量建设用地开发应用是利用国土资源动态监测及其他部门相关基础数据，掌握批而未供土地、供而未用土地及低效用地，并进行分析、分类，通过“三旧”改造、城乡建设用地增减挂钩和闲置地整治等，大力盘活建设用地存量，优化城乡建设用地结构。

（6）规划方案协调与应用。

规划方案协调与应用是依据规划、自然资源、农业、林业、水务等涉及空间规划数据与多元异构数据，完成数据的标准化处理、地图配图、切图及地图服务发布，形成统一的基础数据，并入到某市成果数据库管理平台中，用以协调规划冲突，提升规划方案的科学性和合理性，支撑土地利用日常管理工作，实现精细化管理。

5）用户满意度

多年来，友元为自然资源部门所提供的技术服务能够按照要求按时、保质、保量地完成，用户对友元提供的技术服务和技术人员的服务态度、服务能力、响应速度和服务质量等的满意度较高。

6）效益及自主知识产权

友元通过整合人才与技术优势，服务于自然资源，承担了多项规划咨询、土地评估、测绘数据等任务，例如“郁南县全域永久基本农田划定与土地利用总体规划调整完善采购项目”“信宜市‘三旧’改造专项规划（2020-2025）”“广东省高标准农田建设统一上图入库试点工作（试点 2）”“广东省耕地质量等别监测评价县级成果检核软件开发”等，取得了一定的经济效益和社会效益，促进了友元的快速发展。

友元在地理信息技术应用于国土空间规划与管理等方面获得了多项知识产权和奖项。例如：“一种耕地质量评价指标关联性的检核方法及系统”“一种基于卷积神经网络的建筑物遥感图像识别方法”等发明专利和“面向土地资源管理与服务的大数据开放型公共服务平台”“‘五规合一’基础数据库系统 V1.0”等软件著作权。

六、地理信息系统在公安部门的应用

警用地理信息系统（police geographic information system，PGIS）是将传统的数据库带入可视化空间中，弥补公安部门常规信息化应用系统中分析数据的局限性，综合利用地理信息技术所特有的空间分析功能和强有力的可视化表达能力，使警务数据信息和空间信息融为一体，通过监控各种警务工作元素在空间上的分布情况和实时运行情况，分析其内在的联系，合理配置和调度资源，提高各警务部门的快速响应和协同处理能力。

PGIS 是公安部“金盾工程”的重要组成部分，不仅具有发布电子地图、交换地图数据、警用标绘和动态推演、预案制作与管理等基本功能，而且还具有指挥调度、交通管理、人口管理、案件时空分析等多方面的特色功能，能够帮助实现公安部门的数字化指挥。各级公安部门可根据自身业务特点，基于公安信息网络实现各级 PGIS 在全国范围内的纵向贯通、横向集成和互联互通，搭建符合本地警务工作需要的 PGIS。

航天精一长期为公安部门提供地理信息技术服务，积累了丰富的经验。下面以某市的公安指挥平台为例，介绍地理信息系统在公安部门的应用。

1）市场需求

（1）扁平化指挥调度需求：基于地理信息系统，整合基础地图、公安业务、指挥专题及动态实时数据等资源，实现基于时空大数据平台的定位可视化、警情可视化、警力可视化、勤务可视化、预案可视化、周边视频可视化、指挥调度流程可视化等，以有线或无线为手段，通过多媒体交互方式完成警力的指挥调度，实现警情的快速和高效处置。

（2）情报协同的需求：针对目前情报、勤务脱节，指挥调度不畅，应急响应滞后等问题，明确并实现“以警情倒逼情报、以情报驱动指挥、以指挥处置警情”的闭环协同，以满足情报与指挥联动的业务需求。

（3）勤务管理可视化需求：基于地理信息系统，指挥人员需要直观了解辖区范围内警力的整体巡防情况，如警力数量、警力任务、警力分布、警情警力距离、备勤情况、巡防区域、巡防路线、巡防轨迹、勤务分析统计、勤务督查等情况，为指挥“一张图”提供警力勤务支撑。

（4）AR 增强现实视频多维云图需求：AR 增强现实视频多维云图基于公安视频图像信息综合应用系统和 110 报警系统，充分结合视频、人脸抓拍、车辆抓拍、人流量统计、行为分析等多维感知前端设备，通过高点全景摄像机获取监控点全景视频，既可关注整体大范围监控，又可兼顾局部细节联动，能够以画中画方式展示视频、图片、数据、实时警情等信息，做到可查询、可搜索、可定位、可描述、可联动，提升指挥的智慧化水平。

（5）通信集成建设需求：为了规避通信孤岛效应，公安用户需要建设一个便于综合指挥、统一调度、管理便捷的通信集成能力中心，融合多种通信方式，实现语音通话、对讲机、短信、传真、邮件、即时通信、APP 等各种方式的融合通信，为上层应用及公安用户提供统一操作手段、综合调度能力的通信集成能力中心。

（6）移动警务工作的需求：通过指挥调度，APP 能够以文字、语音、图片和视频等多媒体交互方式，实现警情签收、一键式勤务报备和反馈、常态勤务处置、路面盘查、信息采集、指挥调度等功能，提高移动警务的实际效能。

（7）一体化联动的需求：情报、网安、新闻中心等警种部门的常用业务资源要高度整合，充分整合指挥、情报、网监、新闻四大中心相关业务系统资源，用平台定义的结构化要素对接模式代替以往大片文字人工分析模式，用自动调用的接口方式代替以往人工协调的排查方式。采集信息要结构化，信息必须准确，提取的要素信息必须全面，应有尽有，并建立要素信息间的关联；界面展示要平面化，信息的所有相关情况一目了然，尤其是签收、反馈、续报、领导批示、处理日志等信息；信息关系要纵深化，通过精细化的数据结构，建立信息之间的关联，以便在查看任何一条信息的时候都能了解到相关联信息的情况及处理方法，信息间的关联包括续报关联、要素关联、关键字关联、专题关联、同类关联（不同单位报送的涉及同一件事的信息关联）。

2）技术储备

（1）基于 Hadoop 平台的大数据技术：随着公安行业信息化的发展，海量的公安数据已经形成，这些数据的分析结果对公安部门具有巨大的价值，但传统的单台高性能的计算机无法满足存储、分析大数据的需要，而依托 Hadoop 搭建分布式并行计算框架，采用 HBASE 实现数据存储与管理，基于 Map-Reduce 开发应用来解决大数据的查询、分析和统计问题显得越来越重要。航天精一采用基于 Hadoop 平台的技术，提供了一个高可靠性、高性能、可伸缩数据处理系统。

（2）基于 Web Service 的服务实现：Web Service 是一套标准，它定义了各种应用程序如何在 Web 上实现互操作。通过 Web Service 标准能够实现查询和访问。Web

Service 平台提供一个独立的、松耦合的、自包含的、基于可编程的 Web 的应用程序，实现了指挥业务数据在各系统中的流转，完成指挥调度任务。公安部门已经建设的多个系统采用的技术架构不同，而公安指挥平台需要根据业务需求整合这些不同的系统，利用 Web Service 标准可以解决同构、异构应用互访，实现多个系统互联互通、异构信息系统和互访，提供基于网络的数据服务和业务服务。

（3）面向服务的架构（SOA）：SOA 是一种应用框架，它着眼于日常的业务应用，并将它们划分为单独的业务功能和流程，即所谓的服务。SOA 使公安用户可以构建、部署和整合这些服务，且无须依赖应用程序及其运行计算平台，从而提高指挥业务流程的灵活性。SOA 有助于公安部门对一些早前开发的系统进行整合，有助于方便快捷的开发与部署日常的业务应用。

（4）地理信息系统：地理信息系统是多种学科交叉的产物，它以地理空间为基础，采用地理模型分析方法，提供多种空间和动态的地理信息，是一种为地理研究和地理决策服务的计算机技术系统。GIS 不仅在原有 MIS 系统的基础上引入了地图显示，而且可以将地理数据与专业表格数据进行完美集成，最终为整个业务体系提供信息支撑和资源共享。在公安部门应用的大部分信息与空间位置和空间有关，包括重点人口分布、学校、重点单位、巡逻路线、设备分布、警力分布、重要基础设施等，能通过 GIS 进行分层级管理和多属性检索，为各类不同的任务和不同的业务形式提供不同的信息支撑。

（5）时空分析技术：在地理学研究中，空间交互指的是两个场所之间的联系，通常可以基于人流、货流、资金流等进行量化。研究空间交互有助于理解一个区域内部的结构及动态演化特征。利用地理单元之间的空间交互，可以构建嵌入空间的网络，并引入网络分析方法，研究其结构特征。时空大数据的分析技术，为公安部门提供了一条透过海量人群的空间行为模式去观察、理解地理环境特征及影响的研究路径，能有效提取时空大数据中所蕴含的信息，为指挥决策提供辅助支撑。

（6）分布式计算技术：分布式计算技术是云计算平台的核心软件架构，分布式计算是通过将一个大的任务划分成多个部分，分别交给多个计算节点进行处理，综合得到最终结果的计算技术，是进行数据计算、数据分析和数据挖掘的有效工具。分布式计算通过调度批量任务操作静态数据，可用于大规模数据集（大于 1 TB）的并行运算。公安部门经过多年积累，拥有海量数据，通过对这些数据的挖掘、分析，提供决策的数据支撑，更好地进行指挥调度。在公安信息资源服务平台中可以采用分布式计算架构进行全文搜索、分布式查询、比对、日志分析统计、大规模索引、海量数据排序、词频统计和历史数据挖掘分析等数据研判业务操作。

（7）可视化分析技术：数据关联分析技术是在大数据时代下推出的新型数据

分析、展示平台，利用先进创新的分析技术，深度挖掘数据之间的公共要素和联系，揭示数据中的深层次关系，并把这种关系用不同的可视化展现方式展示出来，从而提供最直观、方便快捷的应用展现，开辟崭新的应用领域。通过数据分析平台的可视化分析工具，对数据和数据的关联进行分析，运用不同的图形分析方法发现内置的关系和路径，帮助公安用户把巨量、低关联、未知质量、低价值、内在的数据信息进行处理，转换成少量、清晰、容易理解、高价值、高关联的信息。

3）应用服务

（1）指挥平台支撑地图制图服务：通过采购时空大数据平台、公安部下发数据、政府主管部门提供基础地理数据等方式整合采购了全省大量的空间资源，还包括最新的互联网地图瓦片数据、导航路网数据、信息点数据等。某市公安指挥平台充分利用上级公安部门下发的最新数据，弥补 PGIS 建设过程中存在的现势性差的问题。基于“一标三实”基础数据的采集，公安指挥平台将最新的“一标三实”数据进行整合并入库到某市公安时空大数据平台，为公安指挥平台建设提供地址数据、人口数据、单位数据支撑。

依据政府主管部门提供的 1∶2000 和 1∶500 影像或矢量基础地图数据，完成数据的标准化处理、地图配图、切图及地图服务发布，形成高精度、大比例尺、地图要素详尽的地图数据，并入库到某市时空大数据平台，支撑公安指挥云的建设，实现精细化管理及调度。

（2）态势感知一张图应用：态势感知覆盖感知、理解和预测三个层次。随着网络的兴起，升级为“网络态势感知（cyberspace situation awareness，CSA）”。在大规模网络环境中对引起网络态势变化的安全要素进行获取、理解、显示以及最近发展趋势的顺延性预测，并进行决策与行动。

态势感知一张图是指挥体系资源的总汇，如警情热点态势、勤务态势分析、实时警力展示、警力轨迹、辖区定位等，将这些信息汇聚在同一体系中，用“一张图”展示。在 PGIS 上，整体感知当前辖区内的警务态势，完成多种规则支持下的热力展示、碰撞分析及一键式的资源设置和时空搜索等，给用户呈现一个完整了解整个辖区范围内警务整体态势的窗口。

（3）可视化指挥调度应用：依托对指挥态势的整体感知，以“情报研判辅助决策、勤务安排服务指挥”为核心，结合技战法，利用移动信息共享、视频监控、定位等技术，实现多媒体信息共享、警务资源应用、情报协同、方预案联动、指挥调度、巡防勤务、精确打击、处置反馈、效能评价等工作业务流程，构建可视化扁平化指挥体系。可视化指挥调度应用是基于 GIS 系统实现警情定位、周边资源展示、警力上图、指挥地图回放、电子沙盘等功能，集信息查询通报、警情分析研判、日常预警监控、办案指挥调度、警令发布等为一体的扁平化、综合指挥平台。

（4）可视化勤务管理应用：通过在 PGIS 上展示的警情热点、重点人员、视频、卡口、勤务路线、动态警力等资源，基于时空一体化挖掘分析，建立机器学习模型，通过学习模型自动分析推荐最优的勤务方案，并在勤务执行过程中自动纠偏提醒，在勤务执行完成后自动评价与修正，以最集约的警力最大程度实现社会治安防控，最有效地预防犯罪，最精准地打击犯罪。基于犯罪地理学理论，挖掘犯罪高发成因、同类警情（案件）时空重复模式，针对其时空成因，制定对应的警务对策以防止犯罪的发生。基于警情时空模型推演预测未来特定时间内的警情时间、空间态势，指导勤务方案的制定，形成智能勤务方案与实际防控效果的评价对比。通过对比分析反馈，变平均用警为科学用警，推行智能勤务制。

（5）指挥调度移动端应用：随着科技迅速发展，公安行业对执勤、办案的效率也提出了更高的要求，移动警务建设势在必行。依托现有配发的警务通终端来集成整合各类警务 APP，通过建设指挥调度 APP，来实现指挥调度和勤务工作的可视化、扁平化和精准化管理，进一步深化指挥和勤务的业务应用，实现公安用户提出的“一个中心，五个应用，一个 APP”的建设目标。

基于移动端对地图应用的支撑，实现多源地图的加载、地图资源搜索等基本应用，同时提供地图导航、定位、资源加载、展示功能，实现移动端执勤可视化应用，方便警员在执勤中对警情地点、路径、可用资源等进行查询，提高警员工作效率。

4）用户满意度

公安指挥平台项目自实施以来，用户对项目组的工作态度、人员技术能力、业务能力、用户需求响应速度、产品质量、用户培训、售后服务都表示满意。项目按期顺利验收，用户在实际应用中也提高了工作效率，群众对公安局接警、处警满意度达到 99.8%。

5）经济效益

公安指挥平台项目基于最新的大数据架构，共整合 20 多项警务资源对接，接入警方重点关注的资源，如一些重点部位数据，包括交通流量等 7 类数据的多警种、多业务的警务资源，实现静态与动态多业务警务资源的整合、清洗、标准化。项目以规范化、有序化、简单灵活的操作方式，弥补了原有指挥系统上的数据检索、多图元、大数据上图、空间分析等问题，降低了约 50%的工作成本，提高了工作效率，实现了“一张图”下的可视化、扁平化、一体化。项目自上线以来，为指挥中心提供辖区全覆盖的实时视频，为警情处置提供第一手的资料。基于实时接入民警并结合具体的勤务信息，以可视化的方式实时查看最近警力及距离，有效提高派警、处警的效率，经统计，处警效率提高约 30%，大大提高了群众满意度。民警使用警务 APP 详细采集了现场的图片、视频、语音等多媒体素材，形成完整的警情处置电子档案，为后续的警情回顾倒查提供了翔实的电子档案材料，同时为警情的大数据挖掘提供了真实有效的素材。

6）知识产权或著作权

航天精一经过多年努力，获得了多项科技奖，仅公安指挥平台就有著作权7项，即智慧情报指挥一体化作战平台V1.0、监管情报指挥平台V1.0、交警可视化指挥云平台V1.0、智能可视化指挥调度系统、单兵行动指挥作战系统V1.0、警用三维安保指挥决策系统V1.0、当兵作战指挥抓捕系统V1.0。

7）有待改进和提高的关键技术

（1）提高多网融合数据交换效率：公安指挥平台需要打通多个业务子系统，不同系统所在的网段不同，包括公安网、互联网、视频专网等，由于公安数据属于涉密数据，对于数据传输管控要非常严格，否则会影响数据在各系统间交换、流转的效率，因此在多网融合数据交换技术方面有待提高。

（2）统一融合通信技术规范：在指挥调度过程中需要对不同的终端进行通信，包括无线集群、远程会议、移动视频、固定电话等终端，它们分布在不同网络频段，对公安行业接处警应用和视频调度应用增大了集成应用的难度。系统在接入不同终端前需要开发对应协议的接口，增加了系统扩展应用的工作量，需要在系统内部对通信技术协议进行统一规范。

第六章　广东省地理信息产业技术路线分析与路线图绘制

“广东省地理信息产业技术路线图”的绘制是以地理信息产业的市场需求分析、产业目标分析、技术壁垒分析、研发需求与实施计划等为主线，设定在一段时间内，基于数据获取及相关的高端装备研制、数据处理及软件研发、应用服务的产业链展开的。

第一节　广东省地理信息产业数据获取技术路线分析与路线图绘制

一、市场需求分析

地理信息内容翔实、准确、易读易懂，图面清晰，数据的现势性强，能够真实反映场景的实时状况，成为人类社会及经济发展、人们生活不可缺少的工具。地理信息的高时效性主要表现在影像数据的时间分辨率高、重复拍摄周期短，如某区域的影像数据一年或半年更新一次；局部区域的影像数据半年或一个季度更新一次；基础地理数据一般以年为单位更新；导航及位置服务数据每季度或每月更新一次，甚至能够实时更新。

地理信息的数据种类很多，如基础地理信息是空间分析的基础，通用性强、定位准、需求大，满足精度高和现势性强的要求；多源、多尺度影像数据获取的速度要快，数据容量要大，覆盖范围要广，响应时间和显示都要快；资源卫星还可以采集立体测图数据。

海洋基础地理要素涉及领海与定位基础、海底地貌及底质、通航助航设施、海底管线及设施、海洋数据采集体系和海上区域及设施。海洋基础地理数据一般通过侧扫声呐、测深装置、地震剖面仪、海底观测取样装置等进行采集，常用的综合测量装置有全自动远程测量船、远程遥控船等。

地下空间数据主要包括地表以下的地理数据，如地下商城及公共设施、地下交通、地下停车场、矿井、防空设施、地下隧道及地下管网等建筑空间数据。

专题地理信息数据是各行业的业务数据，需要与基础地理信息数据配准，形成各部门需要的“一张图”。

无人机航摄可以获得倾斜摄影数据；点云数据主要指扫描资料以点的形式记录，每一个点均包含三维坐标，有些数据含有颜色信息或反射强度信息，通过机载和车载激光扫描相机采集。

雷达数据是将电磁能量以定向方式发射至空间之中，借由接收空间内存在物体所反射的电波，可以计算出该物体的方向、高度及速度，并且可以探测物体的形状，以地面为目标的雷达可以探测地面的精确形状。由于雷达卫星传感器不受天气影响，雷达数据可穿透云雾，可全天候获取，特别适用于南方多云、多雨、多雾地区。

互联网地图数据包括点位信息和关联关系，它是通过实地外采将真实变化的物理世界变成数据，再进行数据处理，并与其他街景等数据融合制作而成，再转移至移动设备的屏幕。高精度地图，通俗来讲就是精度更高、数据维度更多的电子地图。精度更高体现在精确到厘米级别，数据维度更多体现在其包括除道路信息之外的与交通相关的周围静态信息，还包括点云、语义和特征等属性。随着5G技术和社交平台的发展，大众参与数据采集的热情高、手段多，出现了众包现象，地理信息产业如何获取、选择应用众包数据越来越受重视。众包指的是一个公司或机构把过去由员工执行的工作任务，以自由自愿的形式外包给非特定的（而且通常是大型的）大众网络的做法，参与的人一般可以获得一定的利益。地理信息数据的采集可以通过挖掘和有效利用众包的数据，减少数据采集的人力资源投入，为用户提供专业的AI数据标注服务。例如，百度智能云凭借10多年的数据服务经验和标注基地丰富的标注人力，可准确、高效、安全地完成各类型数据标注任务，助力用户算法模型训练。导航数据主要包括卫星导航数据和移动测量数据。

市场需求的数据种类很多，如地形数据、地图数据、影像数据、实测数据、文本数据、图像数据、统计数据、多媒体数据和众包数据等。地理信息的表现形式有纸质的、电子的，平面的、立体的、多维的，还有可视化的、三维仿真的、虚拟环境的，等等。无论是哪一种类型的地理信息，采用哪种获取方式，在一段时间内，广东省地理信息产业数据获取的市场需求（图6.1）是地理信息清晰易读、数据易处理、可靠性高、现势性强，能够实景再现。

二、产业目标分析

数据获取处于广东省地理信息产业链上游，是整个地理信息产业链最关键的环节之一。

地理信息精度高要求采集的影像数据分辨率高，能达到亚米级甚至向厘米级发展。无人机低空遥感采集数据的空间分辨率要求达到厘米级甚至更高，以满足动态监测、基础地理信息数据更新等需求。机载、车载的定位与室内定位达到

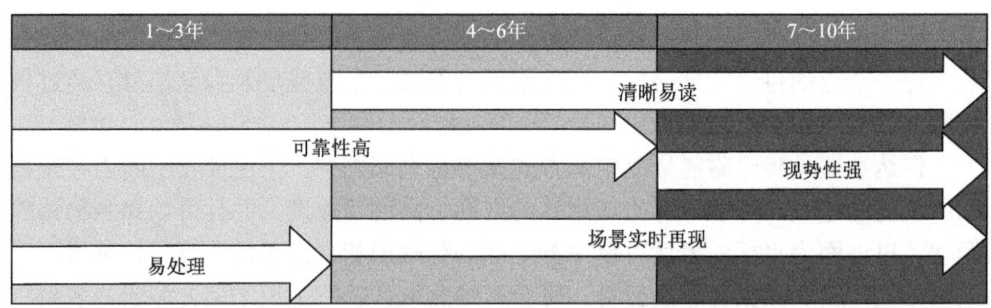

图 6.1　广东省地理信息产业数据获取的市场需求

厘米级，以满足位置服务、应急救灾、无人驾驶等需求。快速获取 LiDAR 激光点云数据，以满足建立地形三维模型、高精度地图等需求。多维、多源、多尺度信息一体化采集是地理信息服务的发展趋势。

数据获取需要采用多种手段对地理要素进行测绘、调查和数据采集，如自动驾驶高精度地图至少需要使用 LiDAR、摄像头、GNSS、IMU 等传感器来采集数据。市场需求有二维图形、三维模型、多维模型，卫星遥感、航空摄影、无人机低空遥感等影像数据，车载与手持等移动测量数据等，最终形成各类用户需要的“一张图”。为了在多云、多雨地区能够全天候对地观测，需要采集雷达数据，以满足应急救灾和其他各种监测的需求。

通过分析数据获取的产业目标得知，在一段时间内，地理信息获取数据速度快、存储数据容量大、获取数据覆盖范围广、数据快速显示、采集数据不受天气影响等的市场需求，是广东省地理信息产业数据获取的产业目标（图 6.2）。

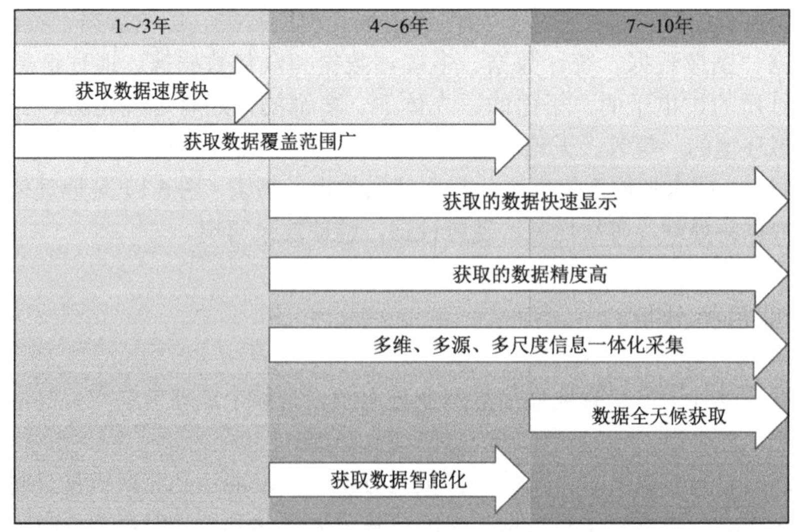

图 6.2　广东省地理信息产业数据获取的产业目标

三、市场需求与产业目标关联分析

广东省地理信息产业数据获取的市场需求与产业目标的相关性主要表现在用户对获取数据的质量要求方面，通过达成产业目标实现市场需求。地形数据、地图数据、影像数据、实测数据、文本数据、图像数据、统计数据、多媒体数据和众包数据等都应该满足信息准确可靠、数据清晰易读、数据的现势性强、能够实景再现等要求。同时，获取数据速度要快、获取数据覆盖范围要广、数据能够快速显示、数据的精度要高、能够进行多维、多源、多尺度的信息一体化采集、能够在多云、多雨、多雾的天气条件下获取数据、获取数据能够减少人为干预、智能化程度要高等，才能实现产业目标，满足市场需求。广东省地理信息产业数据获取的市场需求与产业目标关联分析见表 6.1。

表 6.1　广东省地理信息产业数据获取的市场需求与产业目标关联分析

产业目标	市场需求				
	清晰易读	可靠性高	现势性强	实景再现	易处理
获取数据速度快			√	√	
获取数据覆盖范围广			√	√	
获取的数据快速显示	√	√		√	√
获取的数据精度高		√		√	√
多维、多源、多尺度信息一体化采集	√	√			√
数据全天候获取			√		
获取数据智能化	√			√	√

注：√表示产业目标与市场需求相关，空白表示二者没有相关性或相关性弱。

四、技术壁垒分析

地理信息数据获取的覆盖面广、技术手段多，涉及“海、陆、空、地下”一体化数据采集的技术壁垒多。其中，有的技术尚未被关注，有的技术正在研究之中，有的技术已有所突破，如自适应干扰实时补偿航迹控制技术，在三级海况下平均偏航距小于 2 m，满足复杂海洋环境下高空间分辨率、高精度侦测等需求；地形地貌数据获取需解决多仪器协同测绘、高精度坐标快速解算、地图快速更新、空天地一体化移动测量等技术；航空、航天及无人机低空影像的数据获取需解决卫星遥感数据的解扰解压技术、通导遥一体化技术、海量数据实时传输技术、无人机的快速三维空间重构技术、无人机飞控技术、高精度倾斜摄影技术等；机载点云数据的移动激光扫描测量技术、基于 LiDAR 数据的数字成图技术、机载激光点云数据智能化滤波技术、三维建模技术等；地下空间测量受多传感器联合的地下管线数据获取技术的制约；高精度地图的采集需基于 AI 的数字成图技术等；解决室内外导航定位的室内移动测量技术也非常重要。因此，在一段时间内，广东省地理信息产业数据获取的技术壁垒见图 6.3。

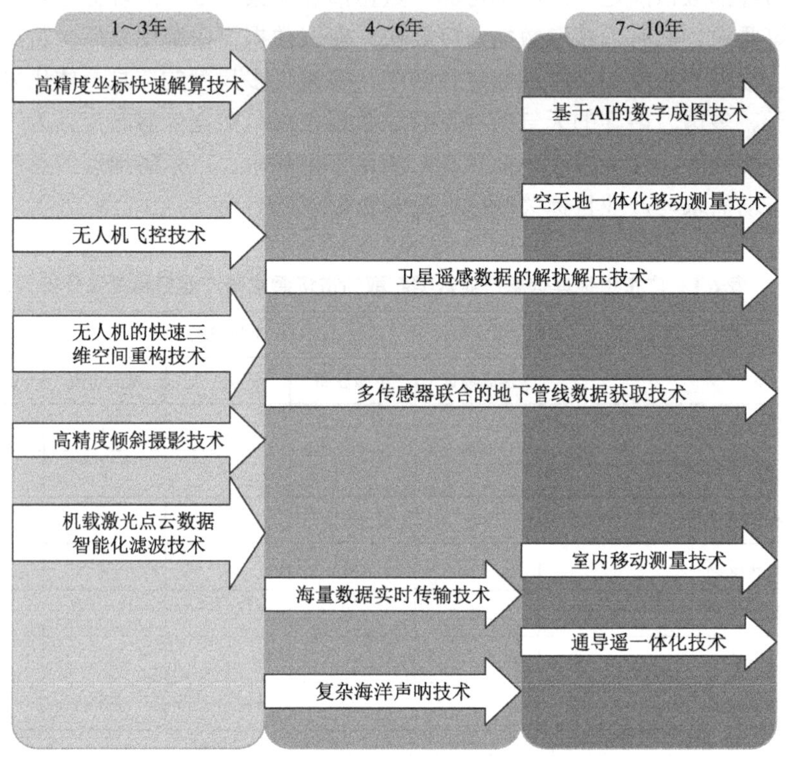

图 6.3　广东省地理信息产业数据获取的技术壁垒

五、产业目标与技术壁垒关联分析

地理信息产业的数据获取能力直接受到与之相关的硬件设备和获取软件的制约，为了实现数据获取速度快、精度高及覆盖范围广，能快速显示，能智能化地获取多维、多源、多尺度、全天候的数据等产业目标，克服其技术壁垒，攻克技术难关，进行技术创新，满足用户的需求是非常必要的。

广东省地理信息产业数据获取的高端装备在全国同行中具有明显的优势。例如，南方测绘与中海达的光学测绘仪器、深圳大疆创新科技有限公司（简称“深圳大疆”）的测绘无人机、红鹏的倾斜摄影无人机、欧比特的“珠海一号”遥感卫星等，都为地理信息获取提供了仪器设备保障。但是，随着地理信息产业应用服务对数据获取的需求越来越多样化，数据获取在高端技术装备和技术手段上需要攻克的技术难题也会不断增多。广东省地理信息产业数据获取的产业目标与技术壁垒关联分析见表 6.2。

表 6.2　广东省地理信息产业数据获取的产业目标与技术壁垒关联分析

技术壁垒	产业目标						
	获取数据速度快	获取数据覆盖范围广	获取的数据快速显示	获取的数据精度高	多维、多源、多尺度信息一体化采集	数据全天候获取	获取数据智能化
高精度坐标快速解算技术	√		√	√			
基于 AI 的数字成图技术			√	√	√		√
空天地一体化移动测量技术		√			√		√
无人机飞控技术	√			√	√		√
卫星遥感数据的解扰解压技术			√	√	√	√	
无人机的快速三维空间重构技术	√		√		√		
多传感器联合的地下管线数据获取技术			√	√	√		
高精度倾斜摄影技术	√		√	√			
机载激光点云数据智能化滤波技术				√		√	√
室内移动测量技术				√			√
海量数据实时传输技术	√	√	√		√		√
通导遥一体化技术					√	√	√
复杂海洋声呐技术	√			√			

注：√表示技术壁垒与产业目标相关性强，空白表示二者没有相关性或相关性弱。

六、资金壁垒及政策壁垒分析

地理信息产业数据获取不仅受到技术壁垒的制约，也受到资金壁垒和政策壁垒的影响。资金与政策的相关性强，通常服务于政府各部门和公益性的基础地理信息，由各级财政部门依据相关财政政策拨付；各级政府的资金很少直接向民营企业下拨，民营企业和商业用的地理信息获取以自筹资金为主，或自行采集数据，或直接采购数据。自筹资金来源于贷款和民间资本，民营企业由于借贷能力所限，在一定程度上制约了广东省地理信息数据获取的发展。例如，政府出资获取的基础地理数据按照相关保密政策分发，民营企业申请购买这类数据的手续烦琐，使基础地理数据的利用率受限。亟待国家出台相关的数据共建共享政策，建立数据共享机制，搭建数据共享平台，让政府投资的数据产品能够得到更加广泛的使用，发挥数据的价值。按照相关规定，政府尽可能地为民营企业和商用用户提供经过脱密处理的基础地理数据，减轻企业数据获取的负担和压力，降低数据获取成本，使用可靠、翔实的基础地理数据，为所承担的项目或业务提供数据支撑，更好地为用户服务。

七、研发需求与实施计划

综上所述，我们通过对广东省地理信息产业在数据获取方面的市场需求、产业目标、技术壁垒及其相关关系的分析，归纳了在一段时间内，广东省地理信息产业数据获取的研发需求与实施计划，见图 6.4。

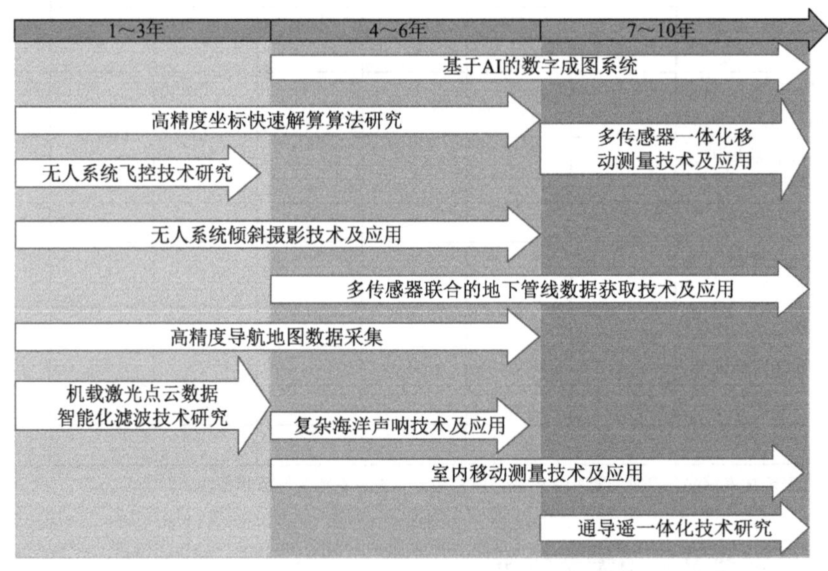

图 6.4　广东省地理信息产业数据获取的研发需求与实施计划

八、绘制广东省地理信息产业数据获取技术路线图

“广东省地理信息产业数据获取技术路线图”主要依据地理信息产业的市场需

求、产业目标的相关分析，明确需要突破的技术壁垒、研发需求与实施计划等，综合多个因素编制而成，见图 6.5。

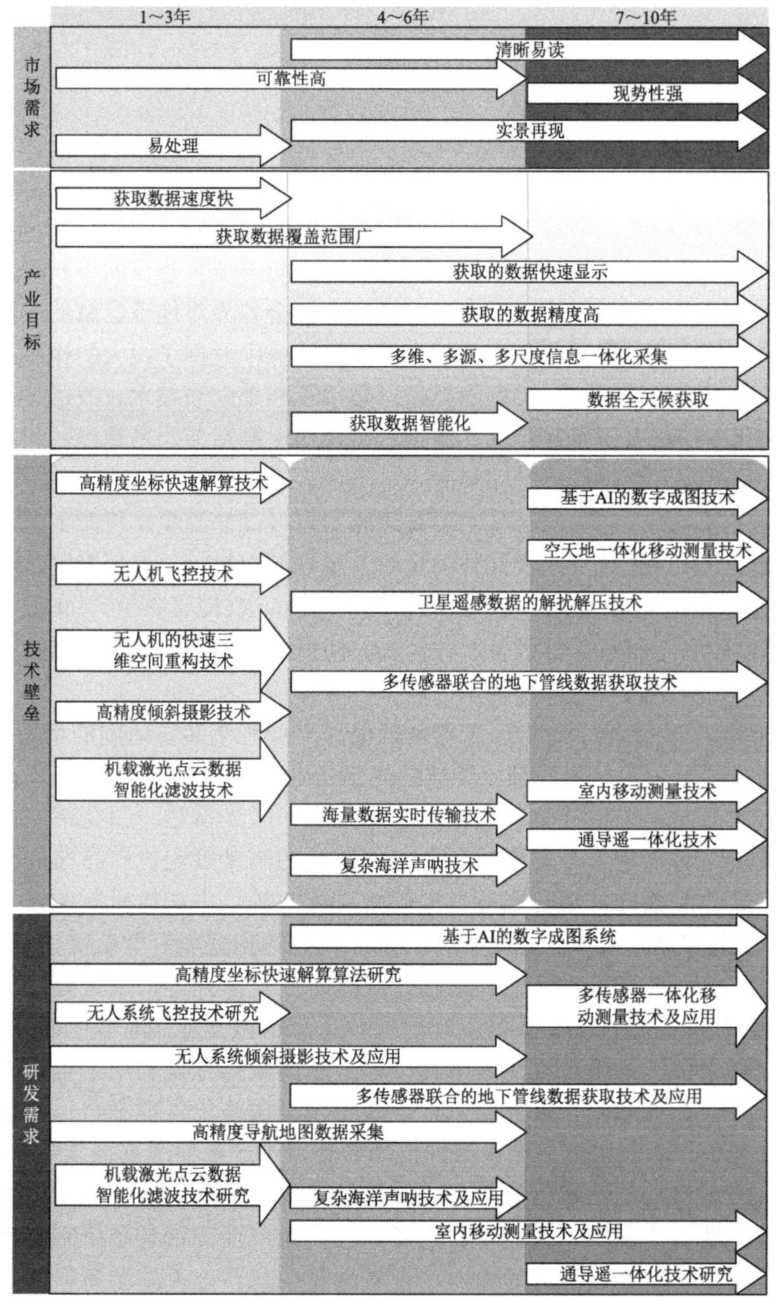

图 6.5　广东省地理信息产业数据获取技术路线图

第二节　广东省地理信息产业高端装备研制技术路线分析与路线图绘制

一、市场需求分析

与地理信息相关的高端装备研制处于广东省地理信息产业链上游。经过几十年的不断努力和持续发展，广东省地理信息产业的高端装备研制水平居全国前列，有些技术和产品处于世界领先水平，优势明显。随着城乡建设的不断深入、新一代信息技术快速发展和大众生活水平的提高，社会各界对地理信息的应用需求呈爆发式增长，特别是位置服务相关技术在民用服务中发挥了很大的作用。现有的地理信息技术装备为了适应市场的需求，必须不断地创新技术、改进技术、持续发展。现代高端装备围绕高精度、便携、易操作、高适应、高速度、新材料、新工艺、低价格等方面进行研发和制造。

与地理信息相关的高端装备主要有遥感卫星（高分卫星、资源卫星、高光谱卫星、视频卫星、雷达卫星及红外卫星等）及导航卫星、航空摄影测量（包括无人机）、光电测绘仪器（水准仪、经纬仪、全站仪、RTK 设备等）、车载及移动数据获取终端设备（移动手持设备，背包式、便携式、可穿戴式移动扫描设备等），还有无人船、声呐仪、北斗精准定位装备，等等。

下面以中海达为例，分析广东省地理信息产业高端装备研制的市场需求。中海达是高精度卫星定位装备细分领域的龙头企业，专注打造“北斗+”高精度生态圈，自主研发了卫星导航、海洋声呐、光电、激光雷达、超宽带、惯导等技术，形成了“海陆空天、室内外”全方位发展的高精度定位产品布局，业务覆盖装备、软件及数据、运营服务、提供解决方案等。中海达研制的设备按照数据获取、数据处理、数据应用这三个方面布局，数据获取有全站仪、RTK 设备、海洋装备、移动数据采集终端、测绘无人机、三维激光等，数据处理有 Himax 系列 HD -3LS Scene Hidata 数据生产平台 OSketch，数据应用有数字时空云平台、实景发布云平台、三维可视化云平台、地下空间数据开发利用平台、高精度位置服务云平台、在线安全监测云平台、数字化机械施工管理平台、全球星基增强定位服务等。由此可见，无论哪种仪器装备，市场都要求高端装备容易操作、便于携带、可移动、读取信息直观，仪器设备具有高适应性、高稳定性，可为用户定制、性价比高等。通过对广东省地理信息产业高端装备研制的市场需求进行分析，归纳了在一段时间内，广东省地理信息产业高端装备研制的市场需求，见图 6.6。

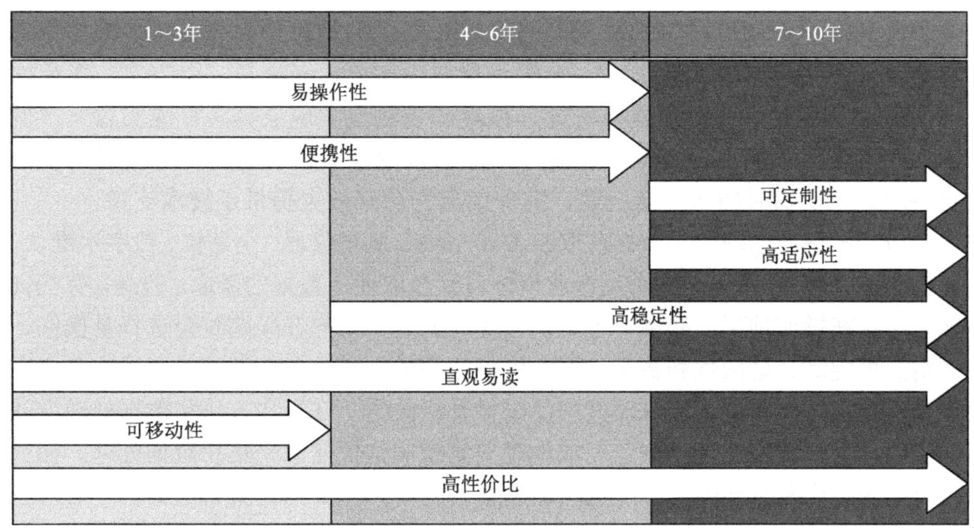

图 6.6　广东省地理信息产业高端装备研制的市场需求

二、产业目标分析

地理信息产业高端装备研制的产业目标与市场需求相关，通过实现高端装备研制的产业目标来满足市场需求。地理信息成果数据精度一直是衡量地理信息高端装备的重要指标之一，也是测量技术装备研发的重要方向。产业目标就是要提高高端设备的稳定性、安全性、数据获取和数据处理能力、自动识别能力、装备的智能化程度，实现多设备技术集成等。

高端装备易操作、可移动主要体现在芯片处理技术的跨越式发展，地理信息技术装备的集成化程度越来越高，体积越来越小，用户操作更加灵活方便。因此，大范围、多维度的地理空间施测已经由使用传统的全站仪、经纬仪等设备逐步发展成使用车载或机载激光扫描仪、无人机倾斜摄影仪、LiDAR、InSAR 等装备；地理信息技术装备向智能化、集成化发展，可以在无人机、汽车、穿戴设备等装备上进行技术创新，快速地、动态地、高效地获取和处理地理空间信息。

数据获取和数据处理的高端装备还应该具有可定制性、高适应性。例如，以位置服务为基础的地理信息个性化应用已得到日新月异的发展，包括为人们出行的导航、社交、生活和教育等研制可定制、高适应性的设备。

随着国内外光电设备制造工艺水平的提升，高端装备的研制趋于小型化、便携式、可装载。例如，利用便携式的高光谱仪，能够快速实测到土壤、植物等各类地理要素信息，并进行定量分析和检测，快速输出要素特征属性。高端装备采集数据的可视化是以地理信息科学、计算机科学、地图学、认知科学、信息传输学与地理信息系统为基础，通过计算机技术、数字技术和多媒体技术，动态、直观、形象地表现、识别及传输地理空间信息，并揭示其规律。高端设备多维数据采集、快速显示的市场需求很大，它对于动态、形象、多视角、全方位、多层面地描述客观现实，以及虚拟化研究、再现和预测地学现象等具有现实意义。例如，水利部门采用四维方法模拟整个河床内洪水的流动、涨落、对河堤的侵蚀及决堤后封决口时的水情状况等，地理信息为防洪救灾提供了技术支撑。

虽然常规的地理信息数据获取装备如 GNSS 测量仪器、全站仪、数字水准仪、卫星导航 RTK 设备等能够满足从业单位日常获取业务数据的需求，但是，有些仪器装备存在操作烦琐、效率低下、价格高等问题，用户在采购时会选择易操作、便携、可定制、适应性和稳定性好、性价比高的技术装备。因此，测量装备应在保证高精度的前提下，通过对其产品进行升级改造，在操作方法和数据处理方式上加以改进，让用户能够快速完成地理要素空间位置信息采集和数据处理。在一段时间内，广东省地理信息产业高端装备研制的产业目标见图 6.7。

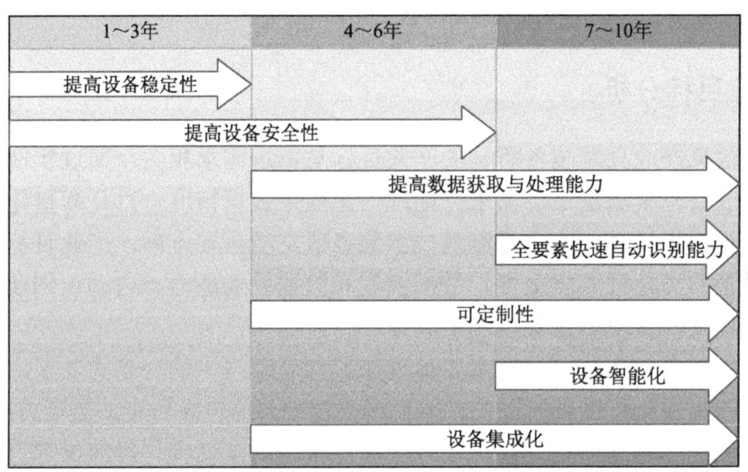

图 6.7　广东省地理信息产业高端装备研制的产业目标

三、市场需求与产业目标关联分析

广东省地理信息产业高端装备研制的市场需求与产业目标相关性主要表现在研制的装备必须满足用户需求，使设备容易操作，外出方便携带，能够按照用户特殊要求定制，具有高适应性、高稳定性、可移动性，设备容易读取地理信息，设备的性价比高等。为了实现其产业目标，满足市场需求，装备研制应该提高设备的稳定性、安全性、可定制性，并提高设备的数据获取与处理能力及全要素快速自动识别能力，采用新工艺、新材料，提高设备的智能化程度和集成化程度等，广东省地理信息产业高端装备研制的市场需求与产业目标关联分析见表 6.3。

表 6.3 广东省地理信息产业高端装备研制的市场需求与产业目标关联分析

产业目标	市场需求							
	易操作性	便携性	可定制性	高适应性	高稳定性	直观易读	可移动性	高性价比
提高设备稳定性				√	√			
提高设备安全性		√		√			√	
提高数据获取与处理能力	√			√		√		
可定制性			√	√				√
全要素快速自动识别能力	√			√		√		
设备智能化	√		√	√		√		
设备集成化	√	√		√	√			√

注：√表示产业目标与市场需求相关，空白表示二者没有相关性或相关性弱。

四、技术壁垒分析

高端装备研制涉及的技术、工艺和材料非常多，即使是传统的仪器设备也要不断地升级换代，有些设备会被淘汰或被新产品代替，因而，所涉及的技术壁垒很多，例如，基于 GNSS 多源信号的协同定位与导航技术、北斗地基增强系统、室内外一体化导航定位技术、LBL/MINS 组合导航系统及其导航信息融合技术、基于惯导和地面控制的实时定位技术等，解决这些技术难题都是为了满足用户在室内外的导航监测和位置服务的需求。位置服务的相关技术和应用正在从室外向室内发展，如停车场、商场、火车站等场所的定位和导引；精准营销、智能制造、机器人、无人医疗护理等行业在室内识别特定对象位置等。由于室内场景受建筑物的遮挡，GNSS 信号快速衰减，甚至完全拒止，无法满足室内场景导航定位的需求。

研制自动测量机器人需要解决全站仪自动化技术，即自动目标识别、自动照准、自动测角与测距、自动目标跟踪、自动记录等，需要研究其新工艺、新材料，以及小型化、低能耗等技术。研制 RTK 测量设备，需要解决既要在野外实时得到厘米级定位精度的测量，又要提高野外作业的效率的问题。

地理信息可视化技术在国民经济多个部门都有应用需求，除了政府部门、企业的应用需求以外，面向大众的地理信息产品需要更加简单明了、美观、易读，形成动画影像相结合的可视化三维数据实景展示。

政府已经发射了对地观测的高分卫星、资源卫星，民营企业已经发射了高分多光谱卫星、高光谱卫星和视频卫星等，但是，广东省地处南方多云、多雨地区，迫切需要雷达卫星，以满足全天候获取数据的需求。因此，商业遥感微纳雷达卫星的研制非常必要。

高精度倾斜摄影相机、车载高精度定位传感器、移动数据采集终端等技术的研究是为了更好地获取多维数据，实现三维建模，实景再现。

广东省是海洋大省，海域广阔、岛礁众多，水下导航定位和位置服务系统是海洋活动、海洋安全、搜救执法、海洋资源环境调查及综合管理、海上生产生活及灾害防治的重要支撑条件，研发大湾区海洋无缝导航技术非常必要。与海面及陆地导航定位不同，水下导航定位及位置服务信号要求具有穿透水体的能力，因此，海面/水下的定位装备呈现出设备组合化、功能集成化、体制宽带化的发展趋势，多传感器水上、水下无缝导航定位已成为其热点和研究方向，并实现商业化。

由于民众日常生活中使用手机较频繁，一些产商就尝试在手机上搭载具有可测量功能的传感器，以获取地理数据，这也是众包数据的主要来源之一。例如，OPPO 公司推出的 R17 Pro 手机搭载了飞行时间（time of flight，TOF）镜头，能够实现三维建模、测距、AR 尺子（苹果 ARkit 测量工具）等应用。华为公司推出的 P30 Pro 手机前置的 TOF 模块，可支持用户做隔空手势操作，使人们通过手机感知到真正意义上的三维距离。在一段时间内，广东省地理信息产业高端装备研制的技术壁垒见图 6.8。

五、产业目标与技术壁垒关联分析

我国的地理信息产业高端装备研制仍受到国外同行的关键技术及配套设备等的制约，这对加快我国地理信息产业高端装备国产化发展具有极大的推动作用，广东省地理信息产业高端装备研制也是如此。尽管广东省有南方测绘、中海达、深圳大疆等具有代表性的高新技术装备企业，但是，这些企业仍然有一些关键技术或配件需要从国外进口。例如，在开展自动驾驶相关仿真、研究和测试时，需要采购国外的激光雷达（Velodyne）、惯导（NovAtel）、高清摄像头等硬件；自动驾驶地图的外业采集数据中使用的 POS 系统、视觉系统目前也是以进口为主；南方测绘仍需从国外购买部分高端部件，近 40%实时动态定位（RTK）技术的核心板卡需要从美国天宝购买，三维激光扫描系统的高端扫描头需要进口；中海达的 GNSS 接收机也有部分是采用美国天宝的主板等。因此，各级地理信息行业管理部门和企业应该加大对国产装备的研发投入，摆脱国外配件和关键技术的制约。例如，2019 年深圳大疆推出了全新激光雷达产品，其成本和售价均不到进口同类竞品的 1/10，其有 70%以上的业务在美国、欧洲等海外市场。

为了提高技术装备的稳定性、安全性、可定制性、智能化程度、数据获取和数据处理能力、全要素快速自动识别能力等，实现其产业目标，必须克服其技术壁垒，重点关注测量仪器设备的研制、北斗地基增强系统、商业遥感微纳雷达卫

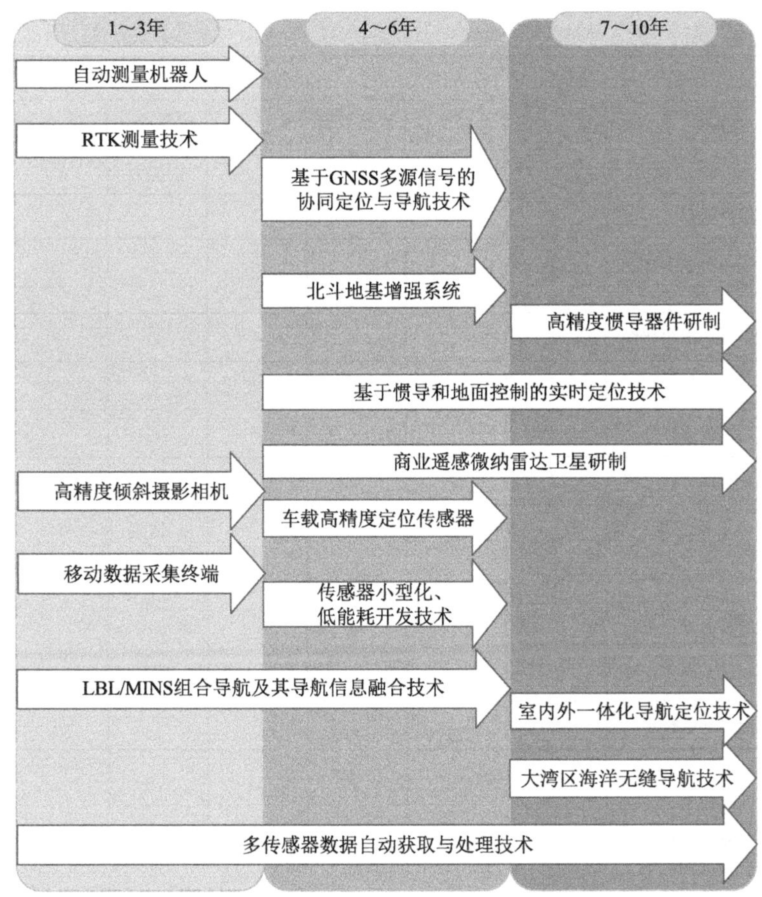

图 6.8　广东省地理信息产业高端装备研制的技术壁垒

星研制、高精度倾斜摄影相机研制、移动数据采集终端研制、室内外一体化导航定位技术、大湾区海洋无缝导航技术、多传感器数据自动获取与处理技术等。广东省地理信息产业高端装备研制的产业目标与技术壁垒关联分析见表 6.4。

表 6.4　广东省地理信息产业高端装备研制的产业目标与技术壁垒关联分析

技术壁垒	产业目标						
	提高设备稳定性	提高设备安全性	提高数据获取与处理能力	可定制性	全要素快速自动识别能力	设备智能化	设备集成化
自动测量机器人		√	√	√		√	√
RTK 测量技术	√		√		√	√	
基于 GNSS 多源信号的协同定位与导航技术		√	√		√		
北斗地基增强系统		√					√

续表

技术壁垒	产业目标						
	提高设备稳定性	提高设备安全性	提高数据获取与处理能力	可定制性	全要素快速自动识别能力	设备智能化	设备集成化
高精度惯导器件研制	√		√	√			
基于惯导和地面控制的实时定位技术	√		√	√		√	
商业遥感微纳雷达卫星研制	√		√	√	√	√	
高精度倾斜摄影相机	√		√	√	√		
车载高精度定位传感器	√		√	√	√		
移动数据采集终端	√	√	√		√		
传感器小型化、低能耗开发技术	√	√	√				√
LBL/MINS 组合导航系统及其导航信息融合技术	√	√					√
室内外一体化导航定位技术	√	√	√		√		√
大湾区海洋无缝导航技术			√			√	
多传感器数据自动获取与处理技术			√			√	√

注：√表示技术壁垒与产业目标相关，空白表示二者没有相关性或相关性弱。

六、资金壁垒及政策壁垒分析

在地理信息产业的高端装备研制方面，各级财政投入的资金少，高端设备制造主要依靠企业自筹资金。自筹资金来源有贷款、融资和民间资本投入等，由于高端装备研制需要的资金量大，而企业自筹资金非常有限，这在一定程度上制约了广东省地理信息产业高端装备研制的持续发展。政府财政资金对地理信息产业高端设备研制的扶持力度不足，急需国家制定相关借贷、税收等优惠政策，鼓励更多的高端装备制造商攻克技术难关，突破技术壁垒，勇于创新，生产更多满足市场需求的仪器设备。

七、研发需求与实施计划

综上所述，我们通过对广东省地理信息产业在高端装备研制方面的市场需求、产业目标、技术壁垒及其相关关系分析，归纳了在一段时间内，广东省地理信息产业高端装备研制的研发需求与实施计划，见图 6.9。

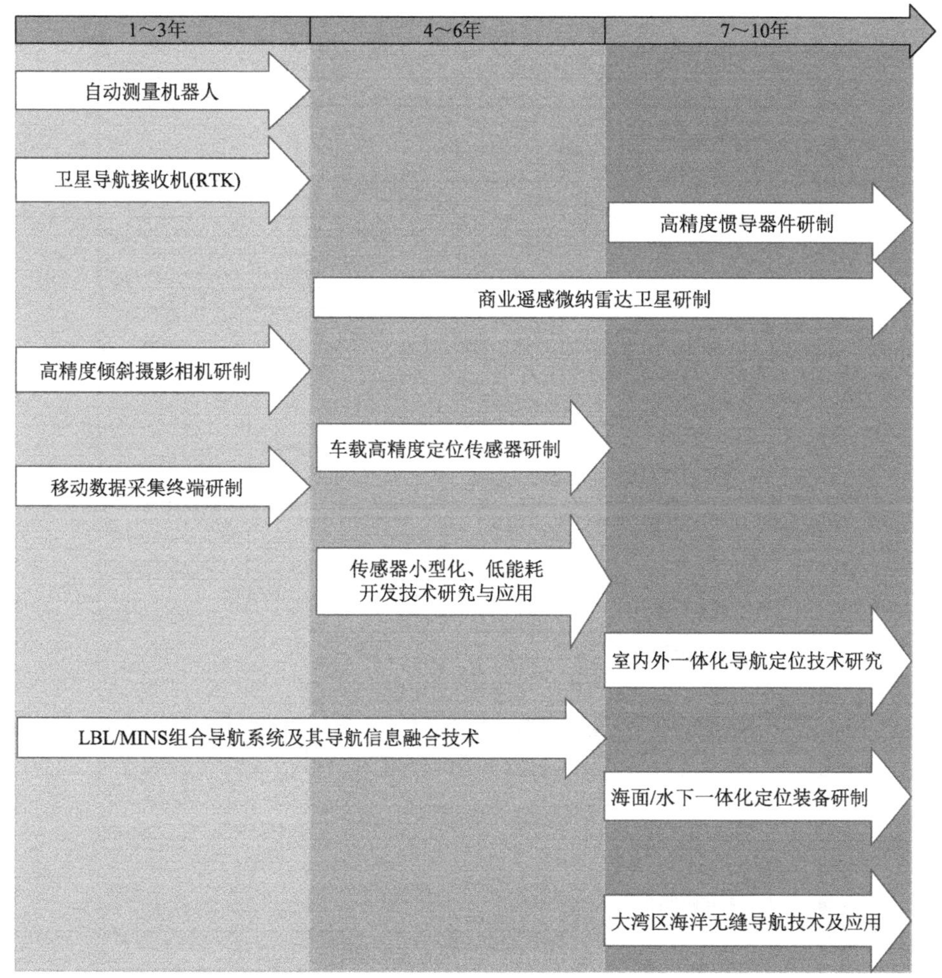

图 6.9　广东省地理信息产业高端装备研制的研发需求与实施计划

八、绘制广东省地理信息产业高端装备研制技术路线图

“广东省地理信息产业高端装备研制技术路线图”主要依据地理信息产业的市场需求、产业目标的相关分析，明确需要突破的技术壁垒、研发需求与实施计划等，综合多个因素编制而成，见图 6.10。

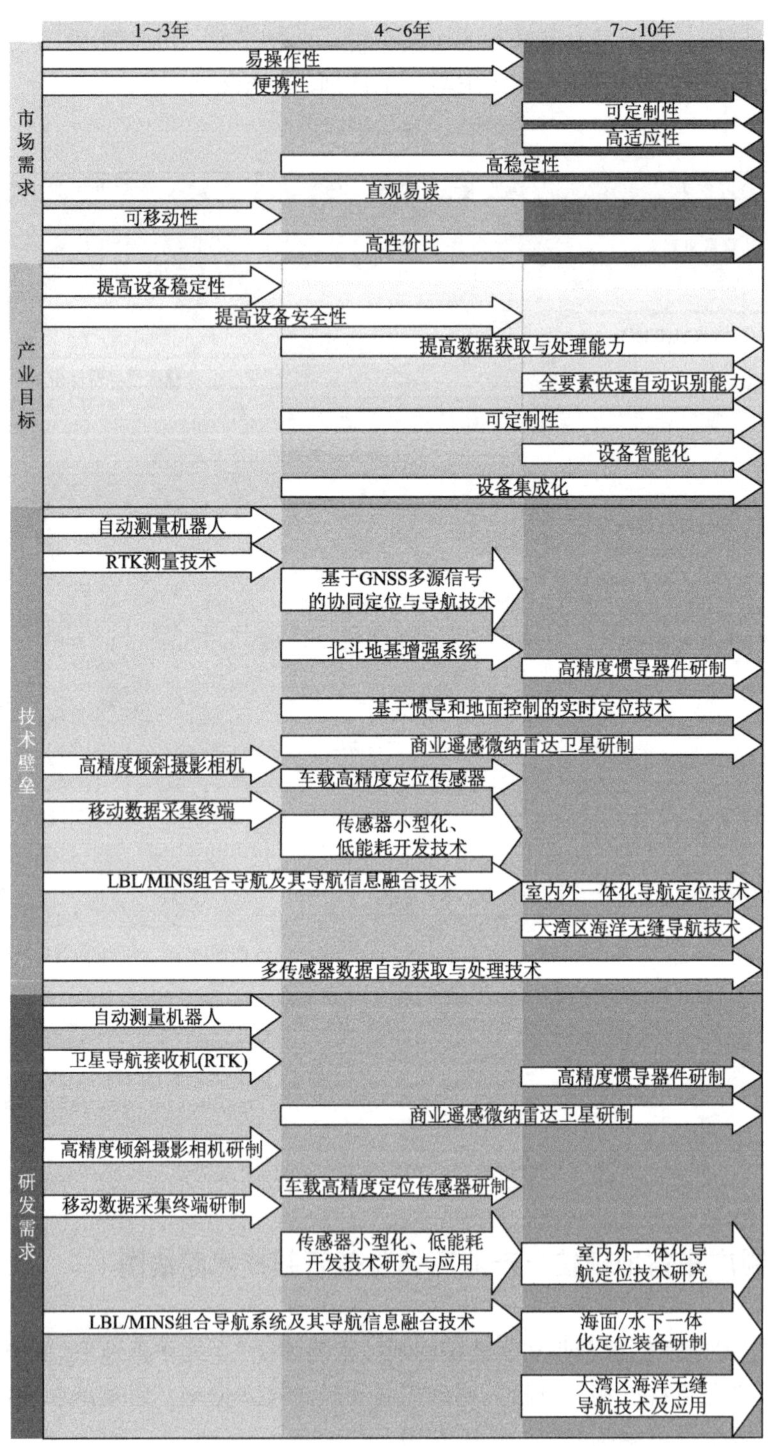

图 6.10　广东省地理信息产业高端装备研制技术路线图

第三节　广东省地理信息产业数据处理技术路线分析与路线图绘制

一、市场需求分析

地理信息是数字、符号、字母和各种文字的集合，具有共享性、普遍性、依附性、时效性、价值性、相关性或无关性、真实性、可视性等特性。数据处理通常是对数据进行输入、加工、变换、运算、分析、显示、检索、传输、存储、管理和描述，而每个环节又包含了对多种技术和计算机软硬件的要求。根据处理设备的结构、工作方式，以及数据的时空分布的不同，数据处理的方式也不同。不同的处理方式需要不同的硬件和软件支持，每种数据处理方式都具有其自身的特点，因此，根据不同的需求选择合适的处理方式尤为重要。

地理信息数据处理技术是用计算机收集、记录数据，经软件加工，生成新的信息的技术。地理信息数据处理就是对已获取的大数据进行加工，抽取并推导出对用户有价值、有意义的数据。地理信息处理主要依靠软件支持，数据处理的软件包括用以书写处理程序的各种程序设计语言及其编译程序、管理数据的文件系统和数据库系统，以及适合各种地理信息数据处理的专用软件。地理信息数据处理在日常生活中应用普遍，例如，三维建模在自然资源、林业、交通、城市建设、公安、电力、水利、环保、地质灾害、考古、娱乐等行业的需求量大。由导航定位服务到自动驾驶，位置服务应用场景日益丰富，各行业对地理信息的应用形式和内容的需求越来越大，各类业务对地理要素的描述除了空间位置，还需要对象信息或业务状态信息等。

地理信息包含大量的自然环境数据及社会经济数据，要对其进行综合性的数据处理，建立地理信息数据库，减少冗余，系统地整理和存储地理信息。数据处理的过程有：

（1）数据输入：将获取的多源、多维、多种类数据输入数据处理软件。

（2）数据转换：满足各类数据的加工及变换要求，将读取的数据转换成机器能够接收的形式。

（3）数据分组：处理软件将获取的数据按指定的编码进行有效的分组。

（4）数据组织：整理数据或用某些方法安排数据，智能化处理数据。

（5）数据计算：进行各种数据的高性能运算，以便得到所需的信息。

（6）数据存储：将原始数据或计算的结果保存起来，存储的容量大、介质安全、数据完整。

（7）数据检索：按用户的要求找出有用的信息，且数据的检索和传输速度快，可视化程度高。

（8）数据排序：将数据按一定要求排序。

（9）数据成果能够做到海上、地面、空中、地下能看能查，网上能管能用。

因此，在一段时间内，广东省地理信息产业数据处理的市场需求见图 6.11，具体包括获取的数据容易输入处理软件、输入及输出的数据不丢失，处理系统能够满足各类数据的加工及变换要求，数据处理运算高性能、智能化、可视化程度高，数据存储的容量大、冗余少、安全性高，数据能够被快速检索和传输，数据成果的质量好、用途多。研发能够处理各种类型数据的软件，充分利用数据库技术，对地理信息进行高效、安全的存储与管理，制作多种数据产品等。

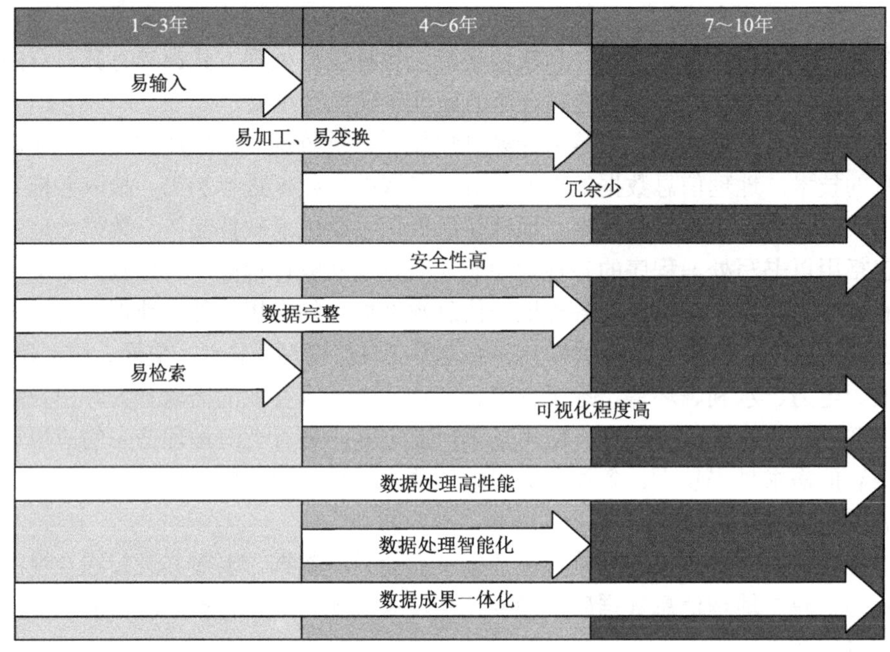

图 6.11　广东省地理信息产业数据处理的市场需求

二、产业目标分析

广东省地理信息产业数据处理的产业目标与数据处理的硬件设备和处理软件有关，数据处理是应用服务的关键环节，数据处理的三个阶段是原始数据输入、各种数据加工，以及图形、报表和数据等成果输出。

基于多传感器的地理信息融合处理，如激光扫描仪、摄像头、GNSS、IMU

等，在测量过程中采集到的各类数据（点云数据、定位信息、姿态数据等）都有其固有属性。但是，为了实现多维数据一体化采集，需要构建融合多类传感器数据的处理系统，形成中低空遥感平台的新型多传感器数据采集、融合处理系统，输出基于统一标准体系下的综合数据成果。

基于移动终端实时便捷的地理信息处理方式，移动终端的大众化测绘让越来越多的非专业人员对数据产品的生产方式、成果输出、表现方式等产生了浓厚兴趣，各种鸟瞰地图、物体模型等都是以摄影图片和视频的形式呈现，是与测绘成果类似的简易地理信息产品。

数据处理中的快速纠正、投影变换、坐标变换、地理信息配准等是不可缺少的环节。例如，地理信息配准主要用于栅格数据的空间位置匹配，将那些不包括空间参考信息的栅格数据与其他空间数据进行配准。三维模型的重构就是要把不同测站的扫描数据纠正到统一的坐标系下。地理信息配准之前首先要选择配准的图层，添加控制点，然后查看已经添加控制点的链接情况及配准的精度情况。一般来说，如果需要对地理信息的栅格数据集进行拉伸、缩放和旋转时，可用一阶变换；如果需要对栅格数据集进行弯曲，可用二阶或三阶变换；变换的阶次越高，校正的畸变就越复杂。

随着高分影像数据的应用水平不断提高，应用市场由提供遥感影像数据逐步提升为提供高分遥感数据挖掘服务。因此，基于高分影像的地理要素自动识别和提取已成为各部门广泛应用的主要市场。随着中国对地观测技术的快速发展，高分卫星、资源卫星、“高景一号”卫星、“吉林一号”卫星及“珠海一号”卫星在轨运行，影像数据获取和数据处理能力越来越强，成本越来越低，影像数据的更新周期越来越短，因此，应以多时相影像数据为基础，结合各类业务支撑数据，快速划定检测或监测目标范围内的各类变化情况，包括范围、强度、高度、浓度等动态变化，自动分类识别和提取信息，准确输出变化信息的地理时空范围。

随着高光谱遥感技术的快速发展，从高光谱卫星数据的不同波段中定量提取地表物质的物理量和准确的空间位置，并定量地反演或运算某些地学或生物学信息成为可能，满足地理要素简易快速识别的需求。

地理信息需要面对存储更多数据量和数据类型的问题，在存储的海量数据中需要成功地、快速地检索出有价值的信息。随着地理信息大数据应用的爆发式增长，其已经衍生出独特的架构，而且直接推动存储、网络及计算机技术的发展。随着结构化数据量和非结构化数据量的持续增长，以及分析数据来源的多样化，海量数据存储系统应有相应等级的扩展，各种模式的固态存储设备应运而生，小到服务器的高速缓存，大到全固态介质的可扩展存储系统。地理信息可以运用区块链技术的块链式数据结构来验证与存储数据、利用分布式节点共识算法来生成和更新数据、利用密码学的方式保证数据传输和访问的安全、利用由自动化脚本代码组成的智能合约来编程和操作数据，区块链技术在地理信息产业的应用十分广阔。

总之，广东省地理信息产业数据处理的产业目标（图 6.12）是在一段时间内提高数据运算的性能、快速进行各种数据变换与配准，追求高效的数据存储和数据处理智能化，自动识别地理全要素及变化特征，满足时空大数据融合和挖掘需求，满足各行业的“一张图”需求。

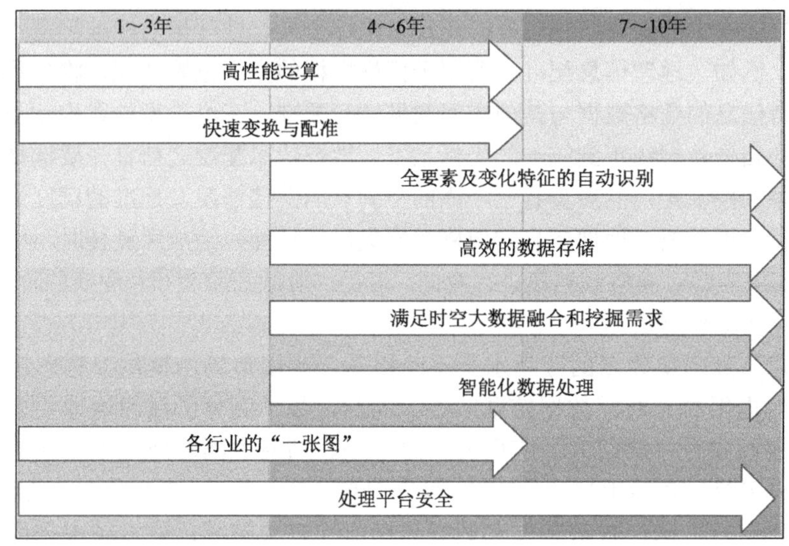

图 6.12　广东省地理信息产业数据处理的产业目标

三、市场需求与产业目标关联分析

广东省地理信息产业数据处理的市场需求与产业目标相关性主要表现在数据处理必须满足各种用户的需求。一方面，数据处理系统要能够容易读取需要处理的数据，容易将各类数据进行加工及各种变换，数据处理的存储容量要大、冗余要少、安全性要高，输入及输出的数据不能丢失、保持完整，数据的检索和传输速度要快、可视化程度要高，数据处理要智能化，数据成果能够做到海上、地面、空中、地下能看能查，网上能管能用。另一方面，为了实现用户的需求，数据处理时要高性能运算，自动识别，快速变换与配准，高效安全地储存和管理，能满足时空大数据融合和挖掘的需求，输出适用于各行业的“一张图”，广东省地理信息产业数据处理的市场需求与产业目标关联分析见表 6.5。

表 6.5　广东省地理信息产业数据处理的市场需求与产业目标关联分析

产业目标	市场需求									
	易输入	易加工、易变换	冗余少	安全性高	数据完整	易检索	可视化程度高	数据处理高性能	数据处理智能化	数据成果一体化
高性能运算		√			√		√			
快速变换与配准	√	√								
全要素及变化特征的自动识别	√						√			
高效的数据存储		√	√							
满足时空大数据融合和挖掘需求			√		√	√	√	√		
智能化数据处理	√			√				√		
各行业的“一张图”									√	
处理平台安全						√			√	√

注：√表示产业目标与市场需求相关，空白表示二者没有相关性或相关性弱。

四、技术壁垒分析

地理信息产业数据处理的全过程涉及一系列相关技术。随着地理信息技术应用形式的不断增加、范围的不断扩展，用户对数据类型和数据产品的需求越来越多，对数据内容、结构和形式的要求也在不断变化，数据处理技术与深度学习、图像识别、大数据挖掘等技术相融合有关，并与实现数据处理过程的高度自动化和智能化、不同时态的地理空间仿真模型自动重构、不同地理环境下的多源数据一致性处理、高精度多维模型构建等技术有关。同样，数据处理也会遇到一些技术壁垒，如多源、多维、多种类数据一致性匹配处理技术，全要素自动化、智能化融合技术，基于区块链的时空数据存储技术，高精度实景的室内外三维数据无缝衔接技术，多视角下的精密三维要素重建技术，基于时空大数据的地理要素一致性变化分析技术，“海、陆、空、地下”一体化技术，地理信息实时动态更新技术，多源数据高性能计算技术，时空大数据挖掘与知识图谱技术，虚拟现实与增强现实技术，信息安全技术，数据压缩技术等。

地理信息的安全技术在数据处理中非常重要。遥感影像数据、多维度数据、多媒体数据、语音数据等的数据量特别庞大，如果不对这类数据进行有效的压缩，就难以提高存储、传输效率，因此，数据安全及数据压缩技术已成为地理信息产业的一项关键的共性技术。

要关注当前地理信息数据处理出现的新问题，研究解决新问题的新技术和新方法，例如，三维建模（包括点云三维建模、航测法三维建模、地形图精细三维建模等）涉及的关键技术有星载 LiDAR 技术、机载 LiDAR 技术、倾斜摄影技术、地面三维激光扫描技术、三维精细建模技术、移动测量技术和虚拟现实技术（VR）等。新一代三维地理信息技术是涉及三维交互与输出新技术、BIM（建筑信息模型）+GIS（地理信息系统）+AR（增强现实）、PCD（点云数据）、新增DEL绘制模式、MVT（矢量瓦片技术）等，在高精度、高分辨率、高清晰度、快速建模、实景再现的背景下，实现室内外三维测量成果无缝衔接，达到一体化整合效果的快速数据处理技术。

地理信息加人工智能的应用从人工神经网络、专家系统、图像识别、决策辅助系统，发展到深度学习、自动驾驶，智能化的核心是代替人类进行更快、更好的决策，从管理领域决策，到实时操作决策，智能化数据处理成为地理信息产业的研究和应用热点。

受到物体遮蔽、光线可达性等因素的影响，以无人机、汽车为载体的雷达、红外、多光谱、高光谱等多种传感器进行倾斜摄影和激光雷达扫描采集的三维影像、纹理照片和点云数据等，在构建精细三维模型时，存在精细模型自动构建难，建立精细模型过程中还需要人工操作等技术问题。因此，快速建立精细模型是未来几年需要研究的技术。

多时态影像数据挖掘是以图像识别、时空大数据、关联分析等为基础，以业务需求为导向的，为实现影像数据分析与数据挖掘，需要研究数据库技术与人工智能技术的融合。

采集、处理和制作高精度地图需要研究人工智能、时空数据挖掘、虚拟现实与增强现实等技术，实现AI场景识别和高精度地图的高度融合。高精度导航地图是新一代辅助驾驶地图产品，在标准导航地图的基础上，以高精度、高鲜度的数据，更为详尽地表达现实世界的复杂场景，满足智能驾驶的市场需求。因此，在一段时间内，广东省地理信息产业数据处理的技术壁垒见图6.13。

五、产业目标与技术壁垒关联分析

地理信息产业数据处理的产业目标与技术壁垒关系密切，为了实现数据处理的运算高性能、智能化、高效率、安全存储，快速处理多源、多维、多种类地理信息的变换与配准，自动识别全要素及变化特征，满足时空大数据融合和挖掘、各行业对“一张图”的需求等产业目标，必须克服与之相关的技术壁垒。目前，我国的地理信息产业数据处理受到与之相关的设备硬件与处理软件制约，其关键技术问题亟待解决，如多源、多维、多种类数据一致性匹配处理技术，全要素自动化技术、智能化融合技术，基于区块链的时空数据存储技术，高精度实景的室内外三维数据无缝衔接技术，多视角下的精密三维要素重建技术，基于时空大数据的地理要素一致性变化分析技术，“海、陆、空、地下”一体化技术，地理信息实时动态更新技术，多源数据高性能计算技术，时空大数据挖掘与知识图谱技术，

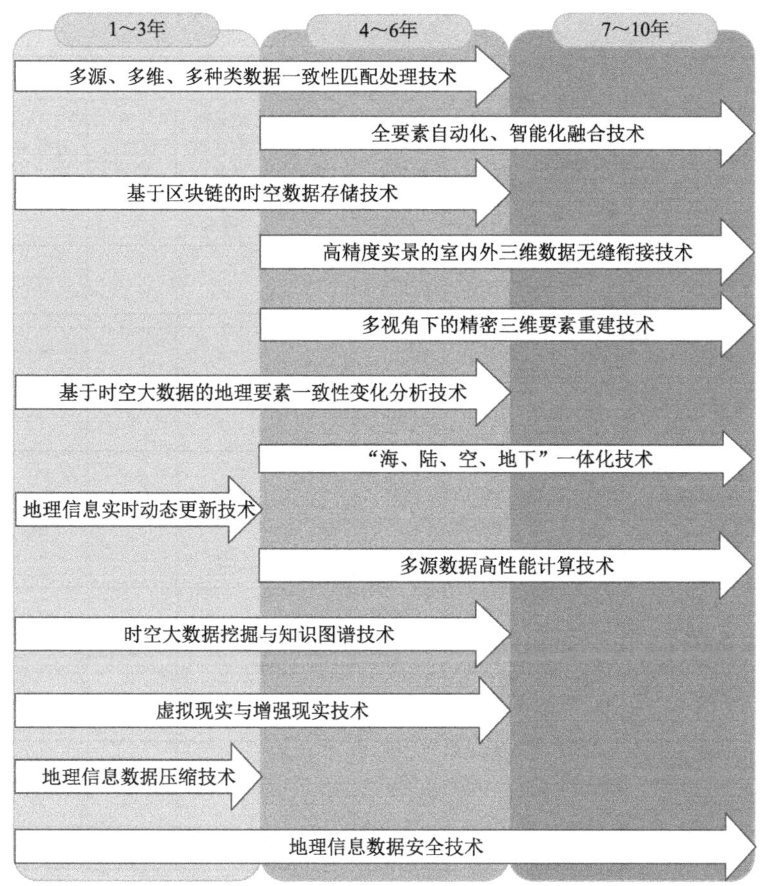

图 6.13　广东省地理信息产业数据处理的技术壁垒

虚拟现实与增强现实技术，感知技术在大数据存储环境应用研究，地理信息数据安全技术，地理信息数据压缩技术等。广东省地理信息产业数据处理的产业目标与技术壁垒关联分析见表 6.6。

表 6.6　广东省地理信息产业数据处理的产业目标与技术壁垒关联分析

技术壁垒	产业目标							
	高性能运算	快速变换与配准	全要素及变化特征的自动识别	高效的数据存储	满足时空大数据融合和挖掘需求	智能化数据处理	各行业的"一张图"	处理平台安全
多源、多维、多种类数据一致性匹配处理技术	√	√			√		√	
全要素自动化、智能化融合技术	√	√	√			√	√	

续表

技术壁垒	产业目标							
	高性能运算	快速变换与配准	全要素及变化特征的自动识别	高效的数据存储	满足时空大数据融合和挖掘需求	智能化数据处理	各行业的“一张图”	处理平台安全
基于区块链的时空数据存储技术				√				√
高精度实景的室内外三维数据无缝衔接技术	√	√	√		√	√	√	
多视角下的精密三维要素重建技术	√	√	√		√	√	√	
基于时空大数据的地理要素一致性变化分析技术			√		√			
“海、陆、空、地下”一体化技术			√		√		√	
地理信息实时动态更新技术	√	√	√				√	
多源数据高性能计算技术	√	√	√	√	√	√		
时空大数据挖掘与知识图谱技术					√			
虚拟现实与增强现实技术	√		√				√	
地理信息数据压缩技术				√				√
地理信息数据安全技术								√

注：√表示技术壁垒与产业目标相关，空白表示二者没有相关性或相关性弱。

六、资金壁垒及政策壁垒分析

各级财政资金主要投入到国家基础地理信息的生产中，各部门的地理信息专题数据也是通过财政资金投入生产和更新的。有些地理信息企业则是通过自筹资金来生产数据（经管理部门许可的数据），然后销售给政府部门和需求单位。

国家对地理信息基础数据有保密要求，各部门之间的地理信息专题数据缺乏交换机制，数据共享受到限制，数据利用率较低，甚至一些部门和企业无法使用数据等，这些壁垒急需政府出台适于数据共享的相关政策及措施，适度放宽数据使用范围。

七、研发需求与实施计划

综上所述，我们通过对广东省地理信息产业在数据处理方面的市场需求、产业目标、技术壁垒及其相关关系的分析，归纳了在一段时间内，广东省地理信息产业数据处理的研发需求与实施计划，见图6.14。

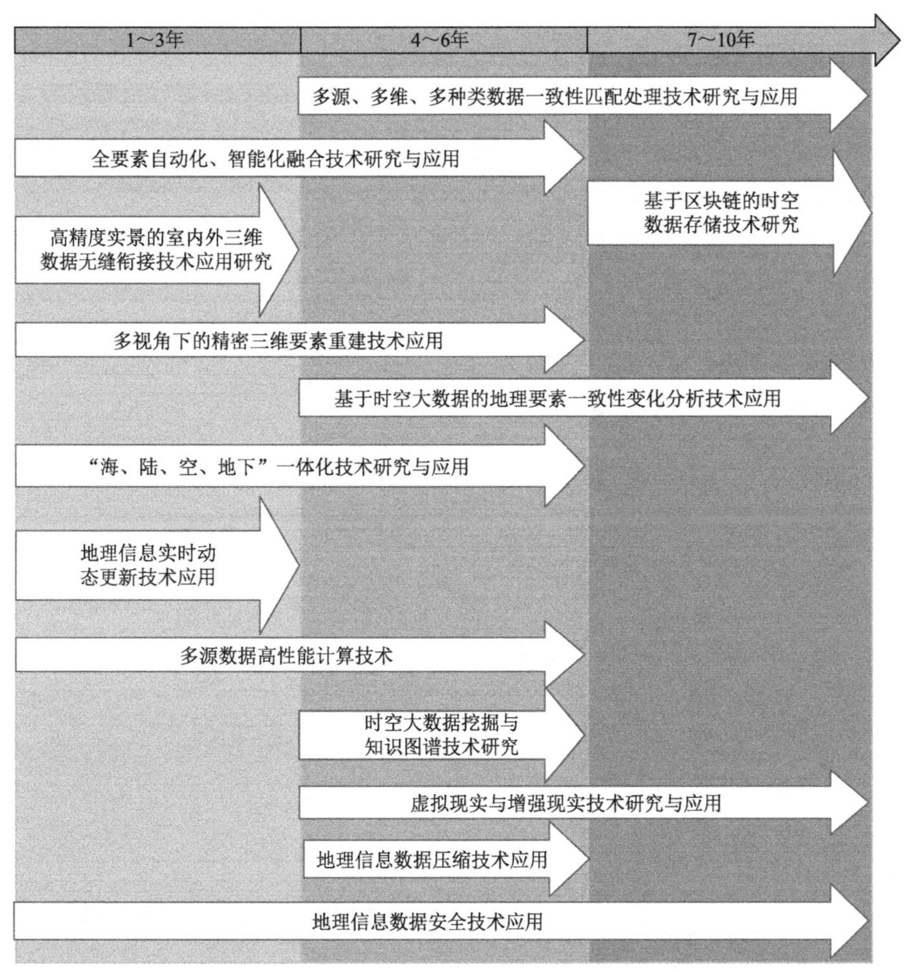

图6.14　广东省地理信息产业数据处理的研发需求与实施计划

八、绘制广东省地理信息产业数据处理技术路线图

“广东省地理信息产业数据处理技术路线图”主要依据地理信息产业的市场需求、产业目标的相关分析，明确需要突破的技术壁垒、研发需求与实施计划等，综合多个因素编制而成，见图6.15。

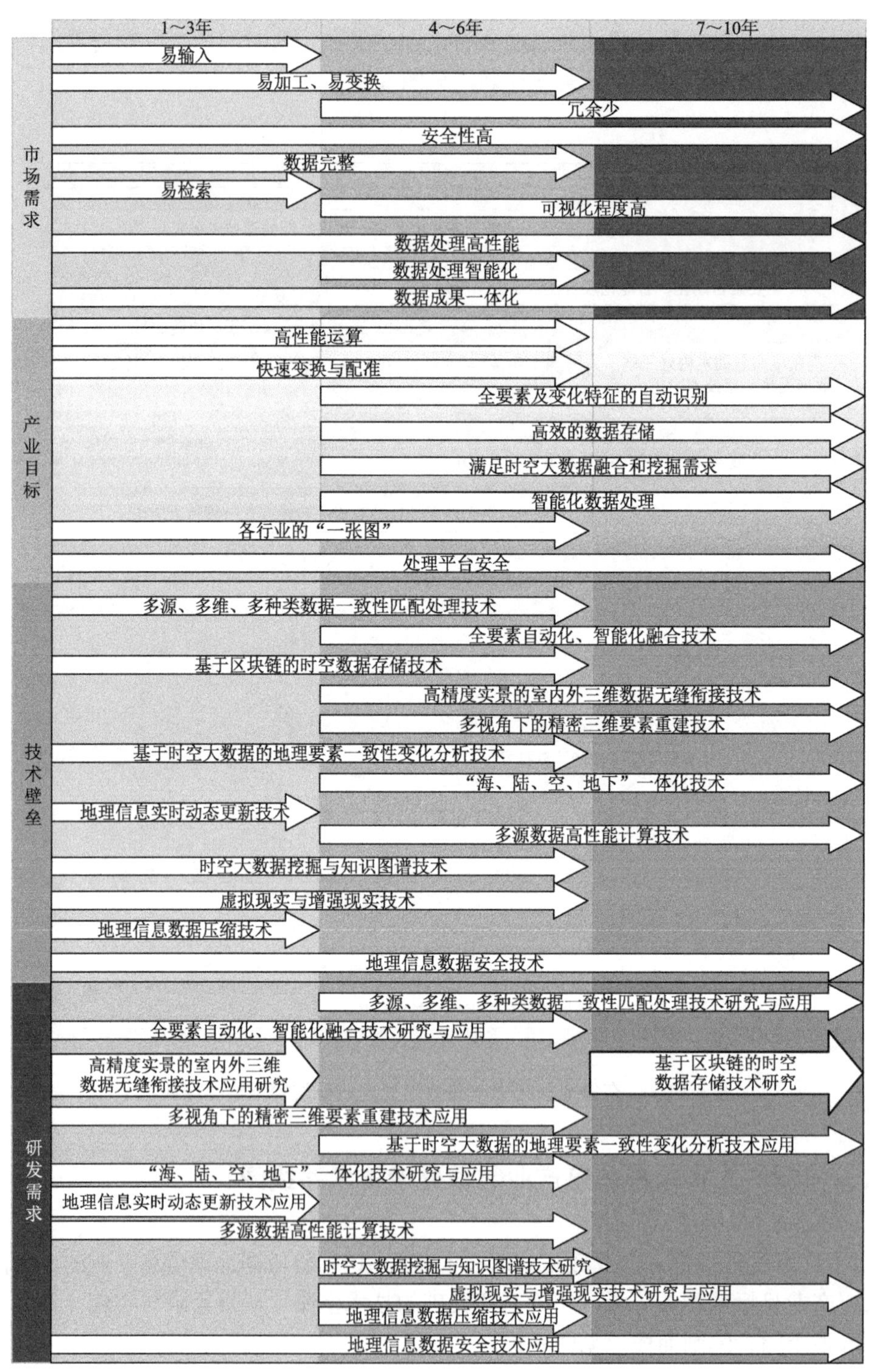

图 6.15　广东省地理信息产业数据处理技术路线图

第四节　广东省地理信息产业软件研发技术路线分析与路线图绘制

一、市场需求分析

地理信息产业软件研发的市场需求主要有数据获取专用软件研发、数据处理专用软件研发、地理信息基础平台研发和地理信息应用平台研发。而地理信息软件的用户有企业自身对基础软件平台进行再开发的需求，有对处理数据软件和制作数据产品软件的需求，也有将自身研发的软件产品对外销售的需求，各类用户同样对应用软件产品有需求。

广东省地理信息产业软件研发单位主要从事数据获取专用软件研发、数据处理专用软件研发及地理信息应用平台研发，并为多行业、多用户推出了多种地理信息软件产品，这些产品的应用案例非常多，在同行中得到好评，其技术水平处于全国同行的上游。例如，南方数码的不动产软件、奥格的智慧排水防涝解决方案、城信所的智慧广州“时空信息云平台”、航天精一的公安地理信息系统指挥平台、欧比特的“绿水青山一张图”等。南方数码研发的不动产软件包括不动产权籍调查系统、不动产权籍数据库管理系统、不动产登记审批系统、不动产档案管理系统、不动产数据交换与共享系统、不动产公众服务系统、不动产登记监管分析系统。无论是哪种软件，都具备功能全、稳定、可靠、易用、性能高、可定制、可维护、可移植等特征。

软件研发就是要先了解用户的需求，对用户需求进行分析、规划和设计，通过计算机编程实现用户需求，对研发的软件进行测试及版本控制，即研究、修改、复用、重新设计（再工程）、维护等。软件研发流程包括设计软件的功能、实现的算法和方法、总体结构设计、模块设计、编程和调试、程序联调和测试，以及编写、提交程序。地理信息应用软件研发主要内容有：

（1）需求分析；

（2）可行性分析；

（3）开发环境；

（4）系统目标、要求和原则；

（5）结构与功能设计；

（6）数据库设计与构建；

（7）系统总体设计；

（8）系统界面设计；

（9）系统功能实现；

（10）核心功能代码；

（11）系统存在的问题和后续开发。

各类应用软件都以地理信息为基础进行定制研发，形成全新的软件产品，为各类用户提供服务，增加地理信息业务内涵。无论研发哪种软件，用户都要求软件产品易用、可靠、稳定、性能高、兼容性好、研发周期短、能够按照用户的特殊用途定制开发、能够用于移动办公等。因此，在一段时间内，广东省地理信息产业软件研发的市场需求见图 6.16。

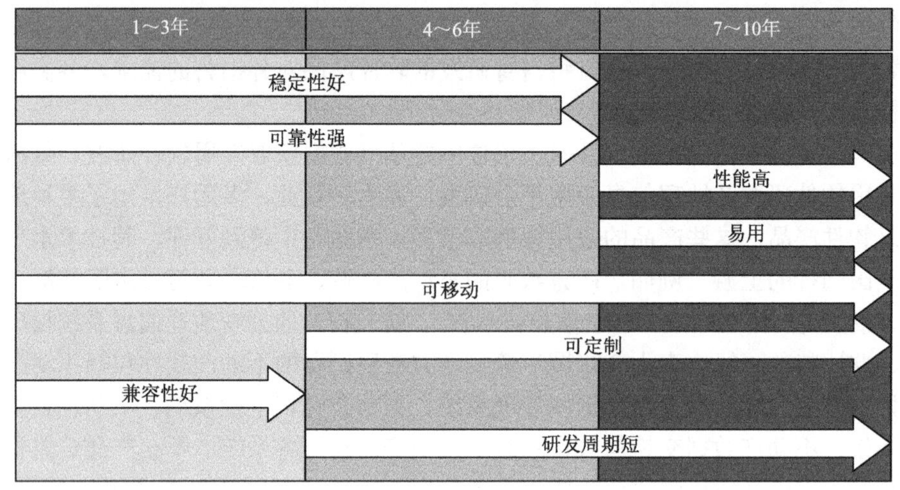

图 6.16　广东省地理信息产业软件研发的市场需求

二、产业目标分析

广东省地理信息产业软件研发的产业目标应满足其市场需求，因此，各级政府要加大对地理信息基础平台研发的投入，尽早推出广东省基础地理信息产业软件产品，进一步加强数据获取专用软件研发、数据处理专用软件研发和地理信息应用平台研发实力，争取占领更多的市场份额。

从地形图测绘、遥感影像获取，到数据加工处理、建立地理信息数据库，再到数据产品及软件的应用，都需要合适的软件产品。这些软件产品应可扩展、可维护、可重用、安全，可移植、可再开发和支持模块化组件式开发等。借助成熟的地理信息产业软件，通过图形化、符号化、添加属性信息，利用矢量地图并加载更细层面的经济、人口和地理数据，借助地理信息系统等来实现批量处理和定量分析。在一段时间内，广东省地理信息产业软件研发的产业目标见图 6.17。

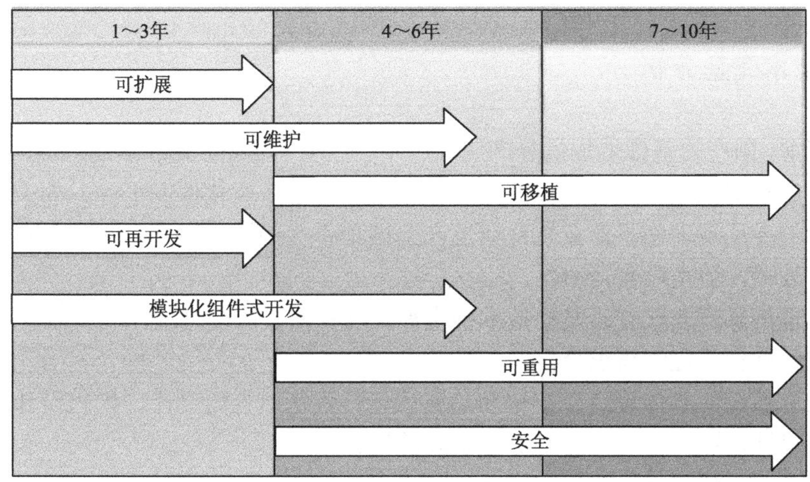

图 6.17　广东省地理信息产业软件研发的产业目标

三、市场需求与产业目标关联分析

广东省地理信息产业软件研发的市场需求与产业目标相关性主要表现在软件研发必须满足用户对基础软件或应用软件的需求。无论是研发基础软件还是应用软件，其系统都应该具有稳定性好、可靠性强、性能高、易用、可移动、可定制、兼容性好，且研发周期短等特点。同时，为了实现产业目标，研发软件系统应可扩展、可维护、可移植、可再开发、支持模块化组件式开发、可重用、安全等。广东省地理信息产业软件研发的市场需求与产业目标关联分析见表 6.7。

表 6.7　广东省地理信息产业软件研发的市场需求与产业目标关联分析

产业目标	市场需求							
	稳定性好	可靠性强	性能高	易用	可移动	可定制	兼容性好	研发周期短
可扩展						√		√
可维护	√	√		√				
可移植	√				√		√	
可再开发						√		
模块化组件式开发					√	√	√	√
可重用								√
安全	√	√					√	

注：√表示产业目标与市场需求相关，空白表示二者没有相关性或相关性弱。

四、技术壁垒分析

当前，国产的基础地理信息产业软件平台主要有 SuperMap、MapGIS、GeoStar 等，而广东省至今尚未有类似的国产基础地理信息产业软件或平台，处于劣势。广东省的专用地理信息产业软件研发在全国处于优势地位，推出的应用软件及品牌产品较多，前文已有介绍。

地理信息产业软件研发的技术壁垒涉及软件研发的全过程，主要表现在：

（1）软件工程的需求分析；

（2）系统的总体设计、结构和功能设计，还包括界面设计、代码设计、软硬件环境设计、运行管理方式和更新手段的设计等；

（3）地理信息系统数据库设计；

（4）数据模型、地理数据的管理；

（5）地理信息系统二次开发；

（6）软件测试，包括软件测试计划书、测试样例及测试方法、地理信息项目功能及性能测试、编写测试分析报告等。

地理信息产业软件研发的技术壁垒较多，如多源地理信息数据管理与共享平台技术、地理信息系统微服务平台技术、应用软件安全监控技术、时空数据高效脱密处理技术、基于 AI 的时空对象匹配技术、自适应业务组件配置技术、大数据新一代多维地理信息技术、时空大数据模型构建技术、云原生地理信息技术、地理信息 AI 数据库技术、众包地理信息资源平台技术研究、地理信息区块链组件技术研究等。

组件式地理信息系统是将地理信息系统各功能模块分解为若干组件，每个组件完成不同的功能，这些组件可以是来自不同工厂和不同时期的产品，用任何语言开发，开发环境也无特别限制。根据用户需求，各个组件之间通过可视化界面和使用方便的接口，可靠地、有效地组合在一起，形成最终的应用系统。研发者不需要掌握专门的二次开发语言，只需按照统一的标准开发接口，提供一套实现地理信息系统基本功能函数的组件，便可以有效克服传统地理信息软件在系统集成上的低效、有缝等缺陷，实现高效、无缝的系统集成。组件式技术已成为行业标准，非专业的普通用户也能开发和集成所需应用系统，这能有力地促进地理信息系统的普及和大众化进程；用户可根据实际需要选择组件，大大减轻经济负担，降低软件开发成本。

微服务是组件化开发的新实现方法，是 SOA 架构的延伸。微服务架构是一项在云中部署应用和服务的新技术。微服务可以在“自己的程序”中运行，并通过轻量级设备与 HTTP 型 API 进行沟通，不需要像普通应用服务那样成为一种独立的功能或者独立的资源。地理信息系统微服务架构技术研发以地理信息系统业务应用微小化为核心，基于云平台建立地理信息系统微服务架构，形成拥有不同用户的颗粒化服务单元，让系统资源做到按需运行、按量分配、稳定高效，有效解决地理信息系统基础服务平台存在的“平台太大、应用太少、效率低下”等问题，为地理信息系统降低业务应用门槛奠定基础。

随着互联网、物联网和云计算的高速发展，传统的数据处理和分析方法已无法满足用户对时空大数据高效存取、实时处理、智能挖掘的性能需求，与时间、空间相关的数据呈现爆发式增长，时空大数据与高性能计算、云计算融合是必然的发展趋势，时空大数据已经成为研发人员分析自然地理环境、感知人类社会活动规律的重要资源。时空大数据由于其所在空间实体和空间现象在时间、空间和属性三个方面的固有特征，呈现出多维、语义、时空动态关联的复杂性。时空大数据模型是一种有效组织和管理时态地理数据，属性、空间和时间语义更完整的地理数据模型。建立时空大数据，需要解决的核心问题是如何建立高效、稳定、可操作的时空大数据模型。时空大数据模型构建技术的研究重点是以业务应用需求为导向，开展时空大数据存储管理、智能综合与多尺度时空数据库自动生成及增量级联更新技术研究，提出时空大数据新一代多维关联描述的形式化表达、关联关系动态建模与多尺度关联分析方法，为业务化时空大数据协同计算与重构提供快速、准确的面向任务的关联约束。

时空大数据挖掘是业务化时空大数据发挥作用的关键技术，该技术主要是从非完整的、海量的、有噪声的、模糊且随机的数据中挖掘有用信息，目前时空大数据挖掘的功能主要是描述和预测两种。随着业务化时空大数据库的建设，针对业务应用的大数据挖掘技术研究成了当前时空大数据技术研究的新方向，该技术研究需要在传统的数据挖掘技术基础上，拓展应用深度学习、图像识别、并行计算等新一代信息技术方法，围绕时空大数据获取、处理、分析、挖掘、应用等环节，研发时空大数据分析与挖掘、可视化等功能服务和软件产品。

在地理信息系统应用推广过程中，通常存在基础平台框架过大、业务应用开发技术门槛太高、技术应用范围过小等问题，同时，各类用户对地理信息系统应用形式越来越多，因此，研究实现轻量级、易操作、快部署的地理信息业务应用技术成为地理信息系统技术研究的重要方向之一。研发简易化的业务应用软件需要重点解决基于云平台的地理信息功能服务构建、装配式网络服务发布和业务化操作功能开发模式等关键技术。

采用面向服务的系统架构开发实现的地理信息服务平台已经成为当前主流厂商开发实现的技术产品，并在国土、规划、农业、环保等各行业得到广泛应用。该技术框架以网络服务的形式对外发布服务，让业务部门可以通过网络直接获取后台发布的各类数据服务和操作功能，让应用开发简易化、轻量化。随着云服务技术架构水平的不断提高，各类基于云服务的应用开发逐步普及，基于云服务架构的应用系统扩展快、适应强、响应快等技术优势越来越突出，因此，地理信息系统与云服务平台构建技术相结合，面向不同业务应用建立可定制的地理信息云服务平台，让更多产业能够便捷、高效、简易地应用地理信息服务平台提供的各类服务，是当前地理信息产业软件研发的市场需求之一。

地理空间数据库建设技术已经成为当前主要的业务数据库建设需求，各应用产业都要求根据业务信息与地理空间要素建立有效关联，以有效支撑业务空间化管理。随着地理信息在各产业应用水平的不断提高，地理要素对象时序化、状态化管理需求也逐渐形成，传统的空间数据库技术的局限性也日益显现。同时，大数据建设和管理技术的不断成熟，也让空间数据时态化和大数据建设技术相结合的技术应用趋势越来越明显，同时基于大数据的时空数据应用需求也越来越强烈，将逐步发展成为业务化地理信息数据管理和应用的主流市场需求。

轻量级地理信息开发框架是相对于重量级地理信息开发框架而言的一种软件开发模式。与重量级地理信息开发框架相比，轻量级地理信息开发框架侧重于减小开发的复杂度，其处理能力相对有所减弱，比较适用于从事地理信息开发的中小型企业。时空大数据的建设让各种用户的地理信息资源积累速度快速提高，各类业务数据按照统一的数据标准进行管理和维护，并对外提供服务。受技术发展水平的影响，现有的数据内容展示形式以业务定制开发的方式，通过数据统计、图表结合的形式输出，当业务数据量较大时，容易出现操作响应延迟、内容缺失等问题。因此，基于时空大数据和云服务平台，建立稳定便捷的业务数据内容展示平台是地理信息产业软件研发的市场需求之一。

早期的地理信息系统在各种用户中的应用是基于地理信息基础平台进行定制开发的，这种应用和开发模式通常存在效率低、成本高和推广难等问题。为了提高地理信息系统应用水平、扩大技术应用范围和提升产品应用体验，建立面向业务应用可快速装配的地理信息系统平台已成为软件研发的主流，越来越多的地理信息系统应用人员希望降低系统平台应用的技术门槛，提高软件产品的普适性和可推广性。

地理信息系统在国内经历了数十年的持续研究和应用拓展，已经得到广大用户的认可，特别是对外提供位置服务的商业化平台快速推广，让更多民众成为地理信息产业软件产品的用户，为软件研发增加了强大的推动力。随着新一代信息技术应用的发展，早期的地理信息系统技术将逐步被新的软件技术升级改造，甚至彻底重构，具体表现为：平台级的应用系统将逐渐被微服务架构下的软件服务代替，基于关系数据库的空间数据库将逐步被开放型的时空大数据代替，定制化的业务应用开发技术将逐步被装配式的业务应用系统构建技术代替。因此，在一段时间内，广东省地理信息产业软件研发的技术壁垒见图 6.18。

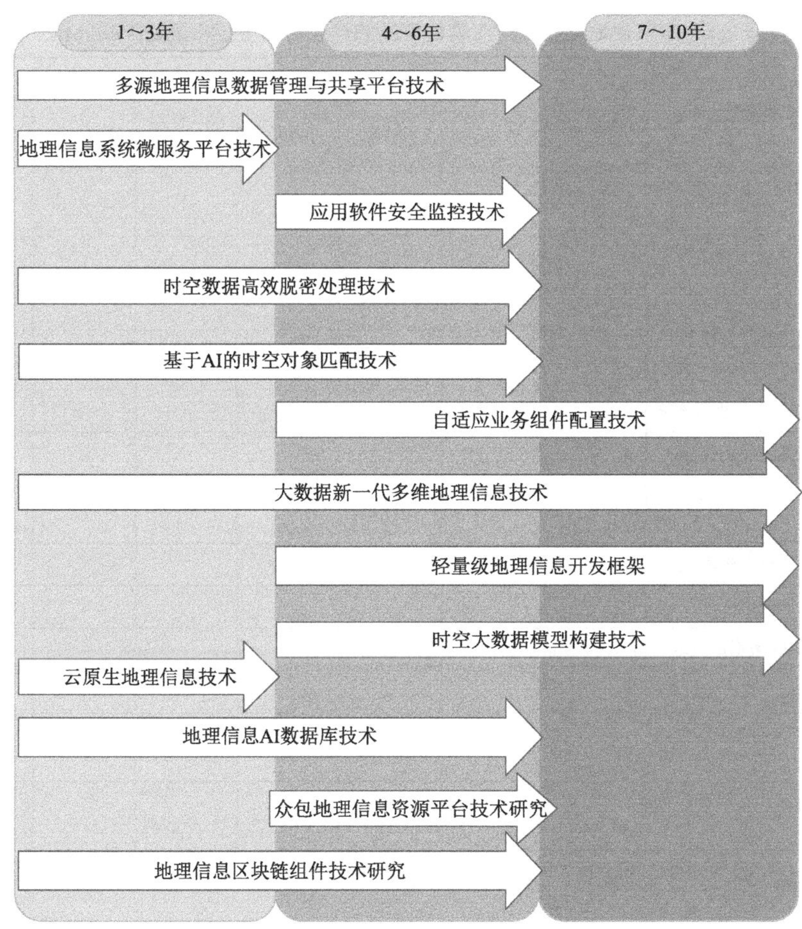

图 6.18 广东省地理信息产业软件研发的技术壁垒

五、产业目标与技术壁垒关联分析

地理信息产业软件研发受到与之相关的基础平台及关键技术制约，为了实现其产业目标，所有的软件研发都应该具有可移植、代码可重用、运维方便、扩展性好的特点，能够再开发、模块化组件式开发，具有时空数据处理与分析挖掘能力、轻量级地理信息开发框架能力等。因此，亟待解决其关键技术，如多源地理信息数据管理与共享平台技术、地理信息系统微服务平台技术、应用软件安全监控技术、时空数据高效脱密处理技术、基于 AI 的时空对象匹配技术、自适应业务组件配置技术、大数据新一代多维地理信息技术、时空大数据模型构建技术、云原生地理信息技术、地理信息 AI 数据库技术、轻量级地理信息开发框架、众包地理信息资源平台技术研究、地理信息区块链组件技术研究等，而且要持续创新。广东省地理信息产业软件研发的产业目标与技术壁垒关联分析见表 6.8。

表 6.8　广东省地理信息产业软件研发的产业目标与技术壁垒关联分析

技术壁垒	产业目标						
	可扩展	可维护	可移植	可再开发	模块化组件式开发	可重用	安全
多源地理信息数据管理与共享平台技术	√					√	
地理信息系统微服务平台技术	√			√	√	√	
应用软件安全监控技术							√
时空数据高效脱密处理技术							√
基于AI的时空对象匹配技术					√		
自适应业务组件配置技术	√				√	√	
大数据新一代多维地理信息技术					√		
时空大数据模型构建技术							
云原生地理信息技术			√			√	
地理信息 AI 数据库技术					√		
轻量级地理信息开发框架			√			√	
众包地理信息资源平台技术研究			√			√	
地理信息区块链组件技术研究							√

注：√表示技术壁垒与产业目标相关，空白表示二者没有相关性或相关性弱。

六、资金壁垒及政策壁垒分析

在地理信息产业软件研发方面，各级政府财政投入的资金较少，特别是地理信息基础平台的研发，这在一定程度上制约了地理信息产业的发展。目前，较为成熟的基础软件产品主要是依靠软件开发商通过贷款或自筹资金，投入大量的人力、物力和财力研发的。政府部门和企业也会根据自身需求采购成熟的软件产品，或在此基础上进行二次开发，或自主研发所需的应用系统、平台、某些模块。

地理信息产业软件的研发资金亟待政府加大力度重点支持，制定相关的融资、借贷、税收等优惠政策，鼓励和奖励软件开发商攻坚克难，勇于创新，研发具有自主知识产权的国产基础地理信息产业软件。

七、研发需求与实施计划

综上所述，我们通过对广东省地理信息产业在软件研发方面的市场需求、产业目标、技术壁垒及其相关关系的分析，归纳了在一段时间内，广东省地理信息产业软件研发的研发需求与实施计划，见图 6.19。

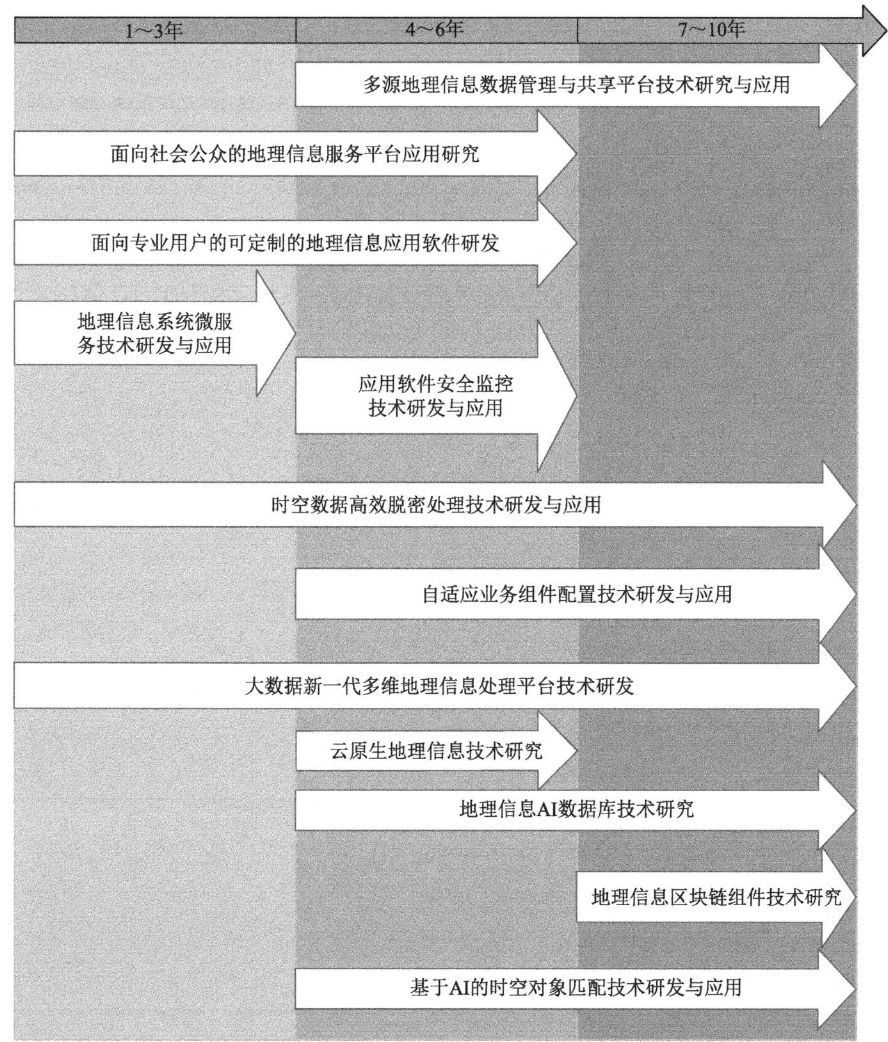

图 6.19　广东省地理信息产业软件研发的研发需求与实施计划

八、绘制广东省地理信息产业软件研发技术路线图

“广东省地理信息产业软件研发技术路线图”主要依据地理信息产业的市场需求、产业目标的相关分析，明确需要突破的技术壁垒、研发需求与实施计划等，综合多个因素编制而成，见图 6.20。

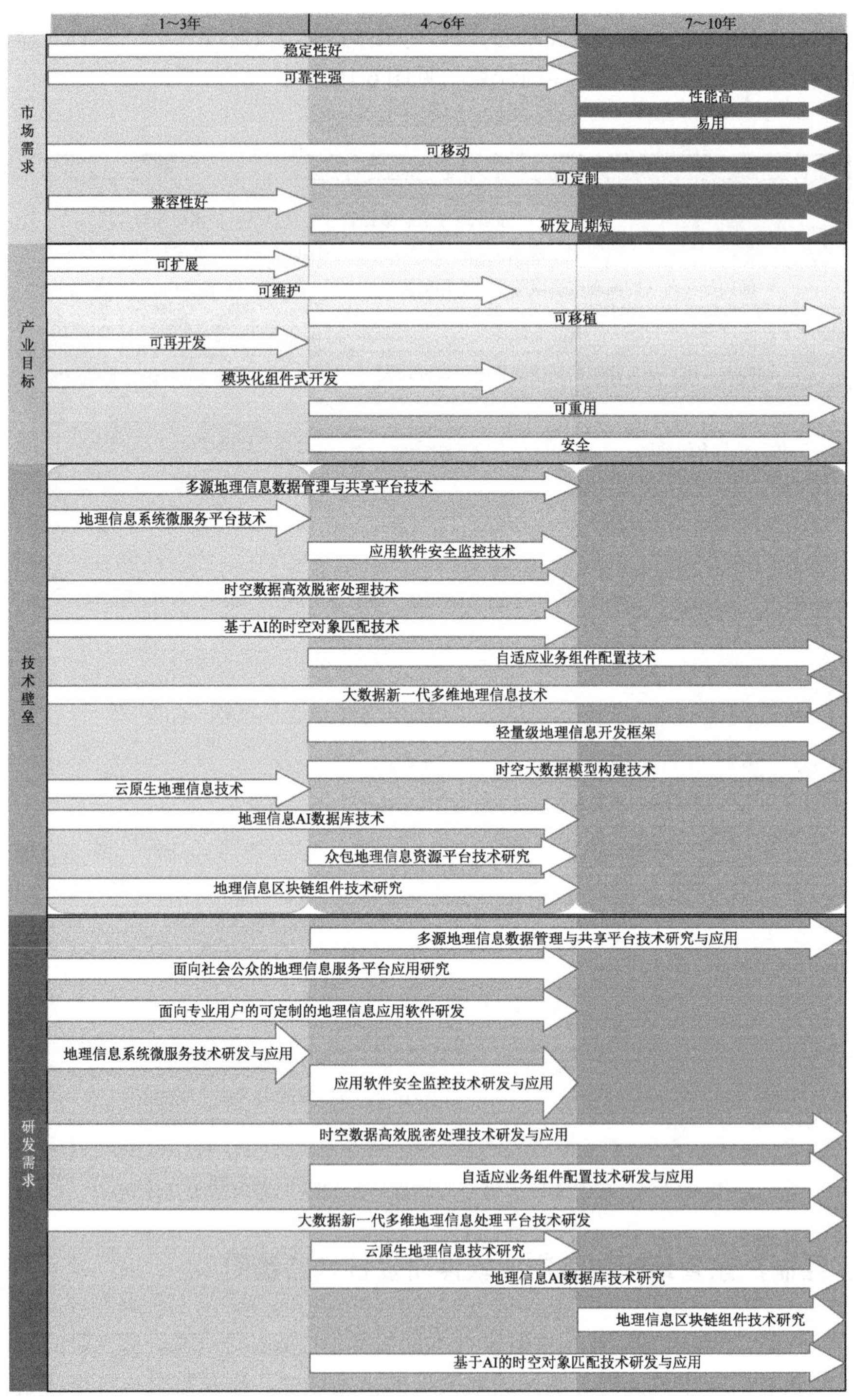

图 6.20　广东省地理信息产业软件研发技术路线图

第五节　广东省地理信息产业应用服务技术路线分析与路线图绘制

一、市场需求分析

地理信息产业的应用服务市场需求非常多，概括为三大类，即面向政府各部门的应用服务、面向企业的应用服务和面向社会大众的应用服务。从国之重器的北斗卫星组网到大众的手机导航，从航天、航空及无人机遥感影像到“绿水青山一张图”，从自动驾驶到智慧城市建设，从移动互联网到游戏娱乐等，这些应用都离不开地理信息。因此，地理信息产业的应用服务按市场需求分类，主要有系统应用服务、数据应用服务和技术询问服务等，如政府部门已建的应用平台需要运维、升级改造及数据更新等，各行业的动态监测管理平台，导航与位置服务及时间空间分析，防灾减灾及应急指挥、工程建设与管理、规划、旅游、文化娱乐等应用，都需要地理信息提供服务。

地理信息产业从发展初期至今，其面向政府各部门的应用最多，技术也比较成熟，本书第五章中已经列举了一些应用案例。近些年，地理信息产业的应用服务逐步向企业和社会大众拓展，面向用户不同的需求，各种定制的应用服务应运而生，如物流企业的送货监控、物流配送、快递员送餐送货的上门服务、大众的出行、网约车业务、游戏娱乐等需要地理信息提供位置服务。自动驾驶需要研制高精度地图，智慧城市建设通过“智慧+”来实现。随着科技的发展，用户对地理信息产业应用服务提出了更高的要求，如大众需要使用大屏展示地理信息，虽然地图信息以抽象形式展现，表达海量建筑模型的准确度低，但是，界面好看、能实时接入物联网感知数据，这就是三维酷炫可视化技术的应用。

三维立体一张图技术充分利用基础测绘成果，以数字高程模型（DEM）等三维测绘成果为基底，以遥感影像为背景，集成整合地下空间、地表基质、地表覆盖、业务管理等各类自然资源和国土空间数据，按照统一的标准，构建三维立体一张图，真实地、全面地反映自然地理景观的现实状况和自然地理格局。

“互联网+”位置服务的社会需求日益广泛，特别是以中国北斗、美国GPS、俄罗斯GLONASS和欧洲Galileo为代表的四大卫星导航定位系统已被社会民众普遍接受并广泛应用。另外，随着城市化进程的不断深入，大型建筑物越来越多，在大众使用导航服务越来越频繁的情况下，与室外定位保持一致衔接的室内定位服务也成了公共导航服务市场关注的热点。

随着“互联网+”导航技术的日益成熟和智能手机的不断普及，社会民众利用手机地图作为出行导航已经成了日常习惯，同时，在各种社交平台、资讯平台和服务平台对多种不同形式的定位和导航服务的需求，让卫星导航成为现代生活的重要组成部分。但是，受地理环境、导航技术等各种因素的影响，在城市的复杂环境（建筑密集区、高架桥上、路面分岔口等）中，手机地图通常会出现线路导航出错、定位偏移过大、高程信息缺乏等问题，为了让用户有更好的产品体验，所有导航服务供应商都迫切希望可以从技术上根本解决这些问题。

随着信息技术的不断发展，供应商的地图产品制作水平和业务服务能力也得到显著提高，传统的以基础地理要素为基础的各类专题地图产品制作已经不能满足各种用户的应用需求，特别是随着电子地图终端用户不断增加，多时态信息一体化展示的地图产品成为越来越多的用户应用的热点，其中最具代表性的是态势地图。态势地图是以时序化的监测结果为基础，通过构建业务模型，分析提出地理空间环境态势发展过程、对象关联关系，通过图、文、表、数等方式，编制监测区域的态势发展地图，为政府部门和产业单位提供形象的态势分析专题地图。态势地图在政府各部门、企业及大众中应用越来越多。

按照国家和各地方政府制定的安全生产管理相关政策，所有大型建筑物（如城市建设的中大型建筑、桥梁、立交桥等）从建设到运营需要实行全生命周期监测，其中，最重要的监测内容之一就是对建筑物的沉降和变形进行实时监测。现有的监测手段较多，利用测绘仪器的定时观测、使用雷达技术的监测、使用卫星导航技术等对建筑物进行全过程监测，实现对大型监测对象移动状态的高精度实时监测，是城市运营管理的迫切需求之一。

随着移动互联网技术应用的不断深入，电子地图的应用日益扩大，地图产品的形式逐渐从传统的纸质地图转换为电子地图。因此，地图产品的制作也越来越关注高清电子地图的设计制作，高清电子地图在用户体验和实现方案设计方面有着跨越式的发展，同时也让大众用户更关注产品操作模式、界面交互体验和内容呈现形式。例如，文化娱乐、游戏和旅游应用要求地理信息提供面向虚拟现实和实景再现的体验方式，在三维空间将地理要素模型、对象属性和业务内容等多维度信息一体化展示。

一般的地图产品都是以地理空间作为背景，采用一定的地图图标对地理环境中直观的要素对象进行标注，因此，地图产品主要展示的是显性知识。但是，随着信息技术应用水平的不断提高，各种隐性知识的显性化手段也越来越成熟，例如，采用热力图表现某类事情发生频率在空间上的分布情况。因此，通过大数据分析对各行业隐性知识进行显性化处理，并在地图上准确、完整地表现出来的需求越来越多。

无论是政府各部门、企业，还是社会大众，都希望应用服务能根据用户需求提供定制服务，应用平台或应用程序操作简单、易学易懂，数据产品可靠、更新周期短。因此，在一段时间内，广东省地理信息产业应用服务的市场需求见图 6.21。

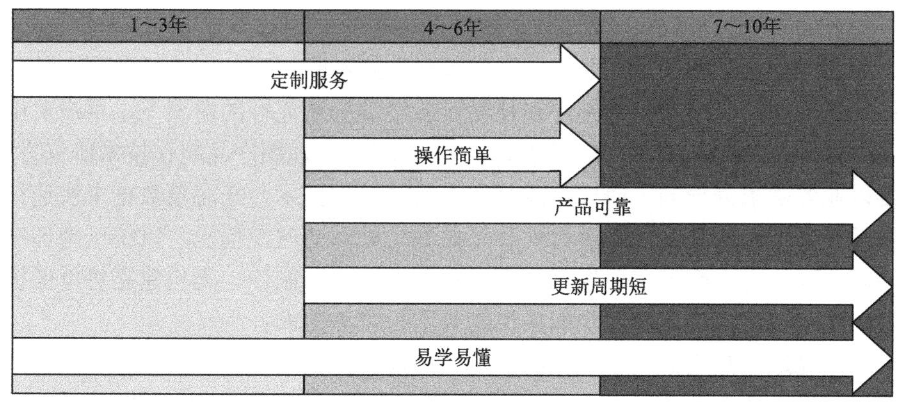

图 6.21　广东省地理信息产业应用服务的市场需求

二、产业目标分析

广东省地理信息产业应用服务的产业目标应满足其市场需求，满足政府各部门、企业和社会大众的应用服务需求。

例如，针对单一卫星导航定位精度不够、响应时间过长等问题，结合位置服务、导航、监测等市场需求，研究适用于 GNSS、GPS、GLONASS、Galileo，以及通信基站、惯导等各种不同来源信息的协同定位方法，研究多定位对象自组网络关键技术，实现三维空间精准定位，并开发相应的设备和对外服务产品，开展基于精细化模型的三维可视化导航路径规划、传感器融合导航定位等关键技术研究，以满足城市复杂环境下基于手机的精准导航服务需求。

由于室内的 GNSS 导航卫星信号衰减，室内及卫星信号在遮蔽环境下难以实现卫星定位。近年来，室内定位技术研究成果很多，如红外线、蓝牙、射频识别、无线通信、超声波、惯性传感器、超宽带无线技术和视觉定位等，但是，仍然存在室内定位精度低、对定位环境要求苛刻等难题，未能从根本上满足人们对室内外一体化定位应用的要求。因此，以室内外一体化定位技术为基础，开展面向智慧时空的多源信息获取、存储及数据挖掘等技术研究，构建室内外一体化智慧时空服务平台，通过开展产业应用示范，逐步形成室内外一体化位置服务体系，实现以位置感知为目标的室内外一体化定位技术，在未来几年能够对外提供新型的智能化位置服务。

由于对大型建筑物、边坡稳定性、地质灾害等的监测普遍存在监测设备不易操作、专业性强、频率低等问题，现有监测方案和设备难以满足广东省各行业对实时、精准监测的业务需求，因此，以卫星导航定位系统为基础，整合 InSAR、LiDAR 等技术手段，可实现 BIM 与 GIS 可视化应用，为大型建筑物、边坡稳定、地质灾害的监测提供解决方案。

随着各行业使用地图产品的应用领域和方式不断拓展，用户对地图产品的制作技术要求也越来越高，特别是在移动设备终端普遍流行的情况下，用户对电子地图的设计和制作水平也提出了新的要求，因此，在地图产品制作技术研究方面，需要以业务需求为导向，研究实现时空大数据挖掘技术，在海量数据中快速挖掘各类具有实用性、关联性、趋势性和可显性化处理的时空信息，以统一地理空间为基础，以多时态数据集成展示的方式实现地图产品制作，为构建态势地图提供有效的技术支撑，满足隐性知识显性化展示的业务需求。

高精度地图是指高精度、精细化定义的地图，其精度需要达到分米级甚至更高才能够区分各个车道。精细化定义需要格式化存储交通场景中的各种交通要素，包括传统地图中的道路网数据、车道网络数据、车道线及交通标志等数据。高精度地图编制技术的实现，首先需要基于时空大数据建立高精度地图模型和要素关联模型，实现交通地理要素动态更新和实时输出，在此基础上，综合应用机器学习、图像识别和移动互联网等技术，开发车道级的通行引导模型，为自动驾驶平台提供有效的位置信息服务。

无论是政府各部门、企业还是社会大众，都希望从业单位提供针对性强的应用服务，应用平台或应用程序通用性强，具有高时效性、显性化的特点，数据产品信息准确可靠。因此，在一段时间内，广东省地理信息产业应用服务的产业目标见图 6.22。

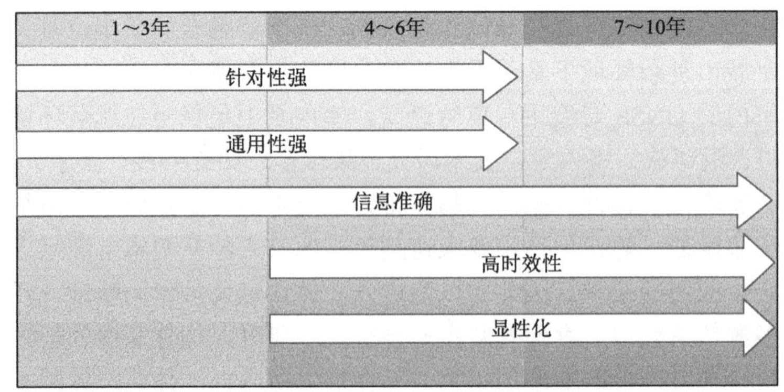

图 6.22　广东省地理信息产业应用服务的产业目标

三、市场需求与产业目标关联分析

广东省地理信息产业应用服务的市场需求与产业目标相关性主要表现在从业单位必须满足各类用户对数据产品、应用平台或应用程序的需求，尽心尽力做好各种服务。同时，为了实现产业目标，无论是对政府各部门、企业还是社会大众，都应该提供针对性强的应用服务，如通用性强、显性化、高时效性的应用平台或应用程序，信息准确可靠的数据产品等，广东省地理信息产业应用服务的市场需求与产业目标关联分析见表 6.9。

表 6.9　广东省地理信息产业应用服务的市场需求与产业目标关联分析

产业目标	市场需求				
	定制服务	操作简单	产品可靠	更新周期短	易学易用
针对性强	√				√
通用性强		√			√
信息准确可靠			√		
高时效性			√	√	
显性化		√			√

注：√表示产业目标与市场需求相关，空白表示二者没有相关性或相关性弱。

四、技术壁垒分析

随着地理信息技术的不断推广，面向政府各部门、企业及社会大众的应用服务从形式到内容越来越多、范围越来越广，如信息管理、业务分析、信息发布等，这些都需要地理信息应用产品和导航定位服务做支撑。本小节对广东省地理信息产业应用服务方面的技术壁垒进行举例分析。

高光谱数据反演要素特征：高光谱数据的获取方式日益丰富，可以通过航空摄影及航天遥感卫星、无人机、手持设备等各种方式搭载高光谱传感器获得高光谱数据。欧比特发射的“珠海一号”高光谱卫星为全球用户提供数据和应用服务，因此，研究和推广定量遥感技术，建立准确的高光谱数据反演模型，也是对高光谱数据快速普及和应用的重要支持。目前，各行业对高光谱数据的应用需求大，主要是希望利用高光谱数据的光谱分辨率高、光波波长范围大的优势，通过建立物质反演模型，输出监测对象的特征信息，如高光谱遥感在农业（特别是精准农业）、林业、水环境（特别是水质监测）、大气污染监测、生态和环境监测、土壤成分分析、物品识别、地质矿产调查、城市规划和城市建设等领域中的应用。

自动驾驶所需的高精度地图：社会发展对自动驾驶的需求日益增长，从业人员对自动驾驶的技术研究不断深入，高精度地图的应用市场逐步形成。高精度地图产品的设计和编制需要建立精细化的交通地理要素模型，向用户提供交通路网、车道分布、交通设施和通行标志等内容，以全面支撑导航定位、车道线路规划、安全检测和动态更新等。高精度地图需要辅助实现高精度的定位位置功能、道路级和车道级的规划能力及车道级的引导能力。

地理信息+BIM 的集成应用：该应用是通过数据集成、系统集成或应用集成来实现的，可在 BIM 应用中集成地理信息技术，也可以在地理信息技术应用中集成 BIM，或是 BIM 与地理信息技术深度集成，以发挥各自优势，拓展应用领域。该应用可提高长线工程和大规模区域性工程的管理能力。由于 BIM 的应用对象往往是单个建筑物，如果应用地理信息技术在宏观尺度上的功能，可将 BIM 的应用范围扩展到道路、铁路、隧道、水电、港口等工程领域。该应用还可增强大规模公共设施的管理能力；分布式地理信息技术的应用可将全方位展现地面情况的倾斜摄影模型与 BIM 室内和地下模型相结合，形成室外到室内、地上到地下的全要素三维场景。地理信息+BIM 的集成在城市规划、城市交通分析、城市微环境分析、市政管网管理、住宅小区规划、数字防灾、既有建筑改造等诸多领域应用，与各自单独应用相比，其在建模质量、分析精度、决策效率、成本控制水平等方面都有明显提高。

社会经济的发展促进了地图产品和导航定位服务相关技术的发展，使地图产品由原来纸质地图产品的设计和制造工艺，逐步发展为电子地图产品，并重点关注其内容挖掘和数据表达；导航定位服务由原来重点解决室外实时导航信息接收，逐步发展为重点关注室内外一体化定位和高精准实时监测等前沿技术研究。广东省地理信息产业应用服务的技术壁垒见图 6.23。

随着无人系统的快速发展，无人飞机和无人船等技术和设备在测绘地理信息获取中发挥了重要作用，无人驾驶汽车也是未来人们出行的一种方式。无人驾驶汽车是智能汽车的一种，也称为轮式移动机器人，主要依靠车内以计算机系统为主的智能驾驶仪来实现无人驾驶。无人驾驶汽车需要高精度的电子地图导航，高精度地图具有实时性，其精度须达到分米级才能够区分各个车道。高精度地图是无人驾驶的核心技术之一，精准的电子地图对无人汽车定位、导航与控制，以及安全至关重要。无人驾驶（自动驾驶）是传感器、芯片、人工智能、云计算和 5G 技术最全面的“大综合”，是目前及今后一段时期内科研院所和企业研发的重点。

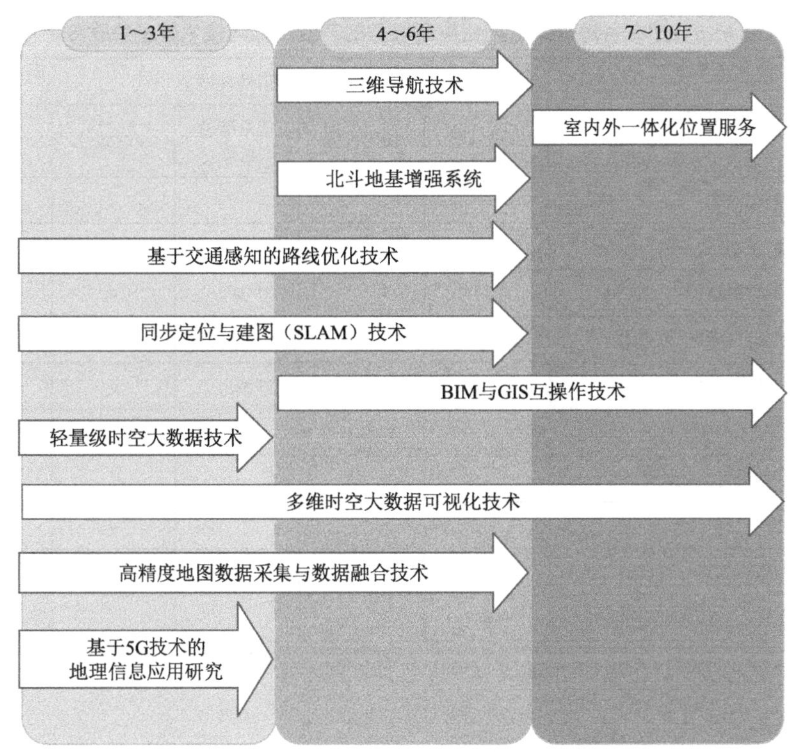

图 6.23　地理信息产业应用服务的技术壁垒

风险因素：自动驾驶技术实现情况不及预期；自动驾驶成本下降不及预期；各国政府对自动驾驶的法律制定尚不健全；全球宏观经济复苏放缓等。

五、产业目标与技术壁垒关联分析

广东省地理信息产业应用服务受各类用户的多种需求及实施技术制约，要满足用户的不同需求，就要解决应用服务中出现的各种技术问题，如三维导航技术、室内外一体化位置服务、基于交通感知的路线优化技术、同步定位与建图（simultaneous localization and mapping，SLAM）技术、BIM 与 GIS 互操作技术、多维时空大数据可视化技术、高精度地图数据采集与数据融合技术、基于 5G 技术的地理信息应用研究等。攻克这些技术难点还要针对专业用户的数据产品及应用产品，定制研发针对大众用户的数据产品及应用产品；要求地理信息产品应可靠、准确、实景再现；数据产品应现势性强，更新周期短；应用平台或应用软件应操作简单，易学易懂等。因此，在一段时间内，广东省地理信息产业应用服务的产业目标与技术壁垒关联分析见表 6.10。

表 6.10　广东省地理信息产业应用服务的产业目标与技术壁垒关联分析

技术壁垒	市场目标				
	针对性强	通用性强	信息准确可靠	高时效性	显性化
三维导航技术					√
室内外一体化位置服务	√		√		
北斗地基增强系统			√	√	
基于交通感知的路线优化技术			√	√	
同步定位与建图（SLAM）技术		√	√	√	√
BIM 与 GIS 互操作技术	√	√			√
多维时空大数据可视化技术	√	√			√
轻量级时空大数据技术	√			√	
高精度地图数据采集与数据融合技术			√		√
基于 5G 技术的地理信息应用研究	√		√		

注：√表示技术壁垒与产业目标相关，空白表示二者没有相关性或相关性弱。

六、资金壁垒及政策壁垒分析

各级财政资金主要投入到政府各部门的地理信息应用平台建设、维护、升级、管理，以及数据产品和硬件设备的采购，但是，各部门之间的系统兼容性差，交互共享不足，形成了一些信息孤岛，出现应用平台的重复建设、数据产品和硬件设备的重复采购等现象。

政府各部门对地理信息应用平台的需求较大，各种应用系统应运而生，但部门之间各自为政，系统开放性差、共享程度不足等，亟待政府出台相关政策来解决这些问题。另外，企业和大众服务的应用服务市场需求潜力巨大，有待挖掘和扶持。

七、研发需求与实施计划

综上所述，我们通过对广东省地理信息产业在应用服务方面的市场需求、产业目标、技术壁垒及其相关关系的分析，归纳了在一段时间内，广东省地理信息产业应用服务的研发需求与实施计划，见图 6.24。

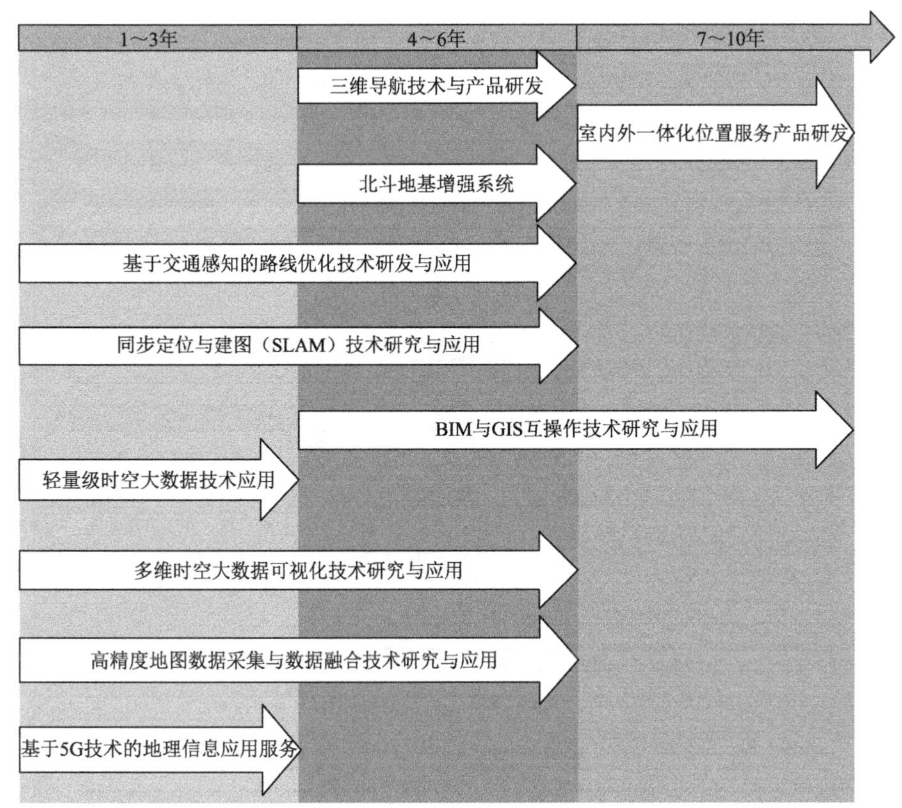

图 6.24　广东省地理信息产业应用服务的研发需求与实施计划

八、绘制广东省地理信息产业应用服务技术路线图

“广东省地理信息产业应用服务技术路线图”主要依据地理信息产业的市场需求、产业目标的相关分析，明确需要突破的技术壁垒、研发需求与实施计划等，综合多个因素编制而成，见图 6.25。

第六节　“广东省地理信息产业技术路线图”绘制

一、地理信息产业链与应用链的相关性

地理信息产业的数据获取、相关高端设备研制、数据处理、软件研发和应用服务有着上、中、下游的关联关系。

地理信息重在应用，地理信息产业只有构建地理信息的应用链，才能进一步拓展更加广阔的空间。地理信息产业链上游获取的数据可直接向应用服务市场提

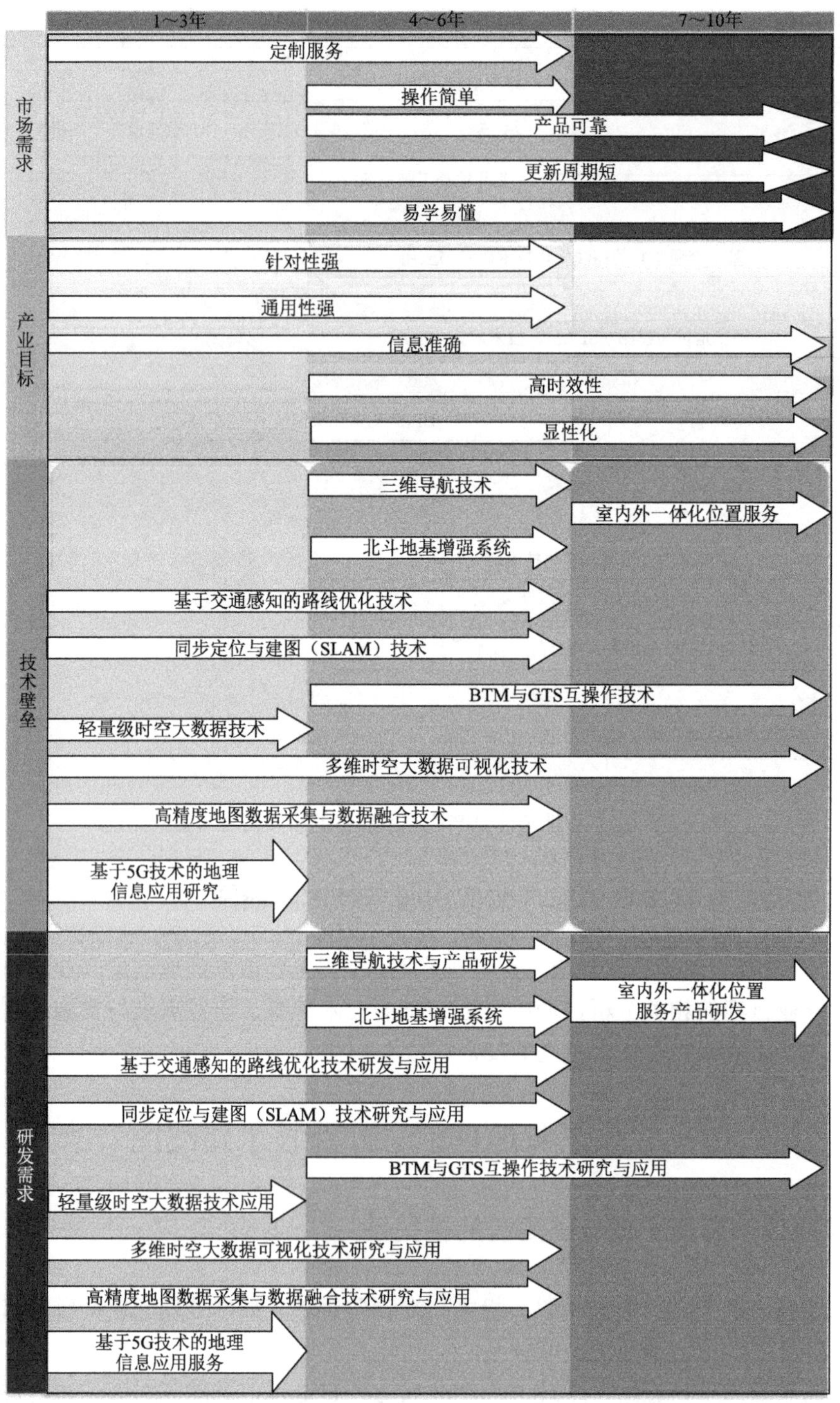

图 6.25　广东省地理信息产业应用服务技术路线图

供，与地理信息相关的高端装备研制的产品可直接向用户销售；地理信息产业链中游的数据处理及软件研发，其制作的数据产品可给用户使用，软件研发的系统或平台可直接服务于用户或向用户销售等，地理信息产业链与应用链的关系图见图 6.26。

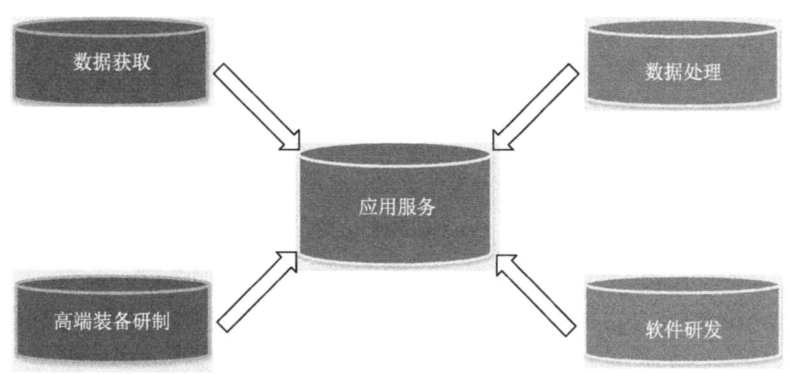

图 6.26　地理信息产业链与应用链的关系图

二、广东省地理信息产业技术路线规划

广东省地理信息产业技术路线规划综合应用了德尔菲法、情景分析法、SWOT 分析法、趋势外推法、头脑风暴法及文献计量分析法等方法，以绘制技术路线图的形式展现。

“广东省地理信息产业技术路线图”作为广东省地理信息产业的战略规划，其方法是新颖的、行之有效的。近年来，我国尝试使用技术路线图这一新兴管理工具进行产业层面的技术规划，而“广东省地理信息产业技术路线图”的制作和产业管理创新实践就是其中的一个尝试。该图最大的特点是采用技术规划的方法，设置具体的技术节点，识别和研发关键技术，解决技术难题，以图的形式表现，为广东省地理信息产业技术发展提出建议，为广东省科技计划项目立项、编写科技项目指南等提供参考。

“广东省地理信息产业技术路线图”是在对广东省地理信息产业技术现状调研的基础上，对其市场需求、产业目标和技术壁垒等相关关系进行分析，提出在一段时间内的技术研发需求，将全产业链的各个环节组合绘制而成的。该图对广东省地理信息产业技术整体发展趋势进行了预测，提出了地理信息产业技术发展方向，引导地理信息产业技术持续创新发展（图 6.27）。

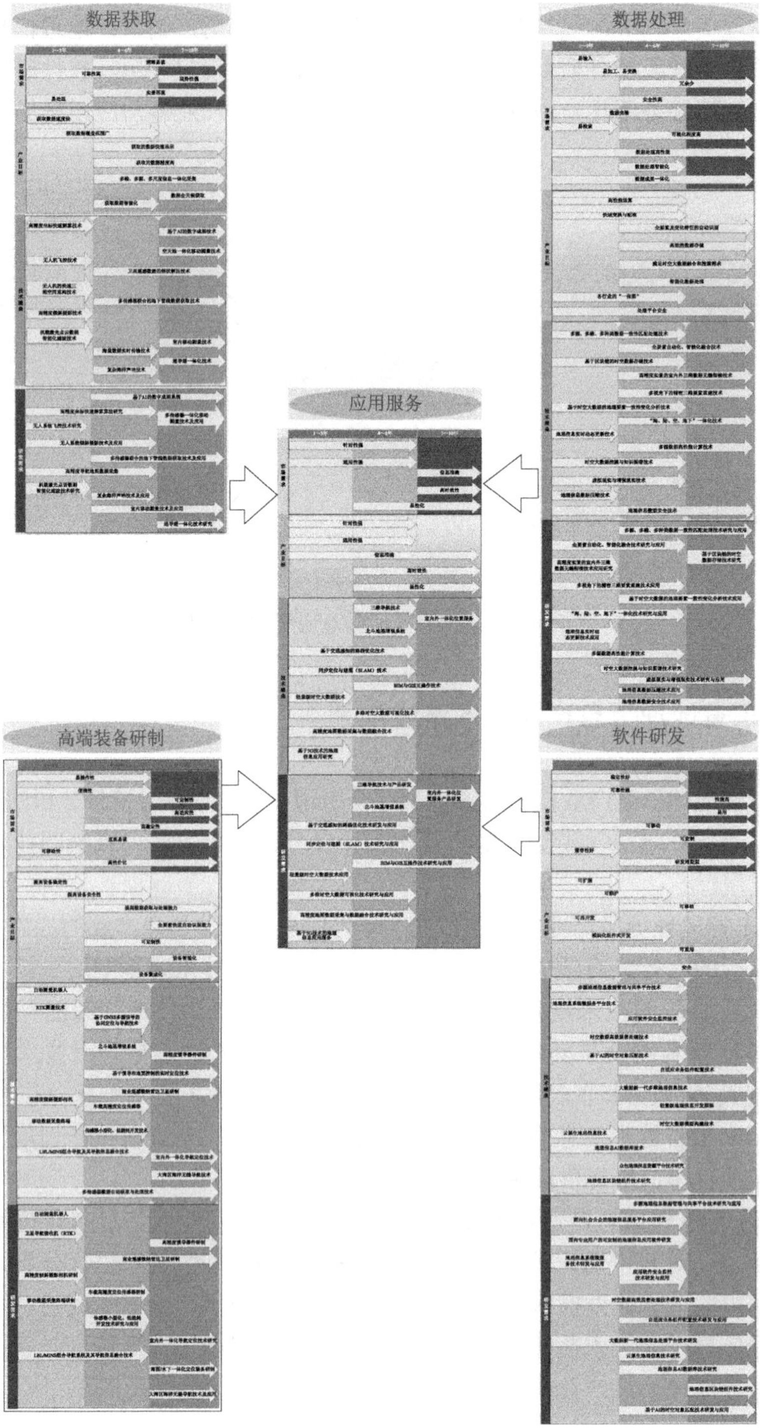

数据获取

数据处理

应用服务

高端装备研制

软件研发

扫码可放大保存查看

图 6.27　广东省地理信息产业技术路线图

第七章 广东省地理信息产业发展趋势与建议

“广东省地理信息产业技术路线图”围绕广东省地理信息产业发展的战略目标，依据产业技术路线图的基本原理，深入调研与分析广东省地理信息产业发展现状、潜力与问题，以市场需求分析、产业目标分析、技术壁垒分析及研发需求实施计划为主线，梳理、提炼广东省地理信息产业的共性技术和关键技术，提出发展趋势与建议，明确广东省地理信息产业技术路线及发展方向、目标与任务及其创新路径，推进广东省地理信息产业技术创新，持续、健康、稳健地发展。

第一节 广东省地理信息产业战略目标

根据《全国基础测绘中长期规划纲要（2015—2030 年）》等一系列文件精神及市场调研、统计与分析，制定了广东省地理信息产业 3 年、5 年、10 年的战略目标。

1. 总体目标

到 2030 年，广东省地理信息产业的总体目标是重点研发高精度、可移动的高端地理信息技术装备，建立多源、多维、多尺度的数据一体化采集技术体系，建立高光谱数据反演技术模型库，构建具有自主知识产权的基础地理信息平台，研发高精度地图编制和室内外定位技术，提供室内外一体化位置服务等（详见第六章）。建立和完善地理信息管理体系和安全监管体系，构建地理国情监测、应急服务等协同发展的公益性保障服务体系，通过市场潜力挖掘和技术服务和产品推广，打造地理信息产业集群，使广东省地理信息产业规模和技术创新水平整体处于全国前列，部分属于世界先进水平。

建立高端装备研制，多源、多维、多尺度数据获取及数据处理，软件研发及应用服务的地理信息全产业链；

优化政产学研用的资源配置，健全人才、技术、知识的人才链，形成自主创新、协同发展的地理信息产业技术创新链；

制定和完善适应广东省地理信息产业发展的政策链，提高依法行政能力和监管能力，促进广东省地理信息产业的市场有序竞争和持续健康发展；

加大各级财政对地理信息产业的投入力度，鼓励民间资本参与地理信息产业的建设，建立资金合理投入、高效使用的资金链。

2. 市场目标

2021～2023 年，广东省地理信息产业总产值达到 600 亿元。新增企业和就业人数年增速约为 7%。

2024～2026 年，广东省地理信息产业总产值达到 800 亿元。新增企业和就业人数年增速约为 7%。

2027～2030 年，广东省地理信息产业年总产值达到 1100 亿元。新增企业和就业人数年增速约为 7%。

3. 技术目标

2021～2023 年主要技术目标：①高精度坐标快速解算技术；②无人机飞控技术；③机载、车载激光点云数据智能化滤波技术；④自动测量机器人；⑤LBL/MINS 组合导航系统及其导航信息融合方法；⑥多传感器数据自动获取技术；⑦时空大数据挖掘与知识图谱技术；⑧虚拟现实与增强现实技术；⑨多源地理信息数据管理与共享平台技术；⑩地理信息系统微服务；⑪云原生地理信息技术；⑫地理信息区块链组件技术研究；⑬同步定位与建图（SLAM）技术；⑭高精度地图数据采集与数据融合技术；⑮基于 5G 技术的地理信息应用研究。

2024～2026 年主要技术目标：①基于 GNSS 多源信号的协同定位与导航技术；②车载高精度定位传感器；③多源、多维、多种类数据一致性匹配处理技术；④全要素自动化、智能化融合技术；⑤基于区块链的时空数据存储技术⑥多视角下的精密三维要素重建技术；⑦基于时空大数据的地理要素一致性变化分析技术；⑧时空大数据挖掘与知识图谱技术；⑨应用软件安全监控技术；⑩基于 AI 的时空对象匹配技术；⑪轻量级地理信息开发框架；⑫时空大数据模型构建技术；⑬众包地理信息资源平台技术研究。

2027～2030 年主要技术目标：①空天地一体化移动测量技术；②卫星遥感数据的解扰解压技术；③通导遥一体化技术；④高精度惯导器件研制；⑤商业遥感微纳雷达卫星研制；⑥室内外一体化导航定位技术；⑦大湾区海洋无缝导航技术；⑧全要素自动化、智能化融合技术；⑨高精度实景的室内外三维数据无缝衔接技术；⑩多视角下的精密三维要素重建技术；⑪“海、陆、空、地下”一体化技术；⑫多源数据高性能计算技术；⑬自适应业务组件配置技术；⑭室内外一体化位置服务；⑮BIM 与 GIS 互操作技术；⑯多维时空大数据可视化技术。

4. 人才储备

2021～2023 年，根据广东省地理信息产业的市场需求和研发需求，有计划培养和分批引进高端技术人才、管理人才、技师人才，建立多层次人才库。

2024～2026 年，依托本地高校地理信息学科建设，有计划进行对现有人才的继续教育培训；加大年轻人才培养规模，完善人才引进政策，合理使用人才，建立人才奖励机制，创建良好的人才环境。

2027～2030 年，建设一支由先进管理人才、技术服务人才、科技领军人才和科研生产技术人才组成的复合型地理信息人才队伍。

第二节　广东省地理信息产业 SWOT 分析与发展对策

在广东省地理信息产业现状、需求调研的基础上，通过多次组织专家座谈，用头脑风暴法、SWOT 分析法等分别对广东省地理信息产业的优势、劣势、机会及威胁进行分析。

1. 内部因素

优势（S）：

（1）广东省毗邻港澳，经济发达，在粤港澳大湾区的建设发展中，政府扶持力度大，市场机遇多、潜力大，有利于拓展地理信息产业应用服务，提高经济效益。

（2）广东省地理信息产业的认知度高，市场需求旺盛，前景广阔。

（3）广东省地理信息产业已具有相当规模，企业的装备、技术和人才等有一定积累，聚集度高。

（4）广东省地理信息产业在高端装备研制方面具有明显的优势，在地理信息应用软件研发的技术和产品方面居全国前列，部分企业自主研发能力强，为中国地理信息产业的百强企业，作为上市公司具有一定影响力。

（5）企业的自筹资金能力和融资渠道较好，民间资本运作灵活，企业的发展动力强。

（6）随着大众对地理信息的需求越来越大，互联网企业参与到地理信息产业之中，如网易、腾讯、华为等互联网龙头企业纷纷加入地理信息技术研发和应用行列，增强了广东省地理信息产业的技术优势，挖掘了新的经济增长点，改变了市场竞争格局。

劣势（W）：

（1）广东省地理信息产业链上、中、下游的布局有待调整优化，地理信息产业园区建设缺乏持续性，特色不明显，入园企业数量不足，优惠政策不明显。

（2）缺乏地理信息基础平台研发的科技指南和科技项目扶持。

（3）企业自筹科研资金及研发能力尚有不足，政府应关注并有序地加大对高端技术装备研发与制造方面的扶持。

（4）企业具有自主知识产权的品牌产品规模较小，缺乏高端技术、管理人才，资金及产品的核心竞争力有待提高。

（5）企业的技术整合、创新应用能力尚有不足，广东省在地理信息基础软件平台研发方面处于劣势，政府需要加大投入，鼓励和激励企业参与。

（6）企业的技术创新能力有待提高，研究成果的转化进程有待加强。

（7）企业总体规模偏小，应用市场开发不足。

（8）企业的融资渠道需要进一步拓展，各级财政的投入不足。

（9）全国地理信息产业从业人员人数的年增长率为 9.04%，广东省地理信息产业从业人员人数的年增长率约 7.72%，低于全国平均增长率，这说明企业和人才有流失趋势。

2. 外部因素

机会（O）：

（1）国家地理信息产业发展目标明确，政策红利不断，社会需求旺盛。

（2）国家北斗卫星导航系统完成建设，并投入使用，“北斗+地理信息”发展势头强劲。

（3）高分专项工程等重大项目投入巨大，为地理信息产业发展提供新契机；民营公司参与空间信息技术建设，促进了广东省商业遥感卫星迅速发展。

（4）地理信息技术与 5G 技术、物联网、大数据、云计算、区块链等新技术相融合，产生地理信息新成果、新产品，带来新应用。

（5）“新基建”给地理信息产业带来新机遇。

威胁（T）：

（1）中国的宏观经济发展不断向好，但仍存在着很多不确定性，地理信息产业也会受到不确定因素的影响。

（2）国外产品技术成熟、性能好、更新换代快，仍然占有国内市场的一定份额，国内地理信息产业从业单位研发产品时，有些部件与关键技术受制于国外同行。

（3）多家外省同行企业技术雄厚，多款品牌产品进入广东省市场，给广东省本地的地理信息企业带来一定的竞争压力。

（4）国际、国内地理信息产业跨界竞争日趋激烈，优胜劣汰。

（5）中美贸易战愈演愈烈，其中，地理信息基础软件及部件等的进口受到限制，对已采购这些产品的用户后续平台维护和升级以及依托这些基础平台进行再开发的企业等影响较大。

针对地理信息产业的 SWOT 分析结果，将优势、劣势、机会及威胁组合，形成 SO、ST、WO 和 WT 发展战略。

（1）SO 战略：发挥优势、抓住机会。

抓住国家地理信息产业高速发展的契机，发挥粤港澳大湾区发展及广东省的地域优势，提高广东省地理信息产业的认知度和聚集能力；发挥广东省测绘地理信息产业技术创新联盟的作用，加强政产学研用多方协作，促进强强联合，提高科研成果的转化率，拓展应用市场空间。

抓住“新基建”的机遇，在国家北斗卫星导航系统提供服务、高分专项等重大项目的支持下，建设广东省北斗地基增强系统，推动北斗卫星导航系统大众化应用。充分发挥高分辨率对地观测系统广东数据与应用中心，即高分广东中心的作用，推广高分辨率卫星数据的应用。大力发展商业遥感卫星，加大对“珠海一号”遥感卫星星座建设的扶持力度，推广高光谱卫星数据在多个行业的应用及定量遥感技术的创新应用。

抓住 5G、物联网、大数据、云计算、区块链等新一代信息技术带来的机遇，加大“北斗+地理信息”与新技术的融合及技术创新，开发更多具有自主知识产权的产品，抢占地理信息新技术的制高点。

（2）WO 战略：扭转劣势、利用机会。

利用各级政府对地理信息产业的政策红利，建立健全广东省地理信息共建共享机制，规范地理信息产业的市场准入制度，适度降低准入门槛，加强对地理信息中小企业的扶持力度，在科研、创新、融资、人才等方面的政策扶持和资助下，以自主创新为动力，为创新型中小地理信息企业提供宽松的成长环境，着力培养地理信息产业新的经济增长点，积极发展地理信息新型服务业态。

利用物联网、互联网、大数据、云平台、区块链等新一代信息技术手段，提升企业科研能力、技术创新与整合创新应用能力，加大具有核心竞争力的自主知识产权的产品研发力度，实现协同创新发展。

制定人才发展规划，注重多层次人才培养，加强跨领域复合型人才的引进。完善人才培养、引进、使用、交流和奖励机制，创建良好的人才环境；推进创新团队建设，加强与市、县的沟通交流和对落后地区的业务培训、技术指导，建设一支懂管理、懂技术、懂生产的复合型地理信息人才队伍。

借助国家地理信息重大项目投入的契机，进一步增强各级财政对地理信息产业的有计划投入，将地理信息项目建设纳入各级政府的经济发展年度计划；加强粤北、粤西和粤东地区的资金、技术及人才扶持，促进产业链上、中、下游按需发展；探索多元化资金投入模式，加强产业园区建设和政策扶持力度，培育和孵化一定数量的优秀企业。

（3）ST 战略：利用优势、防范威胁。

利用广东省地理信息产业高端装备研制的优势，借助“一带一路”、粤港澳大湾区发展机遇，深度挖掘粤港澳地理信息产业的应用市场，研制更多高质量的技术装备，打造更多的国产品牌进入国内、国际市场；创新本地化的地理信息产业特色及应用服务模式，建立具有自主知识产权的技术创新体系，提高与国内外地理信息产品差异化的竞争能力。

（4）WT 战略：克服劣势、抵御威胁。

克服广东省在地理信息基础软件研发方面的劣势，利用地理信息应用软件的优势，在地理信息基础软件研发方面有所突破，争取创造广东品牌及国家品牌；防御国外品牌产品抢占本地市场、减少市场竞争压力，解放思想，突破约束地理信息产业发展的各种因素，积极面对国内外市场竞争，建立良性的多方合作机制；整合广东省地理信息资源，加强核心关键技术研发投入，扩大地理信息产品的市场规模，抵御各种因素威胁，应对国际、国内同行的挑战。

第三节　地理信息产业的进入壁垒与退出机制

1. 行业进入壁垒

地理信息产业属于技术密集型产业，从事该行业的业务活动有一定的门槛限制，近七年来，测绘地理信息行业一直执行国家测绘地理信息局于 2014 年制定的《测绘资质管理规定》和《测绘资质分级标准》。

2021 年 6 月 7 日，《自然资源部办公厅关于印发测绘资质管理办法和测绘资质分类分级标准的通知》（自然资办发〔2021〕43 号）发布，自 2021 年 7 月 1 日起施行，国家测绘地理信息局 2014 年 7 月 1 日发布的《关于印发测绘资质管理规定和测绘资质分级标准的通知》（国测管发〔2014〕31 号）同时废止。修订后测绘资质由甲、乙、丙、丁四个等级压缩为甲级和乙级，缩减了二分之一。测绘资质的专业类别分为大地测量、测绘航空摄影、摄影测量与遥感、工程测量、海洋测绘、界线与不动产测绘、地理信息系统工程、地图编制、导航电子地图制作、互联网地图服务。其中，导航电子地图制作甲级测绘资质由自然资源部负责审批和管理；其余的测绘资质由省、自治区、直辖市人民政府自然资源主管部门负责审批和管理。

测绘资质等级越高，可从事的业务范围越广。一般政府的大型测绘地理信息项目在招标中明确要求投标单位具有甲级测绘资质才有资格参与。在实际经营中，地理信息产业的从业单位通常需要具备高新技术企业资质、质量管理体系认证、“守合同重信用企业”“诚信示范企业”等资质和荣誉。软件类企业还需具有系统集成资质、CMMI 认证、信息安全管理体系认证、知识产权管理体系认证等。工程类企业要求有 CMA（中国计量认证）资质、安全生产许可证、ISO 14001 环境管理体系认证、OHSMS18001 职业健康安全管理体系认证等资质。

将测绘资质设置为甲级和乙级两个等级，为从事地理信息活动的单位带来了新的机遇与挑战，要求也会越来越严格。对于有些中、小型从业单位来说，原来的丙级测绘资质升为了乙级测绘资质，得到了更多参与市场竞争的机会；但也有些小型从业单位，因技术门槛的提高被淘汰出局。

2. 技术壁垒

首先，地理信息服务业是在传统测绘的基础上，与新兴技术进行融合发展而成的新兴产业，属于高科技产业，涉及机械制造、光电仪器、计算机、制图、地理、测绘、遥感、导航、宇航、印刷出版等多门学科及专业技术，对企业的技术水平和人员素质要求较高。其次，地理信息服务业相关技术更新速度较快，新产品、新技术层出不穷，地理信息服务企业应具备快速研发、快速响应的能力。云计算、大数据、移动互联网、物联网、高性能计算、无人机、人工智能、LiDAR、区块链等新兴技术的进一步融入，提升了地理信息产业的技术门槛。

以机载 LiDAR 技术为例，LiDAR 技术是激光技术、计算机技术、高精度姿态测定技术和高精度动态 GNSS 定位技术的集中体现，属航空摄影领域的前沿技术。LiDAR 设备操作和调试过程复杂，仅激光雷达性能参数就包括波长、脉冲发射频率、激光回波记录、激光发射功率、光斑尺寸、扫描角及扫描频率、扫描方式、航飞高度等多方面，任何操作失误都可能影响航测数据的准确性和工作效率。此外，LiDAR 测量数据的处理需要较高的技术水平和经验，对操作和生产人员的技术能力提出了较高要求。

总之，地理信息服务业需要较高的专业技术，而掌握这些技术，并使其与生产和服务过程完美匹配需要相当长时间的技术积累，因此，新入行的企业难以在短时期内建立自己的技术优势，并形成高效的运作机制，面临较多技术壁垒的考验。

3. 资金壁垒

地理信息服务业属资金密集型行业，行业中的企业需要较强的经济实力。一方面，从业单位的购置设备成本高，如购买计算机及机房建设、光电测绘仪器、无人机、机载 LiDAR 系统、数字航摄仪、卫星接收处理设备等高端装备需要大量资金；研制和发射商业遥感卫星的投入更大，如卫星研制、发射，地面站建设，数据处理中心建设，应用平台建设及自主运营等。另一方面，提供数据产品及应用服务的对象主要以政府部门和事业单位为主，受政府预算和财务制度等影响，一般在年末才会对购买的数据产品及应用服务进行验收，支付相应的经费，这对企业的正常营运、资金周转等提出了较高的要求。

总之，经济实力的强弱成了从业单位的重要资金壁垒，如果新进入的企业资金储备少，难以在短期内投入大量资金购买相关设备及维持企业的经营，那么，这些企业就可能面临项目垫资、支付人员工资、支付物业场地租金等较大资金压力。

4. 品牌壁垒

地理信息产业从业单位的技术品牌及口碑非常重要。地理信息服务业的主要用户是政府部门及事业单位，通常采用招投标方式确定地理信息服务提供商。企业除自身业务能力外，持续运营中积累的良好市场口碑与品牌知名度是企业承揽项目，特别是承揽政府重大测绘地理信息项目的重要影响因素；用户对优秀品牌具有忠诚度，品牌知名度不高的企业难以在激烈的市场竞争中胜出。对于新进入本产业的企业而言，打造全国性的知名品牌不仅需要付出高昂的营销费用和技术研发投入，而且，还要面临市场不确定的风险。总之，品牌壁垒成为进入地理信息产业的壁垒之一。

第四节　广东省地理信息产业的机遇与挑战

一、广东省地理信息产业的机遇

2019 年 2 月 18 日，中共中央、国务院印发了《粤港澳大湾区发展规划纲要》，给广东省地理信息产业的发展带来新机遇。粤港澳大湾区包括香港、澳门和广东省广州市、深圳市、珠海市、佛山市、惠州市、东莞市、中山市、江门市、肇庆市（以下称“珠江三角洲九市”），总面积约 5.6 万 km^2。大湾区是我国开放程度最高、经济活力最强的区域之一，在国家发展大局中具有重要战略地位。建设粤港澳大湾区，既是新时代推动形成全面开放新格局的新尝试，也是推动“一国两制”事业发展的新实践。充分发挥粤港澳大湾区的综合优势，有助于深化内地与港澳合作，进一步提升粤港澳大湾区在国家经济发展和对外开放中的支撑引领作用，支持香港、澳门融入国家发展大局，增进香港、澳门同胞福祉，保持香港、澳门长期繁荣稳定，让港澳同胞同祖国人民共担民族复兴的历史责任、共享祖国繁荣富强的伟大荣光。

粤港澳大湾区的建设给广东省地理信息产业带来了新的发展机遇。广东省拥有南方测绘、中海达、海格通信、欧比特、深勘院、广勘院、南方数码、奥格、城信所、红鹏、建通、绘宇智能、都市圈、瑞图万方、凯立德、航天精一、广东蓝图、广东友元及广州天驰等一大批地理信息产业优秀企业，有从事互联网地图的腾讯、华为等企业，从事测绘无人机研制的深圳大疆等企业；有各级政府的政策支持、企业的自主技术创新、市场的不断扩大、高校的人才资源等；还有香港测量师学会、香港中文大学、香港理工大学、香港浸会大学、澳门地图绘制暨地籍局、澳门大学和澳门科技大学等从事测绘地理信息教学、研究和应用的资源。这些都为广东省地理信息产业的发展提供了良好的机遇。

1. 发展目标明确

按照国函〔2015〕92 号文,《国务院关于全国基础测绘中长期规划纲要(2015—2030 年)的批复》设定了地理信息产业总体发展目标:坚持服务大局、服务社会、服务民生宗旨,完善政策法规体系,加强体制机制建设,强化科技创新和人才培养,构建新型基础测绘体系,全面提升测绘地理信息服务能力,为经济社会平稳健康发展提供有力支撑。到 2020 年,建立起高效协调的管理体制和运行机制,营造较为完善的政策和法制环境,形成以地理信息获取立体化实时化、处理自动化智能化、服务网络化社会化为特征的信息化测绘体系,全面建成结构完整、功能完备的数字地理空间框架。到 2030 年,全面建成新型基础测绘体系,为经济建设提供多层次、全方位基础测绘服务。《广东省人民政府办公厅关于促进地理信息产业发展的实施意见》的出台,给广东省地理信息产业迎来了发展机遇,也给地理信息企业提供了较大的发展空间,主要表现在以下几个方面:

(1)健全基础测绘地理信息的信息化机制,大力发展国产遥感卫星的研制和应用、各种遥感大数据应用服务,完善高端设备软硬件研发、快速数据获取、智能化处理和更新数据、社会化应用服务的地理信息产业链。

(2)推动具有自主知识产权的地理信息系统硬件、软件或平台的开发,发展一批高端装备生产制造的企业,推进高时效性的地理信息产品化和产业化。

(3)开展广东省北斗导航多模地面增强系统应用服务研究与推广,通过地面通信系统播发导航信号修正量和辅助定位信号,向用户提供厘米级至亚米级精密导航定位和大众终端辅助增强服务,促进北斗卫星导航系统高精度导航位置服务的规模化应用,鼓励和推进地理信息与导航定位融合服务类企业兼并重组,地理信息产业链、政策链、创新链、资金链相互融合、均衡发展。

(4)加强无人系统(测绘无人机、无人船等)的研制,优化小型低空遥感装备研发和处理能力建设,配置快速获取、处理、制作地理数据的技术装备,根据不同地区发生自然灾害的特点,规划建设省、市、县、乡多级应急救灾体系,建立应对突发事件、调用测绘地理信息装备应急救灾与快速集结机制,提升各级政府部门的应急保障服务能力。

(5)以智慧城市建设为目标,在广东省地理信息公共服务平台基础上,结合物联网和云计算、大数据与人工智能,拓展服务与应用,构建更高效的广东省地理信息云服务,建立智慧广东时空云平台,为“智慧广东”建设提供高适应度的基础支撑。

(6)在落实国家相关保密规定的前提下,建立可支持广东省各政府部门之间的跨部门、跨行业的公共地理空间专题信息资源交换、共享与更新管理体制和运行机制,以及相关技术标准或规范及安全保障体系;实现为政府部门提供基于政务内外网的权威、精确、现势性强的地理空间信息资源服务和信息交换共享服务，建立基于互联网的地理空间信息资源服务平台为社会公众提供服务。

（7）加强公益性地图服务保障，充分利用在线服务平台，保障公益性地理信息推广应用力度，为各部门、企事业单位及公众提供各种地图服务。

（8）开展粤港澳大湾区现代测绘基准体系建设和地理信息系统建设，服务“一带一路”，充实地理信息数据资源，为广东省地理信息产业的管理与服务平台提供基础支撑。

2. 政策红利不断

国家出台的地理信息产业的相关政策及规划，已经初步形成了围绕地理信息产业的政策链条。《广东省人民政府关于促进地理信息产业发展的意见》不仅确立了地理信息产业的战略性新兴产业定位，为地理信息产业受惠于相关政策和措施提供了极大的便利，而且明确了地理信息产业发展的重点领域，指明了地理信息产业发展方向及促进地理信息产业发展的政策措施等。从国务院办公厅印发《国家卫星导航产业中长期发展规划》，到“北斗三号”卫星导航系统正式开通，并向全球提供服务，中国的卫星导航系统经过多年的努力，终于在全球卫星定位导航领域取得了卓越的成绩。《中华人民共和国国民经济和社会发展第十三个五年规划纲要》[22]也明确了测绘地理信息的发展重点：提升测绘地理信息服务保障能力，开展地理国情常态化监测，对地理信息系统、遥感图像处理与分析软件技术、空间信息获取及综合应用集成系统、卫星导航应用服务系统都予以了明确支持。《国家重点支持的高新技术领域》中，对地理信息系统、遥感图像处理与分析软件技术、空间信息获取及综合应用集成系统、卫星导航应用服务系统都予以明确支持。国务院还陆续出台了一系列关于“互联网+”、创新驱动发展、智慧城市、大数据及地下廊道等的政策及规划。广东省地理信息产业主管部门及相关部门也陆续出台了促进地理信息产业发展的相关政策及发展规划，给从业单位带来政策红利和发展商机，给地理信息社会化应用带来福音。

2017 年，全国人大常委会审议通过了《中华人民共和国测绘法（修订草案）》（第 2 次修订），为地理信息产业发展提供了强有力的法律保障和政策依据。为了改善地理信息产业的发展环境，满足国民经济建设的需求，各级政府相继出台相关政策，调动一切可以调动的资源，做好顶层设计，营造良好环境，监管市场，公平竞争，为地理信息产业从业单位作为主体而创造条件，支持地理信息产业健康、持续发展。

3. 基础设施建设发展迅速

广东省地理信息产业是广东省信息产业的重要组成部分，近年来，在相关政策的扶持下，全省地理信息公共服务“一网一平台”初步建成，为促进全省地理信息产业的发展打下了良好基础；着力构建的省、市、县（区）、镇（乡）、村五级公共地图服务体系也将更好地推动地理信息资源共享，提高测绘地理信息公共服务水平。抓住广东省信息化建设给广东省地理信息产业发展带来的发展机遇，结合地理信息产业科技发展趋势及其对全省经济、社会和环境的影响，明确广东省地理信息产业目标，遴选能够促进全省地理信息产业发展的关键技术和共用技术，攻坚克难；科学合理地制定符合社会发展需求和未来发展长远目标的广东省地理信息产业技术发展路线，夯实地理信息产业发展基础，提升广东省地理信息产业技术发展的竞争力和创造力。

4. 市场需求旺盛

在“十四五”开启之年，中国的地理信息产业将快速发展，逐渐建立天地一体化空间地理信息的获取、处理、管理及应用服务体系，实现地理信息的快速更新，并推动地理信息在各个领域的应用服务，给地理信息产业从业单位带来极大机遇。地理信息普及度大幅提升，得到社会大众的认知和认可，使地理信息应用服务真正与大众生活密不可分，成为广东省经济发展和社会服务的基础之一。随着移动5G时代的到来，大数据、云计算的广泛应用，智慧城市建设的不断推进，给地理信息产业相关的软硬件研发带来新的发展机遇。广东省地理信息产业的相关技术研究与应用有：加大研发电子导航地图、电子海图、高精度地图等应用的深度与广度，建立自然资源、生态环境、应急救灾、公共卫生防护、公共安全等动态监测系统；精准作业、智能控制、远程诊断、遥感监测、灾害预警及物联网等现代信息技术在城建、农业、林业、交通、水利及海洋渔业等领域的广泛应用；建立和完善人口资源、自然资源、空间地理等地理信息基础数据库，推动地理信息应用服务平台的共建共享及资源整合。

社会各行业及大众对地理信息服务的需求越来越大，应用领域越来越广，地理信息产业在上游的高端装备研制及数据获取，中游的数据处理、制作与集成，下游的应用服务技术持续创新，产业链上的每个从业单位及人员都在加速推动技术变革，抓住机遇，开展一系列的项目研究和工程实施，以适应社会各类用户的需求。根据调研结果分析，地理信息技术与北斗卫星组网、人工智能、大数据、云计算、5G、物联网、区块链等新技术的融合，其市场需求巨大。同样，市场的需求也逐渐要求地理信息产业向现代高端技术装备发展，研发高精度、易操作、定制化、多样化的新产品。例如，开展地理国情监测、多规合一、智慧中国、自然资源调查、应急救援等应用，服务于国家战略及政府各部门；开展精准农业、数字水利、数字林业、环保地理信息、文物地理信息、地名管理、智慧社区、移动警务、数字城管等应用，服务于社会管理及各部门；利用中国的北斗卫星导航系统监控车辆、物流快递、车联网，开展位置服务（LBS）等应用，服务于国民经济建设；利用地理信息技术、5G技术、大数据、云计算、物联网等技术，开展智能交通、智慧旅游、智慧社区、智能楼宇、智慧医疗等智慧城市建设，满足社会各领域及大众生活的需求；开展线上到线下（O2O 模式）、电子商务、地理围栏、网点分析、风险管理等应用，服务于商业活动。

二、广东省地理信息产业的挑战

地理信息产业的机遇与挑战是并存的，当地理信息产业注入了新的活力、迎来了新的发展契机时，也面临着新的挑战。

1. 经济的不确定性

虽然，中国的宏观经济形势平稳增长，不断向好，但是，由于受到严峻的国际形势和国际经济波动的影响，地理信息产业仍存在着不确定性，对于单一产业而言，宏观经济的波动可能会给其带来无法估计的影响。当面临宏观经济下行压力时，从业单位的劳动成本、资本、技术和知识等生产要素的投入增多，在经济活动中的报酬则有可能会减少，因而经济增长的不确定性将直接影响地理信息产业的生存与发展，给其带来生产经营、经济收益等方面的困难，甚至直接导致一些企业关门歇业。这不仅是广东省地理信息产业需要面临的挑战，也是全国同行都会面临的挑战。因此，面对市场经济的不确定性，广东省地理信息产业要做好技术路线规划，有序、高效、稳健发展，做好技术、知识、人才的储备，提高抗风险能力，才能在激烈的市场竞争中运筹帷幄，立于不败之地。

2. 国外产品的先动优势

中国的地理信息产业快速发展，国内知名品牌不断出现，逐步占据了一定的市场份额。但是，国内地理信息企业走出国门、参与国际竞争的难度较大。一方面，国内的地理信息基础平台由于起步晚、品牌知名度不够高，缺少长期积累的开发经验及研发资金的投入，有的基础应用软件是基于国外平台开发的，尚未掌握核心技术，在竞争中处于劣势。而且，相当一部分用户一直采用国外的地理信息基础平台，如 ArcGIS、AutoCAD、PhotoShop、ENVI 等，这些国外品牌因技术成熟、性能良好、功能较全，且进入中国的地理信息产业市场较早，受到国内用户的青睐。另一方面，美国限制一些核心地理信息基础软件向中国销售，使原采用国外软件开发的系统面临不能升级和更新服务等一系列问题。使用国产地理信息基础软件，保护系统安全成为地理信息产品提供商与用户的共识。各级政府应该加大对国产地理信息基础平台建设的投入，特别是在高端装备、芯片板卡、平台软件等方面的扶持力度；加大应用平台的推广，改变国外产品的先动优势，让国产地理信息基础软件和应用平台成为广东省地理信息产业的主打产品。

3. 跨界竞争日趋激烈

国内地理信息产业的研发需求和研发种类多样，如数据获取平台研发、数据处理软件研发、政务类平台研发、大众应用平台研发等，地理信息产业与相关产业互相渗透，地理信息技术与相关技术跨界融合越加紧密，使地理信息产业边界越来越模糊。地理信息产业与相关产业的碰撞形成了新的市场，新的市场面临竞争者的多元化，传统的产品被冲击、淘汰，从业单位在人才、资本、技术、市场等方面面临跨界对手的多方压力，跨界竞争日趋激烈。因此，广东省地理信息产业布局亟待随着新的市场需求而改变，“广东省地理信息产业技术路线图”从广东省地理信息全产业链进行规划，对关键技术和核心产品研发进行布局，强调科研技术人才的储备，通过产业转型升级，以适应市场竞争，持续健康发展。

4. 技术壁垒有待突破

广东省地理信息产业在现代高端装备研制、数据获取、数据处理、软件研发及应用服务中有着较大的市场，例如，高精度快速测量、多维信息一体化采集、影像自动分类与地理环境准确评价、基于移动终端的大众化测绘、基于手机的精准导航服务和室内外无缝衔接导航等都有着很大的市场需求。为了更好地满足市场需求，要先突破与之相关的技术壁垒。尽管机遇与挑战并存，但是，随着市场需求迅速扩大，技术日新月异，5G、大数据、云计算、人工智能、物联网、区块链等技术的快速发展，为地理信息技术创新提供了新的机遇，因此，机遇大于挑战。广东省地理信息企业面对国际、国内实力强大的技术比拼，必须努力寻找自己的生存空间。借助于粤港澳大湾区发展契机，珠江三角洲开放程度高，地理信息产业集群优势明显，可辐射或带动广东省其他相关产业和地域经济发展。从业单位需要通过技术创新，大胆尝试，以小胜大，以弱胜强，异军突起，探求新的出路。

第五节　广东省地理信息产业发展建议

一、广东省地理信息产业定位

发展战略性新兴产业已成为世界主要国家抢占新一轮经济和科技发展制高点

的重大战略，对国民经济建设长远发展具有重大引领和带动作用。在中国的测绘地理信息产业高速发展期，地理信息产业将战略性新兴产业和生产性服务业高度融合，科技含量高、环境污染少、市场前景广阔、吸引就业能力较强，持续推动国民经济建设。

战略性新兴产业是引导未来经济社会发展的重要力量，以重大技术突破和重大发展需求为基础，是知识技术密集、物质资源消耗少、成长潜力大、综合效益好的产业。国家明确了地理信息产业既是战略性新兴产业，又是生产性服务业，这两个产业的优惠政策均可惠及地理信息产业从业单位。地理信息产业正是一个新兴朝阳产业，是国民经济和社会信息化的重要基础和有力支撑，是与经济运行和人民生活息息相关的产业，是吸纳就业能力强的产业。

作为移动互联网的基础支撑，提供位置服务的地理信息产业将迎来黄金发展期，应急管理、智慧城市、交通物流等对地理信息产业提出了大量新需求，通过推动北斗卫星导航定位系统、高分辨率对地观测系统、高精度时空基准服务、智慧汽车基础地图和道路交通地理信息系统等方向的技术攻关，满足自动驾驶、智能医疗、养老等新基建的市场需求。

作为数字经济的重要组成部分，地理信息产业在与其他领域和技术的融合方面拥有巨大潜力与空间，正不断催生出新服务、新业态，为经济社会发展提供着新动能。广东省地理信息产业定位就是要制定和落实产业政策，使从事地理信息的企业享受到国家和广东省关于战略性新兴产业的各种优惠政策，通过打牢基础、扩大需求、优化市场和重点推进等措施，优化地理信息产业链合理布局，推动上、中、下游全产业链和关联产业协同发展，鼓励建立研发、生产和营销体系，提升区域产业配套能力和综合竞争力，广东省地理信息产业的定位将给企业带来极大的好处。

二、广东省地理信息产业技术创新体系建设

1. 建设创新保障体系

技术创新体系是指一个国家、一个地区或一个企业科技、经济部门和有关机构之间相互协调、良性互动，促进创新资源合理配置、高效利用，融创新执行机构、创新基础设施、创新资源、创新环境等创新要素于一体的系统。建立创新保障体系要专注技术创新，确立优势，制定标准，打造品牌，引领产业；要加强市场分析，推动供给创新，找准市场痛点，优化产品和服务结构，确立真正的创新主体；要重点突破，大力提升创新设施支撑力；要拓宽渠道，加强人才队伍建设；要深化分配制度改革，建立技术创新的考核机制，强化激励机制；

要重视知识产权，集中力量开发具有自主知识产权的主导产品和关键技术，提高员工知识产权意识；要以市场为导向，以提高自主创新能力和国际竞争力为重点，加快企业技术进步和产业升级，激发企业自身创新能力，为企业发展壮大注入新的活力。

总之，建设广东省地理信息产业技术创新体系就是要抓好人才队伍建设、科技投入、政产学研用等关键环节，着力推进以核心技术为主体、以市场为导向、政产学研用相结合的创新保障体系建设，多项举措并行，提高企业竞争力和优化投资环境，形成良性互动，制度、政策和环境相互协调，技术、人才、资金等创新要素协同作用，从而实现科技资源有效集成和合理配置，提高核心竞争力。

2. 建设应用服务体系

建设地理信息产业技术应用服务体系必须依靠科技创新，坚持以科学发展观统领全局，紧紧围绕地理信息产品的增值服务，提高自主创新能力和科技成果转化能力，大力发展自主品牌产品。以企业为主体，以品牌带动为原则，注重人才，引进领军专家和学术带头人，培育一批知名品牌和知名的科技龙头企业，打造一批应用服务创新型的科技团队。

建设地理信息产业技术应用服务体系必须通过部署产业链、创新链、资金链、政策链，推动广东省地理信息数据获取与高端装备研制、数据处理及软件研发、应用服务的全产业链优化升级，培育 20 个以上实力雄厚，具有国内、国际竞争力的大型企业和龙头企业，培育 50 个以上充满活力的中小型企业，使广东省的地理信息产业技术明显提升，科技创新能力持续增强，市场监管有效、竞争有序，产品更加丰富、应用更加广泛、产业规模稳步增长。

对于建设地理信息产业技术应用服务体系，广东省可以围绕商业遥感卫星及卫星大数据服务平台、地理信息高端装备研制、地理信息软件平台、地理信息与导航定位融合服务、高精度地图服务等方面，着力加强能力建设，积极扶持龙头企业，扩大产品的市场占有率，提升地理信息产业的整体竞争力。

3. 建设要素保障体系

建设要素保障体系就是要将地理信息各要素纳入广东省政府和各级地方政府的管理保障体系中，统筹协调，制定有利于地理信息技术支撑体系建设的优惠政策和切实可行的措施，实现地理信息资源共享共用，为政府决策、规划、建设等提供支撑和保障，为发展广东省地理信息产业提供良好的发展环境。

政府发挥主导作用，利用政策和资金引导，广东省财政和各级地方财政可根据需求调整资金结构，合理配置资源，逐步加大对地理信息产业的科技投入和对地理信息产业的专项资金扶持。

利用市场机制，积极建设以企业为主体、政产学研用结合、典型引路和示范推广结合的地理信息科技项目实施新机制，鼓励民间资本投入地理信息产业。

加快推进地理信息科技国际化，积极吸纳国内外科技力量参与广东省地理信息科技支撑体系建设。以大专院校、科研机构和出口型企业的对外科技合作为重点，加强国内外的科技交流与合作，创办国际化科研机构及企业，支持科技人员参加外国政府组织的地理信息专项、技术标准等领域的科技合作项目；对引进技术及装备进行消化吸收和再创新研究，优先扶持相关科研项目。

加强各级政府部门对地理信息产业科技工作的引导，切实把地理信息产业技术创新放在重要位置，并将其纳入全省的经济发展总体规划，建立激励机制，对在科技支撑体系建设中做出突出贡献的科技人员、工作人员、企业负责人和组织领导者等给予表彰和奖励。

4. 融合发展

1）地理信息产业与相关产业融合

地理信息产业与相关产业融合，集聚抱团发展，通过组建技术联盟，紧密合作，以创新、转型、融合、发展有效地弥补其短板。在地理信息共建共享方面，要建立共享交换机制，政府要出台相关政策作为保障，以数据为载体，以技术为支撑，实现地理信息产业与相关产业融合。网络基础设施的迅速发展，为地理信息产业发展搭建了良好的平台，政府各部门对大数据、云计算、人工智能等技术大力扶持，使其与地理信息技术深度融合，为地理信息产业技术创新发展提供了新动力，使地理信息应用服务效率大大提高。

地理信息产业与相关产业融合，要突破产业界限，优化地理信息供给结构，让“地理信息+”赋能数字经济，融入国民经济建设中，融入各行各业生产服务运行的流程中，融入老百姓衣食住行的生活中，充分发挥地理信息的无限价值，培育源源不断的发展动能，在各方的共同努力下，推动地理信息产业持续健康发展。

地理信息产业与相关产业融合，要创造需求，特别注意国家为应对经济新常态需要重点发展的领域，“新基建”对地理信息产业提出了更高的要求与机遇。

加大地理信息产业与卫星产业的融合，如北斗卫星导航能够催生出很多企业与市场需求，建议将发展航空航天产业作为广东省的支柱产业之一和新经济增长点，支持和扶持由民间资本投入，规划、研制和发射的“珠海一号”“天琴一号”“佛山一号”等商业卫星，推动广东省地理信息产业快速发展和卫星大数据的应用服务，使广东省地理信息产业进入国家乃至世界的先进行列。

2）资产重组、强强联合

为推动广东省地理信息产业发展，政府要营造健康的产业生态，加强监管，倡导产业自律，抑制恶性竞争。企业要借助资本的力量，通过并购重组，上市融资，强强联合；寻求跨界合作机会，融入各行各业，共同开发地理信息价值。

地理信息企业要向新型的生产服务型转变，主动适应市场变化，从承接项目向运营服务转型，打造品牌，获得长期稳定的收入；积极拓展新型服务业态，从单一业务向多元化转型，生产协同效应，提升抗风险能力。企业要集约化发展，提高管理水平，降低生产成本，增强盈利能力；规模化发展，适度扩张规模，提升整体实力，努力做大做强；差异化发展，专注细分领域，避免低水平、同质化竞争；向国际化发展，积极“走出去”，拓展国外市场。

发挥广东省的地域优势、东南沿海和港澳台地区开放发展的优势、经济实力强及辐射带动作用大的优势，加快推进中国（广东）自由贸易试验区建设，充分发挥深圳前海、广州南沙、珠海横琴等开放合作区作用，深化与港澳台合作，打造粤港澳大湾区，助力地理信息企业在“一带一路”，特别是21世纪海上丝绸之路建设中寻求和拓展更多的商机，将广东省地理信息产业技术路线规划落实到位。

参考文献

[1] 国务院办公厅. 国务院办公厅关于促进地理信息产业发展的意见[N]. 中国测绘报，2014-02-07(2).

[2] 曾路，孙永明. 产业技术路线图原理与制定[M]. 广州：华南理工大学出版社，2007.

[3] 李兴华. 产业技术路线图：广东科技管理创新实践[M]. 广州：广东科技出版社，2008.

[4] 曾路，汤勇力，李从东. 产业技术路线图：探索战略性新兴产业培育路径[M]. 北京：科学出版社，2014.

[5] 杨海洲. 广东省卫星导航产业技术路线图[M]. 广州：华南理工大学出版社，2011.

[6] 杨永强，宋长辉. 广东省增材制造（3D 打印）产业技术路线图[M]. 广州：华南理工大学出版社，2017.

[7] Phaal R，Farrukh C，Mitchell R，et al. Starting-up roadmapping fast[J]. Research Technology Management，2003，46(2)：52-58.

[8] 国家测绘地理信息局. 地理信息产业统计分类（2017）[EB/OL]. (2017-08-08)[2020-05-20]. http://gi.mnr.gov.cn/201910/P020191030545941679585.pdf.

[9] 塞隆纳，谢帕德，波多尼. 战略管理[M]. 王迎军，汪建新，译. 北京：机械工业出版社，2004.

[10] 中国地理信息产业政策研究组. 中国地理信息产业政策研究[M]. 北京：测绘出版社，2007.

[11] 刘维蓉，胡期丽，郑林. 国内产业链概念研究综述[J]. 中国集体经济，2016（13）：70-71.

[12] 吴金明，邵昶. 产业链形成机制研究：“4+4+4”模型[J]. 中国工业经济，2006（4）：36-43.

[13] 中华人民共和国自然资源部. 2016 中国国土资源公报[EB/OL]. [2020-05-20]. http://www.mnr.gov.cn/sj/tjgb/201807/P020180704391918680508.pdf.

[14] 中华人民共和国自然资源部. 2017 中国土地矿产海洋资源统计公报[EB/OL]. (2018-05-18)[2020-5-20]. http://gi.mnr.gov.cn/201805/t20180518_1776792.html.

[15] 国家发展和改革委员会，国家测绘地理信息局. 国家地理信息产业发展规划（2014—2020 年）[EB/OL]. (2014-07-18)[2020-05-20]. http://www.gov.cn/gongbao/content/2014/content_2781480.htm.

[16] 国际货币基金组织. 世界经济展望[EB/OL]. [2021-08-07]. https://www.imf.org/zh/Publications/WEO/Issues/2021/07/27/world-economic-outlook-update-july-2021.

[17] 世界贸易组织. 全球贸易数据与展望[EB/OL]. [2020-05-20]. https://www.wto.org/english/res_e/statis_e/wts2020_e/wts20_toc_e.htm.

[18] Esri. GIS Tools for Hadoop[EB/OL]. [2020-05-20]. https://github.com/Esri/gis-tools-for-hadoop.

[19] 王家耀，武芳. 地理信息产业转型升级的驱动力[J]. 武汉大学学报（信息科学版），2019，44（1）：10-16.

[20] 中华人民共和国自然资源部. 测绘地理信息行业年末从业人员情况（2016 年）[EB/OL].

[2020-05-20]. http://www.mnr.gov.cn/sj/sjfw/ch/sjfb/2016nzytjsjfb/201708/P020180806591043330427.pdf.

[21] 中华人民共和国自然资源部. 测绘资质单位从业人员情况(2016年)[EB/OL]. [2020-05-20]. http://www.mnr.gov.cn/sj/sjfw/ch/sjfb/2016nzytjsjfb/201708/P020180806591031793603.pdf.

[22] 中华人民共和国中央人民政府. 中华人民共和国国民经济和社会发展第十三个五年规划纲要[EB/OL]. (2016-03-17)[2020-05-20]. http://www.gov.cn/xinwen/2016-03/17/content_5054992.htm.